Tom Liehr

Landeier

Roman   Rowohlt Polaris

Die Überschrift des Prologs entstammt dem Songtext
von «Pocahontas» von AnnenMayKantereit,
erschienen auf dem Album *Alles nix Konkretes*,
Vertigo Berlin (Universal Music) 2016.

Originalausgabe
Veröffentlicht im Rowohlt Taschenbuch Verlag,
Reinbek bei Hamburg, November 2016
Copyright © 2016 by Rowohlt Verlag GmbH,
Reinbek bei Hamburg
Redaktion Tobias Schumacher-Hernández
Umschlaggestaltung any.way, Barbara Hanke / Cordula Schmidt
Umschlagillustration Ruth Botzenhardt
Satz Dolly PostScript (InDesign) bei
Pinkuin Satz und Datentechnik, Berlin
Druck und Bindung CPI books GmbH, Leck, Germany
ISBN 978 3 499 29042 8

But it's not the fall that hurts,
it's when you hit the ground.

(Caesars, «It's Not The Fall That Hurts»,
auf *Paper Tigers*, 2005)

In Erinnerung an Michl «3LG» Rudrich

PROLOG:
ES TUT MIR LEID, POCAHONTAS
(Drei Monate vorher)

Das Kruzifix schien mich zu beobachten. Es hing zwar in einer oberen Ecke des Wartezimmers und war nicht einmal besonders groß, aber der gekreuzigte Messias, der an den Händen und Füßen karmesinrot blutete, starrte mich an, als wäre er nur für mich dort angenagelt worden. Ich verspürte ein irritierendes Zwicken im Genitalbereich – das allerdings ständig, seitdem ich mich zu diesem Schritt entschlossen hatte – und versuchte, Blicke in Richtung Kreuz zu vermeiden. Religiöse Symbole interessierten mich durchaus, wenn auch nur, weil ich permanent von ihnen umgeben war. Doch dieses Ding verströmte eine unangenehme Präsenz, formulierte eine Botschaft. Ich nahm die Sonnenbrille ab – hier, in Prag, würde mich ohnehin niemand erkennen –, zog zur Ablenkung mein Smartphone aus der Tasche und checkte den aktuellen Stand meiner Facebook-Fans (sechstausendzweihundertzehn, fünfundzwanzig mehr als vor einer Woche, aber immer noch fast fünfhundert weniger als am Jahresanfang), dann die Reaktionen auf meine letzte Kolumne (Hass, Beleidigungen und Morddrohungen, Beifall von offenbar Hirntoten), konnte mich aber kaum konzentrieren und sah schließlich doch wieder in diese Ecke, die anders als die drei anderen frei von Staubfäden und abblätternder Raufasertapete war.

Dieser Jesus grinste fies.

Er grinste *mich* fies an.

Die Arzthelferin, eine Sechzigjährige in Birkenstocks und fleckigem Kittel, kam herein und nickte mir zu, unfreundlich und herablassend, wie der Beamte im Amtsgericht Schöneberg vor fünfundzwanzig Jahren, als ich dort gewartet hatte, um meinen

Austritt aus der evangelischen Kirche zu erklären. Ich schaltete das Telefon mit zitternden Fingern auf Stand-by und folgte ihr. Es ging durch einen muffigen Flur in ein Behandlungszimmer, das, vorsichtig ausgedrückt, etwas mittelalterlich wirkte und von einem ebenfalls Sechzigjährigen beherrscht wurde, der weißhaarig und -bärtig neben einem mit braunem Kunstleder bezogenen Behandlungstisch stand, die Hände hinter dem Rücken gefaltet hatte und mich mit einer machohaften Mischung aus Desinteresse, Amüsement und Ablehnung zu betrachten schien: ein Mario-Adorf-Double für Fußgänger.

«Herr Kunze, nehmen Sie Platz», sagte er in akzentfreiem Englisch, ohne aber meinen Namen entsprechend zu schleifen.

Ich setzte mich auf das Kunstleder und hatte plötzlich Angst, die sich zu meinem überraschend schlechten Gewissen gesellte. Schließlich war ich im Begriff, meine Frau auf eine deutlich handfestere Weise zu hintergehen, als ich das bislang je gewagt hatte.

«Wir nehmen eine örtliche Betäubung vor, der Eingriff dauert nur ein paar Minuten. Sie werden nichts davon spüren. Ich schneide in den» – für den folgenden Begriff fehlten mir die Englischkenntnisse – «und durchtrenne anschließende die» – ich vermutete, das Wort bezeichnete die Samenleiter –, «dann vernähe ich. Die Wunde wird schnell verheilen, die Fäden fallen von selbst ab. In einer Woche können Sie wieder kopulieren.» Obwohl er in einer Fremdsprache redete, in der Betonungen selten so ausfallen, wie sie in der Muttersprache ausgefallen wären, erkannte ich Geringschätzung und wiederum Ablehnung. Okay, was sollte man auch von Leuten halten, die nach Tschechien reisten, um sich für ein paar lumpige Euro sterilisieren zu lassen, während die Angetraute daheim dachte, man sei auf einer Konferenz (wie in meinem Fall), einer Kumpelstour oder Ähnlichem?

«In einer Woche», wiederholte ich ungläubig, denn ich hatte mich über die Operation informiert und auch in einigen Internet-

Foren gestöbert, was mir normalerweise fernlag, denn in Internet-Foren traf man mehr Dumme als vor Fernsehern, auf denen RTL lief. Patienten erzählten davon, noch über Monate Schmerzen verspürt zu haben, und die Lektüre von Bruno Preisendörfers Roman «Manneswehen», der ebendiesen Eingriff thematisierte, hatte mich auf wochenlange Abstinenz und unangenehme Folgen eingestimmt. «Meine Methode ist einzigartig», sagte der alte Arzt. Ich hatte ihn im Netz gefunden.

«Aha.» *Alles* hier und heute war einzigartig. Immerhin erfolgte der Eingriff nach dieser «einzigartigen» Methode ohne jede Voruntersuchung. Der Gedanke daran, irgendwo in dieser kuriosen Wohnung eine Spermaprobe abzugeben, kam mir äußerst absurd vor.

«Und billig.»

«Prima», erklärte ich, obwohl dieser Aspekt für mich kaum von Belang war, und lauschte in den etwas zittrigen Nachhall meiner eigenen Stimme. In diesem Augenblick sah ich das Gesicht meiner Frau vor mir: das von schwarzen Haaren umrahmte, von dunkelbraunen Augen beherrschte, immer leicht – aber nie künstlich – gebräunte Gesicht von Melanie, die ich, was sie nicht mochte, gerne und durchaus liebevoll «Pocahontas» nannte. Normalerweise gelang es mir nicht, sie zu visualisieren. Jetzt schon.

«Also dann», sagte der Mann und nickte seiner Helferin auf die gleiche Weise zu, wie die das vorher bei mir getan hatte. Vielleicht eine tschechische Eigenart. Ich sah zum Fenster, durch dessen staubgraue Gardinen ein Blick auf die Prager Burg zu erhaschen war. Die Frau zog eine Spritze auf und sah mich dann herausfordernd an, aber auch nicht eben sonderlich interessiert. Ich zog die Hosen herab, dann die Unterhosen, hob das T-Shirt über den Bauchnabel und manövrierte mich in die Rückenlage. Das Kunstleder verklebte mit meiner Gesäßhaut – legte man nicht normalerweise Abdeckungen auf die Behandlungstische?

«Rasieren Sie mich nicht?», fragte ich. Diese Frage hatte mich im Vorfeld tatsächlich beunruhigt, weil es nur wenige plausible Erklärungen für plötzliche Schamhaarglatzen gab. Pocahontas war vielleicht manchmal ein bisschen naiv, aber sie war keineswegs dumm.

«Nicht nötig», sagte der Arzt, während er seine Fingernägel musterte. Ich tat das auch und konnte erhebliche Verschmutzungen erkennen. Als er meinen Blick sah, lächelte er seltsam.

«Machen Sie sich keine Sorgen», murmelte er.

Darauf fiel mir keine Antwort ein. *Denken Sie nicht an rosa Elefanten* – das gehörte in die gleiche Kategorie. Es blieb einem nichts übrig, als intensiv an rosa Elefanten zu denken. Ich machte mir Sorgen, dachte an horrormäßige Komplikationen, abfallende Körperteile etwa oder den Verlust aller Gefühle und Funktionen im unteren Körperbereich. Plötzlich schwitzte ich, obwohl es in dieser Altbauwohnung angenehm kühl war, was nicht mit den absonderlichen Gerüchen korrelierte.

Die Helferin stach zu, in der Leistengegend, quasi direkt neben den Kronjuwelen. Ich kiekste, niemand reagierte. Kurz darauf spürte ich, wie ich nichts mehr spürte. In meinem Schrittbereich breitete sich eine Lähmung aus, von der ich wieder kurz befürchtete, sie würde meinen gesamten Körper ergreifen, aber das geschah nicht. Die Frau zog eine Art Tuch aus Krepppapier aus einer Schublade. Es dauerte ein paar Sekunden, bis sie das Loch im Papier so angeordnet hatte, dass sich mein Gehänge in dessen Mitte befand. Sicher gab es Leute, die bei solchen Gelegenheiten ihr Handy zückten und die Fotos in den vermeintlich sozialen Netzwerken präsentierten. Es gab in dieser Hinsicht längst nichts mehr, das es nicht gab.

«Entspannen Sie sich», sagte der Arzt und griff nach einem Skalpell.

Ich sah zur Decke. Styroporplatten, wie man sie in den Siebzigern in Deutschland an viele Wohnzimmerdecken geklebt hatte, hier allerdings wenig fachmännisch und seit Jahren ungereinigt. Ich versuchte, versteckte Muster zu erkennen, während der alte weißbärtige Mann an mir herumschnippelte. Noch bevor ich eines fand, sagte er: «Fertig. Das war's.» *Done. That was it.*

«*Wie?*», fragte ich auf Deutsch, was mir im unnarkotisierten Zustand im Leben nicht eingefallen wäre. Ich verachtete Leute, die solche grammatikalisch und semantisch unkorrekten Ein-Wort-Fragesätze verwendeten. Und dann auch noch in der falschen Sprache.

«Noch zwei Stiche, und es ist erledigt.»

«Nicht zu fassen», erklärte ich ehrlich, aber das blieb unkommentiert. Der Arzt fuhrwerkte noch einen Moment lang herum, ohne dass ich erkennen konnte oder wollte, was er genau tat, und sagte dann: «Sie können aufstehen.»

Die Helferin zog das Krepppapier weg. Ich richtete mich auf und sah mir selbst in den Schritt. Da war etwas Blut, umgeben von der rotbräunlichen Farbe, die offenbar von Jodtinktur oder Ähnlichem stammte, und ich erkannte mit etwas Mühe einen sehr kurzen Einschnitt, aus dem zwei Fädchen hervorlugten, die weiß-braun und irgendwie unschuldig aussahen. Alles gut versteckt inmitten meines Schamhaars, das ich selbstverständlich nicht kappte. Wer nicht wusste, wonach er zu suchen hätte, würde das im Leben nicht entdecken.

«Das war wirklich alles?»

Er nickte völlig emotionslos. «Meine spezielle Methode. Keine Folgen, keine Komplikationen. Wie versprochen.»

«Unfassbar», sagte ich.

«Wie so vieles», erklärte er kryptisch und entließ mich mit einer merkwürdig endgültigen Geste. Im Wartezimmer saßen inzwischen vier Männer, die mich nur kurz zur Kenntnis nahmen, um gleich wieder das Kruzifix anzuglotzen. Ich schnappte mir meine Jacke, warf sie mir über die Schulter, setzte die Sonnenbrille wieder auf, passierte die quietschende Praxistür, sprang erstaunlich unbehindert die zwei Treppen herab und trat in die Prager Frühlingsluft. Es roch nach asiatischem Fastfood, hastig gerauchten Zigaretten und billigem Bier. Heerscharen von Touristen sahen sich suchend nach dem Weg zur Karlsbrücke um. Ich trottete zum Hotel, setzte mich an die Bar, bestellte ein Bier und wartete auf den Schmerz.

Aber er kam nicht. Jedenfalls nicht der, den ich erwartet hatte. Stattdessen musste ich an den gekreuzigten Gottessohn denken – und an die Söhne und Töchter, die ich nun nicht mehr bekommen könnte und würde. Nicht dass mich das beunruhigte: Genau deswegen war ich ja hier. Um nicht noch mal das Geschrei aus dem Babybettchen ertragen zu müssen, wie vor knapp vier Jahren, als Lara zur Welt gekommen war, trotz Melanies regelmäßiger Pilleneinnahme. Ich wollte kein weiteres Kind, ich hatte schon das erste nicht gewollt. Deshalb dieser Schritt, dieser Schnitt. Aber da war etwas, das über schlechtes Gewissen und Sorgen über mögliche Komplikationen weit hinausging. Sogar über die Gewissheit, einen Vertrauensbruch begangen zu haben, der alle vorherigen in den Schatten stellte. Ich fühlte mich beschissen, woran auch das zweite und das dritte Bier nichts änderten. Irgendwann, es dunkelte bereits und die Lichtreflexe der Leuchtreklamen tanzten auf dem Tresen, setzte ein leichtes Ziehen ein, aber dabei blieb es auch. Mein Telefon summte, eine SMS von Melanie, die mich in einem Workshop wähnte: «Alles gut? Hab Dich lieb.»

«Alles super, ich Dich auch», heuchelte ich zurück, bestellte einen vierfachen Jack Daniel's und sank etwas später in einen tendenzkomatösen Schlaf. Als ich erwachte, tat nichts mehr weh, und vier Tage nach meiner Heimkehr war die Wunde völlig verschwunden.

TEIL EINS
DIAGNOSE

1. Tagebuch von Melanie Kunze, Donnerstag, 16. Juni, 15.30 Uhr

Es war ein sehr schönes Gefühl, als ich vorhin in den Ort gefahren bin. Alles sehr provinziell und ländlich, aber hübsch und überschaubar, fast schon idyllisch. Man kennt sich, man weiß voneinander. Die Gemeinde hat knapp viertausend Einwohner, das habe ich gestern ergoogelt. Ungefähr ein Tausendstel der Einwohnerzahl von Berlin. Also gibt es auch nur ein Tausendstel der unschönen Aspekte: Kriminalität, Ignoranz, Intoleranz, Gewalt, Anonymität, Ellbogenmentalität. Ich finde die Vorstellung wirklich äußerst behaglich, an einem solchen Ort, *in* einem solchen Ort zu leben.

Außerdem ist die Stadt nicht sehr weit weg – ich bin ganze anderthalb Stunden gefahren, den Umweg zu Petra nicht mitgerechnet. Unsere Freunde – gut, *meine* Freunde – könnten uns hier besuchen, ohne Weltreisen unternehmen zu müssen. Aber die Distanz empfinde ich trotzdem als wohltuend. Schade, dass ich Lara nicht mitnehmen konnte, aber es wäre zu anstrengend, wenn sie bei alldem dabei wäre, was in den nächsten Tagen ansteht.

Ich sitze an einem niedlichen Schreibtisch in einem ungeheuer schönen Hotelzimmer und blicke auf einen kleinen See. In der Ferne kann ich die stärker bewaldeten Gebiete erkennen, also den Bereich, wo der eigentliche Spreewald beginnt. Wo die Touristen unterwegs sind, in kleinen Kähnen. Das will ich demnächst unbedingt ausprobieren, aber ich glaube kaum, dass Basti mitmacht.

Er hat heute Abend schon wieder einen Termin – eine Cluberöffnung oder so was. Großer Gott, er ist zweiundvierzig Jahre alt, aber er glaubt immer noch, dass die «Szene» zusammenbricht, wenn er keine Präsenz zeigt. Dabei sind diese Leute zwanzig Jahre jünger als er. Sie werden ihm bald nicht mehr zuhören. Nichts mehr auf sein Urteil geben. Und auch die Weiber werden irgendwann nicht mehr auf ihn reinfallen.

Ich gehe jetzt duschen und dann noch einmal zum Haus. Ich kann mich daran einfach nicht sattsehen. Und danach gönne ich mir ein feines Essen im Hotelrestaurant.

Die Verpackung lasse ich lieber nicht im Mülleimer hier im Zimmer. Ja, es ist ein Nobelhotel, und hier wird vermutlich dreimal am Tag sauber gemacht. Aber sicher ist sicher. Ich will nicht, dass es Basti auf diese Art erfährt.

2. Clubbing

Der Eingang zur Bar war kaum zu finden. Die Gegend wurde von Gewerberuinen beherrscht, für die möglicherweise Bebauungspläne vorlagen, aber noch keine Bebauungsaufträge. Schlammige Zugangswege, ein paar Funzeln, die kaum ausgereicht hätten, um Besenschränke zu beleuchten, hin und wieder ein rostiges Geländer, das wie vergessen mitten im Weg stand. Aber ein paar Gestalten huschten an mir vorbei, die Gesichter beleuchtet vom Glühen ihrer Smartphones, weshalb ich annahm, auf der richtigen Fährte zu sein. Kurz darauf sah ich die Warteschlange, etwa zwanzig, dreißig Menschen, und dann entdeckte ich die Tür, ein braunrotes Metallding mitten in einer braunroten Wand, hinter der vermutlich Gewölbe lagen, denn über mir rauschte soeben ein Regionalexpress von links nach Süden. Auch hier gab es kein erkennbares Zeichen für Gastronomie – kein Schild, kein Licht, keine Bierwerbung, nichts. Diese Zustände markierten einen Trend, dem die Großstadtritter zwei Punkt null (vier? sieben?) zu folgen versuchten, um sich in den Zeiten der sofortigen, viralen Verbreitung neuer Geheimtipps noch den Anschein von Exklusivität zu geben. Gegen Facebook, Twitter, Instagram und den ganzen Scheiß kam man nicht an. Es gab nichts Geheimes, Brandheißes, verrucht Neues mehr – und erst recht keine *Szene*. Es gab einen, der etwas postete, und dann *Follower*, denen die Geschwindigkeit des Folgens wichtiger war als der Gegenstand der Verfolgung. Neuigkeiten existierten für die Dauer von Mikrosekunden. Selbst in Nigeria, Uruguay und Aserbaidschan konnten sich Leute jetzt schon Fotos dieser Bar anschauen, die ich in ein paar Augenblicken zur Eröffnungsfeier betreten würde.

Vorausgesetzt, jemand öffnete diese Tür. Denn es gab nicht nur kein Schild oder sonstige Hinweise auf das Dahinter – es gab auch keine Möglichkeit, sich als potenzieller Besucher bemerkbar zu machen. Zwei Frauen, die vorne in der Schlange standen, klopften energisch an, vermutlich nicht zum ersten Mal, aber ohne Ergebnis.

Ich zog etwas widerwillig mein Smartphone hervor und öffnete die MMS mit der Pressemitteilung und der Einladung. Am Ende der Nachricht fand ich einen Link, den man zu aktivieren hatte, wenn man eingetroffen war. Also tat ich das, ebenfalls widerwillig, und kam mir dabei wie ein dämlicher Bittsteller vor – wie einer von denen vor, neben und hinter mir. Mein Smartphone verschickte eine Nachricht, ich passierte die unisono – aber zaghaft – protestierende Warteschlange; Leute, die wussten, dass sie hier auf Gefälligkeiten und eher zufällig erfüllte Anforderungen angewiesen waren, aber dennoch die Idee nicht ganz aufgegeben hatten, eigentlich dazuzugehören, etwas wert zu sein. Und ich dachte dabei an die Eröffnungsfeiern in den Neunzigern, rote Teppiche und blitzlichtstreuende Fotografen, wenigstens Fackeln oder so, dazu Hostessen in knappen Outfits mit Prosecco für die Gäste. Nein, seinerzeit sogar noch richtiger Schampus.

Die Tür öffnete sich. Jemand schob sich an mir vorbei, ich schob auch und war wieder vor ihm. Der breitschultrige Glatzkopf in den späten Dreißigern, der aufgemacht hatte, musterte mich.

«Name?», fragte er herablassend und ignorierte die Leute hinter mir, die auf sich aufmerksam zu machen versuchten. Schöne junge Frauen und bärtige Männer in teuren Anzügen, mit schnittigen Frisuren und Gesichtern wie aus der «Cool Water»-Werbung. Gab es das Zeug eigentlich noch?

Ich war verblüfft, denn der Typ kannte mich – es war nicht sein erster Job als Türsteher und meine ungefähr millionste Veranstaltung dieser Art. Noch mehr verblüffte mich, dass er sich, ohne meine Antwort abzuwarten, dem Mann zuwandte, der mich eben noch zu überholen versucht, den ich im dämmrigen Licht aber nicht erkannt hatte.

«Hey, Josh, wir haben dich schon vermisst», sagte der Türsteher und winkte Josh Clab hinein. Josh Clab war, wie er sich selbst titulierte, «Szene-Blogger», hieß eigentlich Kevin-Louis Krüger und zwinkerte mir jetzt zu, etwas herablassend, aber nicht unfreundlich. Der Türmann machte Anstalten, das Portal wieder zu verschließen. Ich sprach die Worte aus, die auszusprechen einer Demütigung gleichkam. Nein, eine *war*. Denn ich war Sebastian Kunze, und mein Name stand auf der Gästeliste. Er stand auf *jeder* verdammten Gästeliste.

«Sebastian Kunze. Gästeliste.»

«Sebastian?», wiederholte er fragend, immer noch in der Türschließbewegung.

«Kunze. Von der ‹Bernd & Susi›.»

«Und Susi.» Er grinste hämisch – und verschloss die Tür.

Die sich erst drei oder vier Minuten später wieder öffnete, während deren ich darüber nachdachte, diese unglaublich hippe und vermutlich total nihilistische Eröffnungsfeier einfach auszulassen, mich in einen wirklich coolen Laden zu setzen und dort einen hämischen Verriss rauszurotzen, auf Basis der Fotos, die in Aserbaidschan herumgereicht wurden, wo man bereits EasyJet-Flüge für das kommende Wochenende hierher buchte. Eine junge Frau – vor ein paar Jahren hätte man sie als «Hardbody» bezeichnet – lächelte mich an, griff nach meinem Jackettärmel, was ich zuließ, um die Situation nicht noch demütigender werden zu lassen, und zog mich hinein.

«Schön, dass doch noch jemand von euch kommt», sagte sie,

strahlte mich an, stolzierte aber sofort davon, um Wichtigeres zu tun, zum Beispiel winzige Staubmäuse vom hochglanzpolierten Tresen der Garderobe schnipsen.

Doch noch jemand von euch?, hallte in meinem Kurzzeitgedächtnis nach. Aber ich war nicht hier, um mir sinnlose Gedanken zu machen. Ich war Sebastian Kunze, der in der nächsten – leider erst in zwei Wochen erscheinenden – Ausgabe von Bernd & Susi, dem legendären Stadtmagazin, mitteilen würde, ob es sich lohnte, diesen Laden aufzusuchen, und dessen Empfehlung oder Warnung dann ziemlich viele Leute folgen würden.

Die Musik, die ich im Gang hörte, irritierte mich kurz – es handelte sich um jenen Titel, mit dem Lena Meyer-Landhut oder so vor ein paar Jahren den Eurovision Song Contest gewonnen hatte. Der Hardbody tänzelte lächelnd im Takt an mir vorbei, um hinter mir die Tür für wichtige Menschen zu öffnen. Einen Mainstream-Discjockey, der diese Mucke bei einer Ü40-Party aufgelegt hätte, hätte man ausgebuht, aber hier war es in Ordnung. Okay, das war Spekulation – selbstverständlich ging ich nicht auf Ü40-Partys, weil man das einfach nicht tat, ganz egal, wie sich die Welt veränderte.

Ich durchschritt den Gang und gelangte in die eigentliche Bar. Dafür, dass draußen ziemlich viele Leute warteten, war es relativ leer – zwei Drittel, vielleicht vier Fünftel der Sitzgelegenheiten wurde okkupiert –, aber auch die Maxime, dass die Größe des Publikums etwas über die Qualität aussagte, galt schon lange nicht mehr. Der schwule Kabarettist Sascha Zwengel belegte mit seinem Tross aus alternden Dragqueens, jungen Spielgefährten und Nachwuchskomikern, die darauf hofften, in seinem Fahrwasser minimale Bekanntheit zu erlangen, zwei Tische direkt am Eingang. Man schnatterte, aber selbst im Vorbeigehen klang das Geschnatter müde, aufgesetzt und erbärmlich. Zwengel war eine Ikone, aber allmählich zerfielen seine stark geschminkten Züge, den großen Erfolg hatte er nie erreicht, und das Ende war absehbar.

Er nickte mir kurz zu, kaum bemerkbar. Ich zog nur eine Augenbraue hoch. Mit zwei oder drei Kolumnen hatte ich ihm ziemlich eingeschenkt, dann aber schnell die Lust verloren, weil Zwengel nicht zu den Leuten gehörte, mit denen Dispute Spaß machten. Dafür war er auf tragische Weise einfach zu freundlich. Vermutlich nahm er jedes verdammte Wort ernst, das ich geschrieben hatte.

Ich betrat das Gewölbe, lang gestreckt und an der Stirnseite von einer Bar beherrscht, die über die gesamte Länge reichte. Das Licht war dezent und pastellig, reflektiert von einer Myriade Spiegelscherben, mit denen man die Gewölbedecke beklebt hatte. *Nett*, dachte ich. Am linken Ende der Bar befand sich eine Kabine, in der *DJane Austen* stand, wie immer in der Rüschenbluse – auch so ein Opfer des vorschnell gewählten Images, das sich nie ausgezahlt hatte. Lesbisch, in den späten Dreißigern. Vor ihrer Kabine, auf einer dezent angedeuteten Tanzfläche, standen ein Keyboard und ein Mikrophonständer. Hinter dem Tresen fehlten die meist üblichen Flaschenbatterien. Stattdessen hingen dort Bilder, vor denen referenzschöne Studentenkellner hin und her huschten, einem vollbärtigen Mann in den Zwanzigern ausweichend, der konzentriert einen Shaker schüttelte und dabei dreinschaute, als würde er mindestens eine Zeitmaschine konfigurieren. Josh Clab saß in der Mitte, die Bilder betrachtend. Ich setzte mich neben ihn. In seinem Gesicht, das ich bei den bisherigen Begegnungen, ungefähr zwei- bis dreihundert insgesamt, ausschließlich lächelnd erlebt hatte, befand sich das erwartete Lächeln, mit einer dezent ironischen Note. Vermutlich hielt er die Bilder, die das beim ersten Hinschauen durchaus zuließen, für die üblichen Kunstdrucke, die man in Hotelfluren und Praxiswartezimmern vorfand. Ich wusste es besser. Es waren Originale von einer Berliner Künstlerin namens Alex Nimtz, bei der ich vor ein paar Monaten eine Nacht verbracht hatte. Vor dem Sex – der unspektakulär ausgefallen war und den Aufwand nicht gelohnt hatte – hatte sie mir erklärt, wie ihre Bilder entstanden. Extreme, sehr ausgefuchst beleuchtete Nahaufnahmen der Oberflächen von Flüssigkeiten, hier vermutlich Cocktails, die sie anschließend in Öl auf nicht grundierter Leinwand nachmalte. Wahrscheinlich waren es Leihgaben; Alex Nimtz rief aktuell fünfstellige Summen für ihre Gemälde auf, konnte die Nachfrage aber kaum befriedigen.

Ich hob die Hand, mein Nachbar ebenfalls. Eine Neun, die in der Nähe stand – zwanzig, höchstens zweiundzwanzig, brünettes Kurzhaar, Stretchtop und verdammte Neoprenshorts, die alle Details der Einflugschneise erkennen ließen –, setzte ein perfektes Kunstlächeln auf – und fragte Josh Clab, was er trinken wolle.

«Das Übliche», sagte er lächelnd, die Neun nickte – und ging davon.

Josh Clab drehte sich zu mir und lächelte weiter.

Er war, wenn meine Informationen stimmten, achtundzwanzig. Josh Clab alias Kevin-Louis Krüger repräsentierte diese unsägliche Demokratisierung von *Prominenz*, zugleich stand er für alles, was meinem Metier zusetzte. Clab schwatzte dem Szenevolk nach dem Maul, interessierte sich kaum für Fakten oder gar Hintergründe, stellte Behauptungen und Gerüchte direkt neben Beweisbares oder die spärlichen Kenntnisse, über die er verfügte. Aber er schrieb eloquent und flüssig, war charmant und sehr umgänglich und deshalb beliebt. Viel beliebter als ich. Er kannte jeden, jeder kannte ihn, weshalb er meistens gut informiert war. Sein Markenzeichen waren extrem teure, extrem elegante Anzüge, maßgeschneidert und figurbetont, dazu anthrazitfarbene Designershirts. Er war muskulös, aber schlank. Sein Outfit hätte – vom Fehlen von Krawatte und Hemd abgesehen – Barney Stinson die Neidesröte ins Gesicht getrieben, aber leider waren da außerdem sein flusiger Vollbart, die kindische Unfrisur seiner kompakten Kurzhaare und das unselige Piercing seitlich am linken Nasenflügel: das Unendlichkeitszeichen in billigem Sterlingsilber. Nach unserem ersten Zusammentreffen vor drei oder vier Jahren hatte ich ihm – natürlich – eine Kolumne gewidmet und sein Aussehen darin als dasjenige eines «von homophoben Holzfällern aufgezogenen Bastards, der anschließend von einem homophilen Couturier gefoltert worden war», bezeichnet. Bei unserer nächsten Begegnung hatte er mich nur angelächelt und «Sie müssen es ja wissen» gesagt. Man siezte sich nicht, wenn man zu unsereins gehörte, wenn man sich dreimal pro Woche traf, inmitten von Leuten, die einander und uns natürlich auch duzten. Er hatte es fertiggebracht, dieses «Sie» wie eine sehr lange, sehr schmerzhafte Beleidigung klingen zu lassen – und damit tatsächlich Wirkung erzielt. Das trug ich ihm nach, viel mehr und intensiver als die Tatsache, dass sein «Clabbing»-Blog mit teuerster Edelwerbung gepflastert war und Tausende pro Monat abwarf, während das steinzeitliche Web-Portal der Bernd & Susi händeringend um jeden Klick warb und froh sein konnte, wenn der Reifenhändler aus Moabit oder diese dusselige, schwer gehypte Gemüsedönerbude vom Mehringdamm für zwei fünfzig pro Woche ein unselig gestaltetes Minibanner schaltete. Die Geschäftsleitung des Verlags, dem die B&S aktuell gehörte, vertrat die Meinung, Investitionen in diesem Bereich seien kontraproduktiv, weil man dem eigenen Magazin online Konkurrenz machen würde. Im Ergebnis war beides defizitär, und gemäß einer aktuellen Umfrage kauften die meisten das Blatt sowieso nur noch, weil Kurt Jungadler, der Messias der Kinokritik, darin nach wie vor seine prägnanten Filmbesprechungen zuerst veröffentlichte. Leider hatte Jungadler kürzlich angedeutet, demnächst in Rente gehen zu wollen. Er war zweiundachtzig. Die gleichen Ziffern wie bei Kevin-Louis Krüger.

«Und?», fragte mein Sitznachbar. «Erster Eindruck?»

Die Neun stellte einen Cocktail vor ihm ab – einen White Russian. Relativ vollendet, im Tumbler, Sahneanteil noch nicht mit dem Rest vermischt, dezente Dekoration. Clab nickte anerkennend, zauberte mit dem ersten Schluck einen Sahnestrich auf den eigenen Bart, den er mit einer routinierten Handbewegung sofort wegwischte. Die Kellnerin musterte mich.

«Und du?»

«Etwas Fruchtiges mit einer dezenten Note von Wein. Nicht zu trocken, aber auch nicht süß, mit aromatischem Abgang. Bitte keinen verdammten *Hugo*. Der *Chef de Bar* soll mich überraschen.»

Sie war für einen Moment irritiert, nickte dann und ging zum Zeitmaschinen-Konfigurator. Der nickte kurz darauf ebenfalls und sagte etwas. Die Neun kam zurück.

«Okay, dauert aber einen Moment.»

«Also», sagte Josh Clab, wobei er sein riesiges Smartphone aus der Jackett-Innentasche zog. Ohne hinzusehen, schaltete er es frei und öffnete ein paar Social-Media-Portale. *Niemand* – von neureichen Russen abgesehen – hatte die Sonderausgabe dieses ohnehin deutlich zu teuren Telefons in Gold gekauft – nur Josh Clab. Und nur bei ihm sah es *nicht* unpassend aus. Die inzwischen wieder abgeebbte Invasion der neureichen Russen hatte ich selbstverständlich in meinen Kolumnen thematisiert.

«Was willst du von mir, Kumpel? Dass ich dir den Text für deinen Blog diktiere?»

«Ich will freundlich sein, Kunze. Immerhin weiß ich ja, was so abgeht.»

«Wissen und *glauben, zu wissen*, ist nicht dasselbe.»

«Fakten sind unumstößlich.» Ich hatte keine Ahnung, wovon der Mann redete, aber es war mir auch egal. Außerdem konnte er Fakten nicht von Ostfriesenwitzen unterscheiden.

«Alles ist umstößlich, Kollege.»

«Kollege also. Nett, danke.»

«Erfährt ja keiner.»

Er sagte noch etwas, doch ich wurde abgelenkt, weil sich links von mir eine Frau niederließ. Eine atemberaubende Frau.

Die Tresen-Neoprentante mit ihrem Landemuster im Schritt in allen Ehren – wobei Sex mit solchen Weibern in aller Regel eher anstrengend ausfiel, wie ein Workout, ständig die eigenen Leistungskennziffern im Blick. Man kam da selten über eine Vier, höchstens mal knapp an die Sechs. Aber diese Frau. Auch Josh Clab schwieg und glotzte, natürlich grinsend.

Sie mochte in den Dreißigern sein, wobei schwer auszumachen war, ob am Anfang, in der Mitte oder am Ende dieser Lebensdekade, trug die dunkelblonden, glänzenden Haare nackenkurz, hatte knallblaue Augen, eine sehr schmale, perfekt geformte Nase und offensichtlich längere Beine als mein (einziger) Spezi Thorben, der zwei Meter zwölf groß war. Sie war in ein schwarzes, oberschenkellanges, sehr elegantes Kleid mit kurzen Ärmeln gekleidet, trug dazu eine dezente Goldkette und dazu passende Ohrringe. Ihre Füße steckten in den lässigsten Pumps, die ich seit langem gesehen hatte, auch schwarz.

Ich starrte sie nicht an, ich musterte sie tatsächlich nur kurz und sah dann woanders hin. Meine schnelle Auffassungsgabe und mein gutes Gedächtnis für Details gehörten neben meinem – okay, von unterschiedlichen Personen sehr unterschiedlich eingeschätzten (scheiß der Hund drauf!) – Schreibtalent zu den Eigenschaften, die es mir ermöglicht hatten, gegen zeitweise energischen Widerstand in der Redaktion der Bernd & Susi zu verbleiben. Na ja, da war außerdem noch dieser Vertrag, den ich in einem von dessen schwachen Momenten dem vorvorigen Geschäftsführer abgeschwatzt hatte und der mir, insofern ich keinen gravierenden Schaden anrichtete und tausend Zeilen pro Monat ablieferte, für die Dauer der Existenz des Magazins meine Position sicherte, aber davon abgesehen war ich wirklich gut. Was nicht heißt, dass ich mir immer Mühe gab. Genau genommen eher selten. Aber selbst das reichte meistens.

Ich betrachtete den Rest des Volks, was nicht sehr ergiebig war, sah die Frau wieder kurz an, wie zufällig, und sie tat dasselbe umgekehrt. Dann wandte ich mich abermals Kevin-Louis Krüger zu, der soeben seinen zweiten White Russian bekam, das aber nicht bemerkte, weil er nicht dazu in der Lage war, die Faszination für das Wesen in Schwarz zu verbergen.

Eine weitere Horde Gäste wurde eingelassen, der Laden füllte sich. DJane Austen machte eine Ansage, kündigte eine Musikerin aus Manchester, New Hampshire, an, die nun auftreten würde. Die schöne Frau stand auf, ging an mir vorbei, schenkte mir ein Lächeln, das aber nicht ganz gelang – sie war lampenfiebrig. Die Musikerin also. Ich wusste natürlich, dass es in New Hampshire ein Manchester gab, aber Josh Clab fragte mich tatsächlich, ob er die Ansage richtig verstanden habe.

«War wohl ein Witz», gab ich zurück.

Er zog kurz die Stirn kraus und konsultierte dann sein Smartphone. Ich beobachtete währenddessen, wie sich die Dame hinter dem Keyboard positionierte, vermutlich eher aus Nervosität ein wenig am Mikrophonständer herumfriemelte und dann mit einer sogar gesprochen beeindruckenden Stimme «Hello, Berlin» sagte.

«Scheiße, natürlich gibt es ein Manchester in New Hampshire», sagte Krüger.

«Es gibt mehr als zwei Dutzend Manchesters in den Staaten, darunter mindestens vier größere, Herr *Kollege*. So etwas kann man wissen.»

«Man muss nicht jeden Scheiß wissen», antwortete er lächelnd.

«Stimmt schon. Aber man sollte wenigstens wissen, was Scheiß ist und was nicht.» Ich ließ den Satz enden, obwohl ich ihn auch noch hätte fragen können, ob er wohl wisse, von wem die Bilder hinter dem Tresen waren. Ich fragte nicht, weil ich ihm eine Information vermittelt hätte, die ich selbst in der Kritik verwenden wollte. So oder so war es eine nette – und nicht erstmals erlebte – Erfahrung, dass der großartige Szene-Blogger ohne Google und Wikipedia aufgeschmissen war.

Das Set der Dame begann, ohne dass sie ihren Namen erwähnt hätte. Auch DJane Austen hatte das nicht getan. Das erste Stück war eine A-capella-Ballade, irgendeine ältere Dylan-Nummer, die auch mit dieser beeindruckenden, fraulich-tiefen, dezent rauchigen Stimme nicht besser wurde, weil das einfach unmöglich war, wenn irgendwas von Dylan stammte. Es gab höflichen, vereinzelten Applaus, die meisten Gäste ignorierten die Darbietung einfach. Aber mit dem zweiten Song verursachte sie mir eine redliche Gänsehaut. Gitarrenakkorde via Keyboard, auch wieder ein langsames Stück, das sich jedoch gemächlich steigerte, bis die Frau aus Neuengland plötzlich explodierte, ohne zu überdrehen. Während sie lauter wurde, schien alles in der Bar leiser und langsamer zu werden. Anschließend gab es ordentlich Beifall, und daran änderte sich während der kommenden zwanzig Minuten nichts. Als sie sich wieder neben mich setzte, deutete ich eine Verneigung an. Die Anstrengung, und es *musste* eine Anstrengung gewesen sein, war ihr nicht anzusehen. In diesem Augenblick bekam ich endlich meinen Drink, etwas Hellgelbes in einem länglichen Cocktailglas, ohne jede Dekoration. Ich mochte dekorierte Drinks ohnehin nicht, sondern solche, die gut gemacht waren und mundeten. Wenn das der Fall war, nahm ich auch eine Zubereitungszeit von einer halben Stunde hin.

«Tut mir leid», nuschelte die Neopren-Neun, ohne mich anzusehen.

«Ich bin Journalist», sagte ich zu der Musikerin.

«Hi», sagte sie und nippte an Mineralwasser.

«Das war beeindruckend.»

«Danke. Ich bin Melanie.»

Sie hielt mir die rechte Hand entgegen, die ich auch nahm und kurz schüttelte – ich war eigentlich kein Freund von solchen Gesten, bevorzugte die Distanz, auch während der Anbahnung, danach natürlich nicht mehr. Aber die Hand fühlte sich gut an, während der Name in meinem Hirn rotierte. Melanie, wie meine Frau. Die Amerikanerin hatte zwar das A fast wie ein E klingen lassen, sodass sich ihr Name wie *Meleny* anhörte, aber es blieb der gleiche. Meine Kopfhaut spannte. Der Gedanke, meine Frau mit einer anderen zu betrügen, die genauso hieß, war erregend und irritierend zugleich. Was Pocahontas wohl gerade machte? Sie war in einem Ort namens «Brunn im Spreewald», wo ich sie morgen treffen würde. Vermutlich saß sie an einer Hotelbar und ließ sich anbaggern. Nein, das tat sie nicht. Melanie mochte es nicht, angebaggert zu werden. Sie mochte es, wohlwollend zur Kenntnis genommen zu werden, auch von attraktiven Männern, aber nach allem, was ich über sie wusste, wehrte sie jeden Annäherungsversuch bestimmt und höflich schon in der Frühphase ab.

«Sebastian», antwortete ich.

«Journalist?», fragte sie, stärker lächelnd.

Ich nahm einen Schluck von meinem Drink, der exzellent schmeckte, weshalb ich Augenkontakt mit dem Barmann herzustellen versuchte, was auch sofort gelang, denn er schien nur darauf gewartet zu haben, obwohl er wieder mit einem Shaker hantierte. Ich nickte kurz, wartete seine Reaktion jedoch nicht ab, weil ich das nie tat. Darum ging es bei diesem Spiel. Ich beurteilte ihn, nicht er mich. Es war mir egal, was er von mir dachte. Das galt längst nicht nur für ihn, sondern für fast alle hier. Auf die Anerkennung dieser Leute war ich nicht angewiesen, sondern sie auf meine.

Ich erklärte der Dame – Melanie, *verdammt* –, dass ich für ein großes Stadtmagazin arbeitete. Sie wechselte auf den Barhocker direkt neben meinem, Josh Clab versuchte, sich in das Gespräch einzumischen, indem er «Great show» sagte und der Frau eine Hand entgegenstreckte.

«Thanks», sagte sie, schüttelte kurz die Hand und sah dabei mich an.

Verdammt, dachte ich. Verdammt, verdammt, verdammt. Ich sah den Rest der Nacht vor meinem geistigen Auge ablaufen, die Gespräche zwischen den kommenden zwei, drei Sets, die Taxifahrt in ihr Hotel oder irgendein anderes, den Höflichkeitsdrink an der Hotelbar, die Knutscherei im Aufzug, das peinliche Spielchen mit der Minibar im Zimmer, die geöffnete, aber ungetrunkene Piccoloflasche Champagner (achtzig Tacken auf der Rechnung), den Sex, bei dem in diesem Fall Chancen auf eine Acht oder Neun bestanden, aber auch solche auf eine Katastrophe. Ich sah mich, wie ich um fünf oder sechs aus dem Zimmer schlich, im Fahrstuhl meine Kurznachrichten checkte, mir ein Taxi winkte und mich zu Hause, in Friedrichshain, unter die Dusche stellte. So würde es ablaufen, mit neunundneunzigprozentiger Sicherheit sogar *exakt* so. Aber, Scheiße, sie hieß Melanie.

Und dann kam alles ganz anders.

Clemens – ich kannte seinen Nachnamen nicht – setzte sich neben mich, weil Josh Clab irgendwo war, bei einem Promi aus der Regionalliga oder auf Klo für eine Prise Nasenpuder, und legte einen Stapel Zeitungen und Zeitschriften auf den Tresen. Früher hatte dieser sympathische, große, schnurrbärtige und grauhaarige Mann selbst als Journalist gearbeitet, in den Neunzigern und bis in die Mitte der sogenannten Nullerjahre, und dann hatte es Gerüchte gegeben, böse Gerüchte über sexuelle Präferenzen, seine Kinder und ein paar andere Sachen, vermutlich gestreut von der Exfrau. Obwohl es nie Anklagen oder ähnliche Konsequenzen gegeben hatte, endete seine Karriere damals über Nacht, mündete in eine mehrjährige Existenz am äußersten Rand der Gesellschaft, bis sich Clemens aufrappelte, eine neue Partnerin fand und diesen Job als mobiler Zeitungsverkäufer, nachts unterwegs in Kneipen, Clubs und Bars, wo er die Publikationen fünf, sechs Stunden feilbot, bevor man sie an den Kiosken und in Zeitungsläden kaufen konnte oder im Briefkasten vorfand. Er hatte seinen Optimismus zurückgewonnen, möglicherweise sogar ein bisschen mehr als nur das, und wie Josh Clab lächelte er meistens, aber auf ganz andere Art. Ich empfand eine gewisse Zuneigung für ihn, weil er Integrität und Tapferkeit verkörperte. Außerdem war dieser Typ ziemlich klug, und für Schlauheit hatte ich ein Faible.

«Herr Kunze», sagte er und zog eine buschige Augenbraue hoch. «Etwas unerwartet, um ehrlich zu sein.»

«Clemens. Guten Abend.»

«Platz 17. Ich hätte dich, wenn überhaupt, entweder ganz vorne oder ganz hinten erwartet. Platz 17, das ist mehr Demütigung, als nötig gewesen wäre.»

Ich verstand nicht, was er meinte.

«Andererseits», begann er lächelnd und nahm Mineralwasser entgegen, «ist Platz 17 aus knapp vier Millionen ja irgendwie auch eine Ehre.» Dann trank er.

«Ich habe keine Ahnung, wovon du redest», gab ich zu.

Er sah mich an, musterte mich. «Du hast wirklich keine Ahnung, oder?»

Ich hob die Hände.

Clemens nickte auf merkwürdige Weise. «Töte nicht den Botschafter. Aber ich muss ehrlich sein. Das ist schon ein besonderer Moment.» Er zog die neue Bernd & Susi aus dem Stapel hervor. «Tut mir leid», sagte er dann noch.

Die Titelseite war schwarz, und in großen Lettern stand da nur das Wort «ADELE». Es war sofort klar, dass nicht die Sängerin aus Tottenham gemeint war, sondern die schwäbische Verabschiedung, denn der Magazingründer, Tim Nolte, schon seit Jahren im Ruhestand, stammte aus dem Ländle. Sonst war nur das Logo des Magazins auf dem Cover.

Auf der dritten Seite befand sich der Hinweis, dass diese Ausgabe die normalerweise erst im Herbst veröffentlichte Liste der 50 überflüssigsten Berliner enthalte, mit der wir die Stadt seit zwölf Jahren für zwei bis fünf Tage in Atem hielten, ergänzt um die Ankündigung, dass diese Ausgabe die letzte sei, weil ein Verlag die Namensrechte – und *nur* diese – gekauft habe und sie für eine kostenlose Beilage in ein paar Tageszeitungen verwenden werde, ansonsten wäre es das mit der B&S gewesen, nach über vierzig Jahren. Die Liste wurde von einem dreiköpfigen Team produziert und geheim gehalten, bis das Magazin in Druck ging. Ich blätterte zur Seite 42, wo sie traditionell begann, und navigierte dann zu Platz 17. Sebastian Kunze. Dort stand:

Es war uns schon immer ein Rätsel, warum die Göttin so viel Schreibtalent an einen solchen Soziopathen verschwendet hat. Kunze ist ein Sexist, ein Faulenzer und ein selbstgerechtes Arschloch. Wir durften ihn leider nicht feuern, aber ihm keine Träne nachweinen, das dürfen wir jetzt – endlich.

Der kurze Text wurde von einem Foto illustriert, das mich dabei zeigte, wie ich einer mäßig talentierten Schauspielerin in den Ausschnitt linste, während ich diesen mit dem rechten Zeigefinger etwas erweiterte. Ich erinnerte mich nicht an diese spezielle Situation, aber das Bild war sicher kein Fake, obwohl ich meistens gut darauf achtete, ob jemand in der Nähe eine Kamera oder ein Handy hochhielt, wenn ich mich ungebührlich benahm und noch halbwegs über Selbstkontrolle verfügte. In letzter Zeit war das immer schwieriger geworden, weil sich die verdammten Smartphones zu verdammten Körperteilen gemausert hatten. Und, zugegeben, unter stärkerem Alkoholeinfluss wurde die Kontrolle problematisch. Ich trank selten zu viel, aber manchmal passierte es einfach.

Es dauerte zwei, drei Minuten, bis ich all das begriff. Zwei, drei sehr lange Minuten, während deren mein Gedächtnis einen Film abspulte, der aus vielen Momentaufnahmen zusammengesetzt war, die mich in wenig gutem Licht zeigten – oder mich hätten ahnen lassen können, was im Busch war.

Die Bernd & Susi wurde aufgelöst.

Platz 17.

Schön, dass doch noch jemand von euch kommt.

Alle hatten es gewusst, nur ich nicht. Okay, ich suchte die Redaktion selten auf. Ich las das Magazin auch nicht – die einzig interessanten Beiträge stammten schließlich von mir, und ich ging auch nie ins Kino; Kurt Jungadler war mir egal, von einer gewissen und vermutlich eher einseitigen Sympathie abgesehen.

Und dann.

Platz 17.

Ich war arbeitslos.

Fuckfuckfuckfuck.

Ich weiß nicht genau, wie der restliche Abend verlief. Ich verließ die Bar, ging in eine Kneipe, bestellte einen Drink und ließ meine privaten Kontakte über das Smartphone-Display flutschen. Ich erwog, Pocahontas anzurufen, möglicherweise auch Thorben, aber ich wusste, was sie mir erzählen würden, also konnte ich auch ohne Telefonate über diese Anmerkungen nachdenken, was wenig brachte. Der Rest der Kontakte war wertlos; lauter Menschen, die mich nicht mochten und die ich nicht mochte, da ich sie entweder in Kolumnen verarbeitet hatte oder sie zu jenen Leuten gehörten, mit denen ich nur den Umgang pflegte, weil sie mit Melanie befreundet waren. Jeder von ihnen – durch die Bank –

würde es genießen, mich in dieser schwachen Situation zu erleben, und diesen Genuss gönnte ich ihnen nicht.

Ich nahm den Drink und einen weiteren und bestellte etwas Härteres. Das war nicht meine übliche Konfliktbewältigungsstrategie, die normalerweise aus direkter Konfrontation bestand – ich liebte es, in die Offensive zu gehen, mich der Herausforderung zu stellen. Aber es gab keinen Gegner. Die Fakten waren geschaffen. Die Bernd & Susi war Geschichte und *Sebastian Kunze* damit auch. Während ich einen schrecklichen dreifachen Bourbon kippte, sah ich meine direkte Zukunft vor mir – keine besonders prickelnde. Sie hatten recht. *Aber ihm keine Träne nachweinen.* Niemand würde das tun. Selbst der kleine Belletristik-Verlag, der vor ein paar Wochen höflich angefragt hatte, ob er aus meinen Kolumnen ein Buch machen könne, was ich bislang unbeantwortet gelassen hatte, würde keinen fünfstelligen Vorschuss mehr anbieten. Nicht einmal mehr einen nullstelligen. Sie würden mich auslachen.

Ich bestellte weitere harte Drinks. Ich ging wohl noch in andere Kneipen und bestellte noch mehr harte Drinks. Ich schrieb schließlich Kurznachrichten an alle möglichen Leute und bekam parallel sehr viele, die ich nicht las oder nicht mehr entziffern konnte. Ich schaltete das beschissene Telefon aus. Ich trank, rauchte sogar, obwohl ich das verabscheute, noch mehr als das Sichbetrinken. Ich erteilte einer knapp vierzig Jahre alten Frau, die möglicherweise nur freundlich sein wollte, eine grausame, äußerst beleidigende Abfuhr. Bei der zweiten oder dritten oder achten Kneipe setzte die Erinnerungsfähigkeit aus. Ich fuhr wahrscheinlich im Taxi nach Hause, schaffte es in die Wohnung und ins Bett. Sebastian Kunze, Platz 17, von einer Sekunde zur anderen vom Mittelpunkt an den Rand gedrängt.

Schluss mit lustig.

3. Tagebuch von Melanie Kunze, Donnerstag, 16. Juni, 20.00 Uhr

Das Hotel ist nett. Das Restaurant ist nett. Ja, das ist Bastis Sprache. *Nett*, das ist das höchste Prädikat, das man aus seinem Mund zu hören bekommt, und wenn er mal etwas noch besser findet, dann lächelt er, während er *nett* sagt. Ich muss das auf die Agenda für mein *Projekt SK* nehmen, ihm beizubringen, sich anders zu äußern. Wahrscheinlich aber steht es da schon längst: Punkt 733 auf der Liste.

Dieses *nette* Hotel hat fünf Sterne, das Restaurant einen – einen richtigen, habe ich jemanden am Nebentisch sagen hören. Basti wüsste, was das genau bedeutet, mich interessiert es nicht so sehr. Die Dekoration ist stimmig und vermutlich schweineteuer, die Küche ist exzellent, die Kellner sehen großartig aus, das Publikum ist quasi kostümiert und tut so, als müsse man ob seiner Anwesenheit in Ehrfuchtsstarre verfallen. Vermutlich sind ein paar echte Promis darunter, nicht nur diese Leute aus der zweiten Reihe, also diese Soap-Darsteller und Dschungelleute (ich schaue das manchmal an, aber mein Gedächtnis für Gesichter ist schlechter als das für mimische Äußerungen). Basti würde sie erkennen (und sie ignorieren). Ich bemerke, dass ich aus den Augenwinkeln beobachtet werde, doch das ist mir egal. Niemand sonst hier hat einen Laptop auf dem Tisch. Sollte einer der Herren, die überwiegend in Begleitung recht junger, aufwendig frisierter Frauen sind, einen Anzug von Armani tragen, dann gehört das zur Billigware. Auf dem Parkplatz draußen stehen lauter Maserati und Porsche; mein Mini sieht dazwischen ein bisschen wie ein Ersatzauto aus, etwa für den Fall, dass ein Tank leer ist und ein Diener rasch

Benzin holen muss. Und trotzdem mag ich das hier. Ich belohne mich. Positive Verstärkung: Das kann man auch mit sich selbst tun. Nein, man *muss*. Gerade, wenn man einen solchen Ehemann wie ich hat.

Ach so, ein Hubschrauber steht auch draußen. Echt. Ich war gerade in der Sauna, als der gelandet ist, und habe mich gefragt, ob der Spreewald erdbebengefährdet ist. Vermutlich ist ein echter Star unter den Leuten, die hier sitzen, ein amerikanischer Schauspieler (würde ich Johnny Depp erkennen?) oder ein Minister.

Ich trage Jeans, weiße Stoffturnschuhe und eine lässige Bluse, von der ich nicht einmal weiß, was sie gekostet hat. H&M, denke ich. Marken sind nicht so meins, und auch Edelklamotten landen irgendwann auf dem Müll. Der Kellner, der mich zum Tisch gebracht hat, hat es entweder nicht wahrgenommen oder ist so professionell, dass man ihm nichts anmerkt. Immerhin habe *ich* gemerkt, dass er mich abgecheckt hat, als er dachte, ich würde die Karte studieren. Jetzt bringt er meinen Prosecco. Lecker, sehr trocken. Vielleicht sollte ich keinen Alkohol mehr trinken, aber mir ist nach Feiern, und es war ja nur ein Schnelltest. Okay, es war der Morgenurin, und am Morgen ist die Konzentration des humanen Choriongonadotropins am höchsten, andererseits bedeuten 95 Prozent, dass der Test eben auch danebenliegen kann. Ich gehe am Montag oder Dienstag zu Dr. Seibert, und bis dahin werden zwei, drei Gläschen schon nichts anrichten. Wie sagt Basti immer? *Scheiß der Hund drauf.* Das hat er aus irgendeinem Buch. Eine seiner guten Eigenschaften, dass er so viel liest. Hätte er doch nur mehr davon. Ich für meinen Teil bevorzuge die Realität gegenüber der Fiktion, die Gegenwart gegenüber der Zukunft, die Emotion gegenüber der Interpretation.

Ich habe die Amuse-Gueules gerade gegessen, sehr lecker. Irgendwas mit einem Hauch von Fisch, hausgemachtem Quark, sehr dezentem Pilzaroma und frischen Kräutern. Kaum, dass ich meine Gabel abgelegt habe, kommt der Kellner und räumt ab. Er ist sehr schwarzhaarig und höchstens Ende zwanzig, würde ich sagen, aber er versucht trotzdem, mit mir zu flirten. Eigentlich mag ich das nicht, aber heute ist alles anders. Ab heute *wird* alles anders.

Auch auf der Terrasse sitzen viele Leute. Es ist warm genug dafür, aber ich möchte nicht von Viechern beim Essen gestört werden. Außerdem kann ich von hier den kleinen glitzernden See sehen, die Ruderboote am Anleger, der zum Hotel gehört, und die beiden alten Angler, die auf dem Steg sitzen wie bezahlte Statisten. Ein paar junge, hübsche Familien gehen mit ihren adretten Kindern spazieren. Es ist wirklich sehr exklusiv hier. Mein Zimmer kostet fast 400 Euro pro Nacht (es verfügt über einen Jacuzzi). Ich hatte Basti zig Male vorgeschlagen, hier mal für ein paar Tage herzufahren, aber er hat nur «Was soll ich im verdammten *Spreewald*?» geantwortet, um gleich wieder an einer seiner hasserfüllten Kolumnen zu schreiben. Wenn er wüsste, dass ich ihn in meinem Tagebuch andauernd Basti nenne. Auch etwas, das er hasst. Er hasst so vieles. Und trotzdem glaube ich noch immer, dass er mich liebt.

Vielleicht bin ich aber auch einfach nur doof.

Wahrscheinlich ist es auch kein Hass. Sondern eine Attitüde, die er nicht mehr ablegen kann, ein selbstgewähltes Verhaltensmuster – irgendwo zwischen Image und antrainierter Selbstwahrnehmung. Ich bin unsicher. Er ist kein Patient, und noch will ich ihn nicht wie einen solchen betrachten. Mal schauen, wie lange das noch gelingt.

Die Suppe war ein Traum. Also *nett*. Beim Abräumen hat mir der Kellner zugeflüstert, dass einige der Gäste «irritiert» sind, weil ich die ganze Zeit tippe. Ich habe «Das ist schade für diese Gäste» geantwortet und ihn angestrahlt. Und da ist er doch tatsächlich rot geworden. Seiner Aussprache nach zu urteilen, kommt er aus Franken. Dies hier ist eine strukturschwache Region, aber trotzdem findet man keine Arbeitskräfte. Am Dienstag ist Casting für die Praxishilfe, und ich habe ganze zwei Bewerberinnen zur Auswahl – eine aus Hannover, die in diese Gegend ziehen will (*alles* ist besser als Hannover), und eine Frau in den Fünfzigern aus Cottbus, die nur Arbeit sucht, weil ihr Mann nicht mehr genug verdient. Der Kellner hätte sich übrigens nicht so weit zu mir herunterbeugen müssen, um die geflüsterte Warnung auszusprechen, und ich hatte tatsächlich für einen Augenblick die verrückte Idee, ihn einfach zu küssen. Drehen meine Hormone schon am Rad? Egal.

Ich muss immerzu an das Haus denken. Und daran, was Basti sagen wird, wenn er es morgen sieht. Aber das ist nicht die einzige Neuigkeit, mit der ich ihn morgen konfrontieren werde.

Toller Fisch! Die gratinierten Kartoffeln waren ein bisschen eigenartig gewürzt, aber einen so perfekt zubereiteten Fisch habe ich wahrscheinlich noch nie gegessen, obwohl es nur eine Dorade war. Ich bin übrigens beim dritten Glas, nähere mich also der Gefahrenzone. Wenn ich jetzt noch eines trinke oder sogar einen Rotwein oder so, ist es um mich geschehen. Dann lande ich womöglich mit diesem niedlichen Kellner in der Falle.

Nein, natürlich nicht.

Ich bin ja nicht Sebastian.

Nur seine Frau.

Die sehr gespannt ist, wie der morgige Tag verlaufen wird.

4. Unordnung

Es war fast zwölf, als ich erwachte, und es dauerte keine zwei Sekunden, bis ich begriff, nach was für einer Nacht ich in den von nun an veränderten Alltag zurückkehrte. Natürlich pochte mein Schädel, natürlich war mein Mund ausgetrocknet, und selbstverständlich schmerzten mein Brustkorb und meine Glieder, aber das eigentliche Problem war ein anderes, ein sehr viel größeres, vernichtenderes. Ich warf einen kurzen, verschwommenen Blick auf mein Telefon, das ungewohnterweise auf dem Nachttisch lag, verspürte aber nicht die geringste Versuchung, es anzuschalten. Ich wusste auch so, was es für mich bereithielt. Ich widerstand allerdings auch dem Wunsch, es auf den Boden zu werfen und zu zertreten.

Fahrig hantierte ich mit Zahnbürste, Zahnseide und Mundwasser, mied dabei den Blick in den Spiegel. Das Kaffeesieb fiel mir beim Versuch, es auszuklopfen, auf die nackten Füße. Ich fluchte still, wackelte mit den Zehen, um den Kaffeesatz aus den Zwischenräumen herauszuschütteln, lauschte, während ich mit Küchentüchern auf dem Boden herumfuhrwerkte, dem röchelnden Brummen der Espressomaschine, und probierte gleichzeitig, an etwas zu denken, das nichts mit meiner Situation zu tun hatte, sah aber immer nur das schwarze Magazincover mit dem Schriftzug «ADELE» vor mir, während die Zahl 17 durch meinen angeschlagenen Schädel rotierte. Meine Augen brannten, meine Sehschärfe war niedrig.

Um mich abzulenken, räumte ich den Geschirrspüler aus, zwischendrin Kaffee schlürfend, der sehr eigenartig schmeckte, mich aber allmählich auf Touren brachte – wenn ich es nach zwei Handgriffen schaffte, die Tasse wiederzufinden, denn ich lief in jeder Hinsicht auf Notstrom. Ich mochte es normalerweise, Geschirrspüler ein- und auszuräumen, weil ich ein Mensch war, der Ordnung *im Detail* respektierte, eine allgemeine wie konkrete *Übersichtlichkeit*, verbunden mit dem Gefühl, darüber die Kontrolle zu haben. Wenn ich nicht oder nur zum Schlafen nach Hause kam, blieb das gereinigte Geschirr tagelang im Korb, während sich in der Spüle verdreckte Töpfe, Teller, Tassen, Trinkgefäße von Lara und kleine Besteckhaufen ansammelten. Melanie wusste ganz genau, dass ein von ihr bestückter Geschirrspüler von mir wieder aus- und eingeräumt werden würde, und auch die Regale und Küchenschränke nahm ich mir vor, wenn ich entdeckte, dass die Tassen falsch gestapelt oder Laras Tellerchen unordentlich eingeräumt waren (um ehrlich zu sein – diese Tätigkeit versinnbildlichte die gesamte Beziehung zu meiner Tochter, die ich nach wie vor als einen Eindringling betrachtete, der so gut wie nichts mit mir zu tun hatte).

Leider bemerkte ich erst beim vorletzten Teller, dass ich die ganze Zeit über schmutziges Geschirr in die Schränke gestellt hatte. Etwas war glitschig, und zwar so glitschig, dass das Gefühl trotz meiner geistigen Abwesenheit zu mir durchdrang. Der Teller ging zu Boden, ohne zu zerbrechen, ich starrte ihn an, sah nun die verschmierte Tomatensauce, die am Rand hängenden Nudelreste, bückte mich und betrachtete den Innenraum des Waschgeräts. Und der war dreckig, verklebt, roch außerdem vermutlich faulig, aber meine Sinne hatte das nicht erreicht, erreichte es noch immer nicht, weil sie vollständig mit dem Fall des Sebastian Kunze beschäftigt und vom inzwischen vergessenen zweiten Teil der vergangenen Nacht beeinträchtigt waren. Denn erst jetzt erwischten mich die Tatsachen und ihre Konsequenzen mit ganzer Wucht. Es gab mich nicht mehr. Ich war nur noch ein Geschirrspülerausräumer. Keine Gästelisten mehr, keine vor mir kuschenden Gastronomen, Provinzpolitiker und C-Promis, keine regelmäßigen 50 Zeilen Hass auf wen auch immer, sondern das Ende einer Karriere. Ich setzte mich auf den Küchenboden und versuchte zu weinen, aber nicht einmal das gelang. Selbstmitleid war mir fremd; das würde ich erst noch lernen müssen. Ich saß einfach minutenlang da und betrachtete das Muster der Boden-fliesen wie vor ein paar Monaten in Prag die Styroporplatten an der Praxisdecke. Dann stand ich wieder auf und stellte mich für zwanzig Minuten unter die heiße Dusche.

Zu allem Überfluss musste ich mich gleich auch noch in den roten Torpedo setzen, um in den verdammten Spreewald zu fahren. Immerhin war von vornherein sonnenklar: Ein Umzug dorthin, und sei es auch nur für die Wochenenden, kam für mich nicht in Frage. Aus meiner Stadt bekäme man mich nur in einer Urne. Oder dadurch, dass man sie einfach um mich herum ab- und woanders wieder aufbaute. Sebastian Kunze ohne Berlin, das war wie Die Ärzte ohne Farin Urlaub, wie die Sonne ohne Fusion, wie der Dschihad ohne Muslime: völlig undenkbar.

Andererseits hatte es Pocahontas tatsächlich geschafft, mich dazu zu überreden, mir das Haus anzusehen. In einem dieser Momente. Sex mit Melanie war *immer* phantastisch. Nach einer Nummer mit ihr – der Begriff war eine drastische Verkleinerung – leistete man keinen Widerstand mehr. Auch wenn man mit der Frau schon seit sechs Jahren verheiratet war. Oder seit zweiein-halb, um sich nach dem Höchstgenusssex anzuhören, dass man eine Tochter bekomme. Weil wohl auch verdammte Antibabypil-len – was für ein Wort! – nicht immer zuverlässig wirkten.

Verdammt.

An diesem Tag war die Sonnenbrille nicht mehr einfach nur ein Accessoire. Der Stern schien näher an den Planeten gerückt zu sein, es war angenehm warm, ohne dass ich sofort ins Schwitzen geriet, aber es war vor allem gleißend hell. Ich musste mich kurz an der Hauswand neben unserer Eingangstür abstützen, so infernalisch glühte unser Zentralgestirn. Mit Sonnenbrille war es nur unwesentlich dunkler, aber es gab ohnehin nichts, das mir heute Linderung verschafft hätte. Immerhin gelang es mir, nicht ständig an die Umstände zu denken, aber wenn ich daran dachte, dass ich nicht an die Umstände dachte, tat ich es augenblicklich wieder. *Rosa Elefanten.*

Ich schaltete nun doch das Telefon ein, das sofort nervös verkündete, dass mehrere Dutzend Kurznachrichten auf mich warteten. Hätte ich WhatsApp verwendet oder das Telefon für Mails benutzt, was mir beides definitiv nicht in den Sinn kam, wären es vermutlich zehnmal so viele gewesen. Ich ignorierte das und rief meine Sprachnotizen ab, um herauszubekommen, wo ich den Z4 abgestellt hatte – vorgestern oder so. Tatsächlich, wie ich schließlich hörte, bereits am Montag. Ein Fußmarsch von achthundert Metern. Parkplätze waren hier, in Friedrichshain, noch seltener als native Einheimische, weshalb Pocahontas und ich viel zu Fuß unterwegs waren, um zu unseren Autos zu gelangen, und uns die Standorte dadurch merkten, dass wir sie in die Telefone quatschten. Meistens stieg ich morgens – gut, am späten Vormittag – in ein Taxi und ließ mich zum jeweiligen Standort kutschieren, aber heute hätte ich es nicht ertragen, mir auch noch einen der originellen Berliner Taxifahrer anzutun. Den Taxischein für diese Stadt bekommt man nur, wenn man definitiv kein Deutsch spricht – auch als Deutscher nicht –, wie ein feuchtes Wiesel stinkt, nur die längsten Wege von A nach B kennt, ständig Knoblauch futtert, zu chronischen Flatulenzen neigt und bestenfalls dazu geeignet wäre, ein verdammtes Kettcar zu steuern. Vom Geldwechseln oder von der Bedienung eines Kreditkartenlesers ganz zu schweigen. Ein gut Teil meiner Kolumnen hatte sich mit Taxifahrern beschäftigt, bis mir der Chefredakteur mitteilte, dass er, grundsolider Vertrag hin oder her, keine Texte zu diesem Thema mehr akzeptieren würde.

Also spazierte ich gemächlich durch die sonnendurchfluteten Straßen, aber es gelang mir nicht, mich auf das zu konzentrieren, was mir am Frühsommer in Berlin sonst gefiel: die schönen Frauen in viel zu knapper Kleidung. Die eher nicht so schönen Frauen in viel zu knapper Kleidung. Der Geruch von Aufbruch und Erneuerung, vermischt jedoch mit der unüberwindlichen Substanz, der dieser Stadt zu jeder Jahreszeit anhaftete. Die ausnahmsweise *lächelnden* Dealer in den Parks und vor den Schulhöfen. Den Trubel auf den Straßen. Die Laptop-Symbionten an den Tischen vor den Cafés. Die Smartphone-Junkies, die die Displays ihrer lebenswichtigen Geräte nicht mehr ablesen konnten, es aber trotzdem unaufhörlich versuchten. Die durch offene Fahrzeugfenster und -dächer angeschwollene, fundamental urbane Geräuschkulisse. Die vor grüner Potenz strotzenden Bäume, die sich in den Gullys stauenden Blütenblätter. Die verschämten Raucher in den Eingängen der Restaurants und Bürogebäude, die sich jetzt Zeit ließen. Die Musliminnen, die ihre Schleier etwas weiter aus der Stirn schoben. Ich mochte nichts davon *einzeln*, aber zusammengenommen ließ es mir in jedem Mai oder Juni das Herz aufgehen. Nur heute nicht.

Und es waren noch immer sechshundert Meter bis zum roten Torpedo.

Ich war tatsächlich kein Freund von Statussymbolen, die beliebig, austauschbar und letztlich nur eine Frage des Geldes sind – zu Geld aber konnte man auch beim Lottospielen oder durch unerwartete Erbschaften kommen, ganz egal, wie dämlich man sonst durchs Leben lief. Es gefiel mir besser, Leute auf etwas subtilere Art zu beeindrucken, wenn mir überhaupt etwas daran lag, das zu tun, was nur sehr selten der Fall war. Die einzige Ausnahme war mein BMW Z4 35is, dunkelrotmetallic, 340 Pferde stark und in unter fünf Sekunden von null auf hundert. Diese Schleuder bei 250 Sachen und mit geöffnetem Verdeck über die Autobahn zu treiben, das gehörte zu den wirklich schönen Momenten in meinem Leben. Insofern war der rote Torpedo tatsächlich überhaupt kein Statussymbol, sondern ein Geschenk an mich selbst. Ich hätte ihn nicht gegen einen noch so schnittigen Ferrari eingetauscht. Ferraris waren etwas für impotente alte Männer, die hofften, dass etwas von der Kraft des Achtzylinders auf ihre ausgedörrten Eier überging.

Und da stand die Karre endlich, glänzend und übersät von Kastanienblüten, aber etwas am Bild stimmte trotzdem nicht. Ein Enddreißiger lehnte am rechten vorderen Kotflügel und drehte sich versonnen eine Zigarette. Zu seinen Füßen drückte sich ein kleiner hellbrauner Mischlingshund zitternd eine Wurst aus dem Enddarm. Der Mann trug einen Vollbart, seine Haupthaare waren als Undercut frisiert, er hatte ein Holzfällerhemd, ein Cordsakko, dunkle Anzughosen und verdammte Sandalen an, durch die hindurch hellgrüne Socken zu sehen waren. Keine Ahnung, welches Bild er abzugeben versuchte – und *alle* Menschen versuchen, ein Bild abzugeben –, aber ich konnte keines erkennen. Auch das schlanke MacBook, das er etwas ungeschickt unter dem rechten Oberarm balancierte, ergänzte nichts. Natürlich war auch solch ein Un-Bild wiederum eines, und Melanie hätte mir sicher einen langen Vortrag dazu halten können, aber diese überzogene, nichtssagende Nonkonformität war in meinen Augen schlicht lächerlich.

Normalerweise.

Heute machte sie mich wütend. Ich sah den Mann an, länger als üblich und sehr viel länger, als ich eigentlich wollte, und spürte, wie mich etwas packte, wie ich die Kontrolle verlor. Wie der Wunsch in mir anschwoll, die Faust zu ballen und diesem albernen Hipsterverschnitt in die Fresse zu dreschen. Nicht, weil er mit seiner Cordhose am Z4 herumwischte. Auch nicht, weil ein Fitzelchen der Hundekackwurst an der Felge klebte. Nicht einmal, weil er sich eine Zigarette drehte, was ich noch mehr verabscheute als das Rauchen selbst (ich hatte seinerzeit zu den Vorkämpfern des Rauchverbots gehört, obwohl ich Verbote ablehnte und meistens ignorierte). Nein, ich wollte ihn hauen, weil ich mich dadurch besser fühlen würde. Dessen war ich mir sicher. Jetzt ein wohlgezielter Schlag, ein matschender Knall, ein überrascht zur Seite fliegender Kopf, und *dieser* Sebastian Kunze wäre wieder ein bisschen näher dran an jenem Sebastian Kunze, den es bis gestern Nacht gegeben hatte.

Es dauerte nur ein paar Sekunden, und dann war es glücklicherweise wieder vorbei. In meinem ganzen Leben hatte ich noch keine körperliche Auseinandersetzung initiiert oder aktiv miterlebt, von ein paar kleinen, harmlosen Rangeleien am Ende allzu intensiver Feierlichkeiten abgesehen. Ich verachtete das. Kein Faustschlag konnte so vernichtend ausfallen wie eine gut platzierte, *treffende* Beleidigung. Vor allem aber war körperliche Gewalt selten so nachhaltig.

«Alter», sagte der Typ. «Alles in Ordnung?»

Alter. Der Wunsch, ihn zu prügeln, wuchs wieder. Wie konnte dieser Wurm eine solche Formulierung verwenden, und dann auch noch in Bezug auf mich?

«In einer Femtosekunde hast du dich und deinen Kleidungsmüll von meinem Auto entfernt», zischte ich.

«In einer was?», fragte er konsterniert, löste sich jedoch vom Z4.

«Femto. Zehn hoch minus fünfzehn. Billiardstel. Du warst zu langsam.» Dass ich nicht damit aufhören konnte, zu schlaumeiern, ärgerte mich einerseits, andererseits war es gut, dass mir die Gewohnheit nicht abhandengekommen war.

Er drehte sich zum Auto. «Alter, da ist nichts. Ich hab nur ganz sanft drangelehnt.» Er wollte die Arme heben, um eine Friedlichkeitsgeste zu inszenieren, aber leider fiel ihm noch rechtzeitig genug der teure Rechner ein. So blieb es bei einem etwas tollpatschigen Schulterzucken.

Plötzlich war ich sehr müde. «Geh einfach weg», sagte ich. «Möglichst weit weg. *Schnell.*»

Er brummte noch etwas, möglicherweise wieder mit dem schlimmen Wort darin, drehte sich aber um und zog mit seinem kleinen Hund von dannen, ohne sich um dessen Defäkationsergebnisse zu kümmern. Ich atmete tief durch und lauschte diesem obskuren Wunsch nach, mich mit jemandem zu schlagen. Das war sehr irritierend. Melanie hätte es verstanden.

Melanie, verdammt.

Die Stadt war voll, und augenscheinlich wollten alle am frühen Freitagnachmittag in den Süden, auch wenn der nur bis zum Erzgebirge reichte (von wo aus es nicht mehr weit bis Prag war). Es dauerte ewig, bis ich mich auf die Stadtautobahn eingefädelt hatte, aber auch dort sah es nicht anders aus. Im sehr zäh fließenden Verkehr öffnete ich das Verdeck und schaltete das Radio an. «... nach einundvierzig Jahren das Aus des traditionsreichen Magazins, das fortan als Veranstaltungsbeilage einiger Tageszeitungen erscheinen wird», sagte ein Sprecher. «Tim Novak, der scheidende Chefredakteur, erklärte gegenüber Informationsradio Berlin-Brandenburg, dass er den Schritt aufs äußerste bedauere, dieser aber angesichts der Marktlage unausweichlich gewesen sei. Novak wechselt in die Redaktion eines Hamburger Nachrichtenmagazins, einen Sozialplan für die anderen Mitarbeiter der Bernd & Susi gebe es jedoch nicht, da der seit Jahren defizitäre Verlag abgewickelt wird und nur die Namensrechte veräußert wurden.»

Ich wartete noch ein paar Sekunden, aber der Beitrag endete mit nichtssagendem Wischiwaschi über die ersten Jahre der Zeitschrift. Ich wurde nicht erwähnt. Warum auch. Ich schaltete das Radio wieder aus.

Eine quälende Dreiviertelstunde später war ich endlich auf der A113, die im Südosten von Berlin wegführte. Auch wenn ich weniger als die Hälfte meines Lebens mit Mauer verbracht hatte, kam mir dieser Zustand nach wie vor natürlicher vor als der jetzige. Berlin, das war für mich immer noch Westberlin, obwohl ich im ehemaligen Osten der Stadt wohnte und meistens auch dort arbeitete – die Clubs, die Bars, die lässigen Restaurants gab es zwischen Mitte und Weißensee, weshalb ich die fraglichen Bezirke gedanklich einfach eingemeindet hatte. Okay, in Wilmersdorf und Charlottenburg passierte inzwischen auch wieder einiges, ganz zu schweigen von Neukölln, auch wenn dessen Urbanisierung in meinen Augen etwas Artifizielles hatte. Wenn ich jedoch den Bereich durchfuhr, den früher die Betongrenze versperrt hatte, stellte ich mich gedanklich immer noch auf lange Wartezeiten und akribische, extrem unfreundliche Kontrollen ein, verbunden mit dem Gefühl, eine andere, bedrohliche, menschenfeindliche Welt zu bereisen. Möglich sogar, dass ich mir das zurückwünschte, diese Exklusivität des Eingesperrtseins, die ja – aus meiner Perspektive – vor allem alles andere aussperrte.

Ich passierte eine Ansammlung hässlicher Hallen, in denen Menschen, die so etwas wollten oder zu wollen glaubten, billige Pressspanmöbel vom Fließband und Baumaterial, das aus China importiert wurde, kaufen konnten. Mein Telefon, das ohnehin – sehr leise gestellt – fortwährend auf sich aufmerksam zu machen versuchte, verkündete durch eine besondere Melodie, dass Thorben anrief. Ich zögerte erst, nahm das Gespräch dann aber an.

«Es tut mir leid, Kumpel», sagte er. Im Rauschen des Fahrtwinds war nicht zu ermitteln, *wie* er das sagte, aber ich nahm an, dass er mein Schicksal ernsthaft bedauerte.

«Mir auch», antwortete ich.

Thorben schwieg für ein paar Sekunden. Mein einziger echter Freund, insofern es diese Kategorie für mich überhaupt gab. Wir kannten uns seit fast dreißig Jahren, waren gemeinsam im Wortsinn durch dick und dünn gegangen, denn viele meiner Exzesse hatte ich in seiner Begleitung absolviert, wobei Thorben nicht selten versucht hatte, mich zu einer etwas zurückhaltenderen Gangart zu ermahnen, weil er meinte, ich solle nicht riskieren, Melanie zu verlieren. Er mochte Melanie sehr – Thorben war einer der wenigen Kontakte, die ich in die Beziehung eingebracht hatte. Außerdem waren wir Geschäftspartner. Thorben entwickelte Software, und ich hatte seine Anfänge finanziert. Im Gegenzug erhielt ich regelmäßig solide Überweisungen von seinem Firmenkonto – die paar Zeilen für die B&S hätten nicht ausgereicht, um meinen Lebensstil zu finanzieren, und Melanie verdiente bisher fast nichts. Ich wusste nicht genau, was Thorbens Programme machten, aber sein Geschäft hatte etwas mit Online-Bestellungen zu tun. Leute, die kleine Läden betrieben, konnten mit seiner Software auch im Internet präsent sein.

Thorben machte ein paar Geräusche.

«Ich verstehe dich nicht», sagte ich.

«Ich hab ja auch überhaupt nichts gesagt», erwiderte er.

«Aha.»

«Aber da wäre schon etwas zu sagen.» Er zögerte. «Ich fürchte, die schlechten Nachrichten reißen nicht ab.»

«Inwiefern?» Ich zog an einem C-Daimler vorbei, der die linke Spur blockiert hatte, höchstens 200 km/h fahrend.

«Ich sag's mal so», begann er. Diese Wendung benutzte er gern und viel, auch in unangebrachten Situationen. «Im kommenden Monat wird es keinen Scheck von mir geben.»

«Ich bekomme sowieso keine Schecks.» Mein Magen grummelte plötzlich auf bedrohliche Weise.

«Hin oder her,» sagte Thorben, dann musste er husten. «Ich sag's mal so», fuhr er kurz darauf fort. «Wir sind pleite.»

Ich antwortete nicht, aber mit einem Mal hatte ich Kopfschmerzen, zusätzlich zum Magengrummeln.

«Wir kommen nicht dagegen an. Online-Shops gibt's zur Website inzwischen kostenlos dazu. Die ganzen Restaurants gehen zu Lieferix. Gestern haben unsere letzten beiden großen Kunden gekündigt. Wir sind raus.» Ich stellte mir vor, wie er bei diesen Worten an seinem riesigen Schreibtisch im Souterrain seines Hauses in Kladow saß, einer Spezialanfertigung, seiner enormen Körpergröße angepasst, und auf einen der fünf oder sechs 30-Zoll-Monitore starrte, während in einem überfüllten Aschenbecher eine Gauloise qualmte. Thorben rauchte wie ein Schlot, manchmal mehr als vier Päckchen am Tag, verfügte aber über die Konstitution eines Leistungssportlers. Er war fast genauso alt wie ich, zwei Monate später geboren, also knapp 43.

«Wir sind raus», wiederholte ich, aber das hörte Thorben wahrscheinlich nicht, weil ich gleichzeitig eine sehr geräuschvolle Vollbremsung ausführte. Ein Mini war grundlos von der mittleren auf die linke Spur gewechselt. Ausgerechnet ein Mini.

«Ja. Tut mir leid. Ich fange nächste Woche bei Zalando an. Als Datenbankadministrator. Ich hoffe, du hast auch irgendwas. Plan B, du weißt. Ich sag's mal so. Wir werden nicht jünger.»

Wir werden nicht jünger.

Ich wollte noch etwas antworten, aber Thorben hatte das Gespräch beendet. Nein, hatte er nicht. Als ich mir das Telefon vors Gesicht hielt, um die Verbindung zu prüfen, waren oben links im Display zwei Worte abzulesen:

Kein Netz.

5. Tagebuch von Melanie Kunze,
Freitag, 17. Juni, 15.00 Uhr

Er geht nicht ans Telefon, er reagiert nicht auf Kurznachrichten. Es hat keinen Sinn, zu versuchen, ihn auf anderen Wegen zu erreichen, weil er sie einfach nicht verwendet. Basti hält wenig von Mails, obwohl sie für seine Arbeit ein wichtiges Hilfsmittel sind, aber auf seinem Telefon ist kein Mailprogramm, kein Messenger und erst recht kein WhatsApp installiert. Immerhin muss ich ihm zustimmen, was seine Begründung für diese Verweigerung anbetrifft: Man kommuniziert zwar schneller, aber keineswegs besser. Andererseits fahren heute auch nur noch wenige Kutschen, obwohl sie viel ökologischer als Autos sind – und man darin die Reise viel intensiver wahrnimmt.

Die neueste Ausgabe der Bernd & Susi liegt vor mir. Ich sitze in einem Eiscafé am Marktplatz von Brunn im Spreewald. Direkt neben mir wartet eine lange Schlange schreiender Kinder im Vorschulalter darauf, von einer Frau bedient zu werden, die definitiv eine Patientin von mir werden könnte. Der Kaffee ist nur lauwarm und schmeckt ein bisschen bitter, die angeblich hausgemachte Waffel ist schätzungsweise von vorgestern, aber den wenigen verfrühten Wespen scheint sie zu schmecken. Der Kontrast zum Hotel «Alte Wäscherei» könnte nicht größer sein. Das Frühstück dort war mindestens opulent. Aber hier wirkt vieles noch ganz schön ostig. Man hat zwar versucht, das Ensemble insgesamt aufzuhübschen, doch die Details verraten die Geschichte, vor allem in den Nebenstraßen. Und trotzdem gefällt es mir hier. Nein, vielleicht gerade deshalb. Ich will ja nicht in eine Kulisse umziehen. In eine *verdammte* Kulisse, wie Basti sagen würde.

Ich würde ihn so gerne sprechen, ihn trösten. Das überdeckt fast die Aufregung (und, ja, Unsicherheit), die ich spüre, wenn ich an die Besichtigung nachher denke, die ja keine ist. Er redet kaum mit mir über seine Arbeit, aber *das* hätte er mir erzählt, also hat er es nicht gewusst. Das Magazin ist sein Lebensinhalt, seine Verwirklichung. Er spricht zwar, wenn überhaupt, nur sehr abfällig über seine Kollegen, die Leser und die Events, zu denen er geschickt wird, aber das ändert nichts daran, dass all dies seine persönliche Energiequelle ist. Es rahmt sein Selbstbewusstsein ein. Ohne das ist er leer und hilflos. Einsam. Ich könnte heulen, es zerreißt mich. Auf der anderen Seite ist der große Knall vielleicht eine Chance, denn es wäre so oder so nicht mehr lange weitergegangen. Mit ihm, mit seinem Job. Mit uns. Möglicherweise gibt es dem *Projekt SK* die richtige Richtung, aber ich schäme mich für diesen Gedanken.

Aber dann mussten sie ihn auch noch auf diese verfluchte Liste nehmen. Er hat diese direkte Provokation nie gemocht, diese Sammlung von Beleidigungen, nur unwesentlich über dem Niveau von Kritzeleien an den Schulwänden: *Michael ist eine doofe Sau. Basti ist ein Spasti.*

Es ist kurz nach halb vier, er sollte längst hier sein.

Ich habe gerade mit Thorben gesprochen. Auch das noch! Aber immerhin scheint Basti tatsächlich auf dem Weg zu sein. Also kann ich mich auch in Bewegung setzen.

Ob er zusammenbricht, wenn er von den weiteren Überraschungen erfährt?

Wie gut, dass ich Psychotherapeutin bin.

Was für ein dämlicher Gedanke. Aber ich streiche nichts, das ich ins Tagebuch getippt habe.

6. LDS

Das verdammte Nest hatte nicht einmal eine eigene Autobahn-ausfahrt. Ich verließ die A13 bei Vetschau – unvorstellbar, einen solchen Ortsnamen auf der eigenen Visitenkarte lesen zu müssen – und hatte noch ein paar Kilometer Landstraße vor mir. Die nächste größere Stadt, auch wenn sie diese Bezeichnung wahrscheinlich nicht verdiente, war *Cottbus*. Da waren mir der Kottbusser Damm und das Kottbusser Tor in Berlin um einiges lieber, obwohl dort die Kleinkriege der Asozialen tobten, wenn sie nicht von Spekulanten an den Stadtrand verdrängt worden waren und kurzlebige Szenekneipen in die Räume der ehemaligen Dönerbuden und 99-Cent-Shops einzogen.

Die Zahl von Autos, die das Kennzeichen «LDS» trugen, wurde sekündlich größer. *Landkreis Dahme-Spreewald.* Wenn man die letzten beiden Buchstaben vertauschte, wäre das Kennzeichen lässig, aber in dieser Anordnung blieb es inakzeptabel. *Lauter dumme Socken.* Nicht einmal in einem äußerst grotesken Albtraum würde ich in Erwägung ziehen, den roten Torpedo mit einem solchen Schild zu versehen. Andererseits: Seit gestern Abend war mein Leben ein äußerst grotesker Albtraum. Rosa Elefanten. Rosa Elefanten.

Immerhin war das Wetter großartig. Der milde Juniwind strich über meine Haare, wenn ich an einer Einmündung hielt – selbst bei voller Fahrt blieb es im geöffneten Innenraum des Z4 nahezu windstill, auf die BMW-Ingenieure war in dieser Hinsicht

Verlass. Allerdings musste ich mich stärker als sonst auf den Verkehr konzentrieren, denn in der Provinz schien eine andere Straßenverkehrsordnung zu gelten. Die Landeier in ihren untermotorisierten, hoffnungslos veralteten Nuckelpinnen überholten auch bei starkem Gegenverkehr, als gäbe es nicht nur zwei Spuren, sondern mindestens fünf, fuhren dafür insgesamt sehr viel langsamer, als zulässig war. Alle paar Minuten blockierten Traktoren das Vorankommen, wobei es stank, als würden sie auf ihren wackligen Anhängern die gesamte Jahres-Kotproduktion von Brandenburg transportieren. Gelegentlich legte jemand unvermittelt eine Vollbremsung hin, wenn am Rand der Landstraße ein Verkaufsstand auftauchte, an dem man vermutlich Gewürzgurken und ähnliche Grausamkeiten kaufen konnte. Die Leute, die ich in den Autos sah, waren durch die Bank rotgesichtig und schienen alle demselben, recht flachen Genpool zu entstammen. Jeder von ihnen bestaunte mein Auto, das war leicht zu erkennen. Natürlich verirrten sich auch solche Menschen hin und wieder in meine Stadt, wo sie, wenn ich ihnen begegnete, meistens gerade fassungslos waren, dass es *Gaststätten* gab, die tatsächlich nicht jeden Besucher willkommen hießen. Vor allem nicht solche in muffigen Jutejacken und mit Stahlkappen versehenen Arbeitsschuhen. Oder in verdammten Overalls.

Im Gegensatz zum Wetter war die Landschaft unspektakulär. Eben, von verschachtelten Feldern durchsetzt, die hin und wieder von schmalen Baumbeständen begrenzt wurden. Warum um diese Region ein solches Bohei veranstaltet wurde – immerhin handelte es sich um ein hochoffiziell von der UNESCO geschütztes Biosphärenreservat –, war auch auf den zweiten Blick nicht erkennbar. Selbstverständlich wusste ich, dass ich noch relativ weit von jenen Gegenden entfernt war, in denen Touristenscharen in Kähnen durch die Kanäle geschippert wurden, aber wenn man sich zum Beispiel dem Erzgebirge näherte, sah man von weitem wenigstens schon die Hügel. Hier sah man nichts. Einfach nichts. Nur die Landeier in ihren Nuckelpinnen, Traktoren und verdammte Gewürzgurkenstände.

Das Ortsschild von Brunn im Spreewald tauchte auf, kaum zu erkennen, weil es von blühenden Büschen überwuchert war, und es gelang mir auch nicht, den niedersorbischen Namen darunter abzulesen, aber hinter diesem Schild ging es ebenso unspektakulär weiter, wie es sich davor gezeigt hatte. Ein paar niedrige, beigegraue Häuser mit flachen roten und von der Sonne ausgeblichenen Spitzdächern tauchten auf, gebaut vermutlich in den Dreißigern und Vierzigern des vorigen Jahrhunderts, umgeben von Staketenzäunen und wuscheligen Hecken. Auf der nachlässig asphaltierten Straße und den sandigen Bürgersteigen war niemand zu sehen. Ich hielt an der nächsten Einmündung, um mich zu orientieren. Den Weg im Ort hatte ich mir zu Hause – angesichts der Umstände mit etwas Mühe – eingeprägt; ich benutzte kein Navigationssystem, obwohl das Auto über eines verfügte. Wenn ich mich in einer Gegend nicht allein zurechtfand, war sie es nicht wert, von mir aufgesucht zu werden. Wer sich von einer Computerstimme den Weg weisen ließ, verzichtete auf etwas Wesentliches.

Ich passierte die Einfahrt zum Hotel Alte Wäscherei, das ich natürlich kannte, aber durch die Birkenhaine, die das Grundstück begrenzten, waren nur die Dächer des verstreuten Ensembles zu erkennen. Nach ein paar bunt blühenden Wiesen tauchte ein vierstöckiger, langgestreckter Neubau auf – die «Brunner Spezialklinik für plastische Chirurgie». Auf dem Parkplatz versammelte sich die obere Mittelklasse. Der Porsche Panamera, der silbrig in der Sonne glänzte, gehörte wahrscheinlich dem Chefarzt, der mit Sicherheit nicht in der Region wohnte. Dann durchfuhr ich den Ortskern, der in mir den Wunsch weckte, bei voller

Fahrt den Rückwärtsgang einzulegen. Immerhin sah ich hier zum ersten Mal Menschen, seit ich das Ortseingangsschild hinter mir gelassen hatte. Wahrscheinlich waren die meisten von ihnen Touristen.

Kurz darauf fand ich die Clara-Zetkin-Straße, in der das Haus lag, das zu besichtigen Pocahontas mich heute überflüssigerweise nötigte. Clara-Zetkin-Straßen gab es ausschließlich im Osten. Auch der Clara-Zetkin-Park in Berlin liegt in Marzahn, einem Randbezirk, der zu DDR-Zeiten als «Großwohnsiedlung» konzipiert worden war, wie man auch heute noch unschwer erkennen kann. In diesen Teil der Stadt verschlug es mich noch seltener als auf Ü40-Partys.

Melanies gelber Mini stand am rechten Straßenrand, kurz vor dem Ende der Straße, die eine Sackgasse war. Obwohl – oder gerade weil – es letztlich auch ein BMW war, mochte ich das Auto nicht. Es stellte einen Verrat an der Tradition dar, war ein ungesunder Hybrid aus Modernität, überwiegend misslungenem Design und verfälschter Automobilgeschichte. Pocahontas hingegen mochte den Wagen sehr. Wir hatten in vielen Dingen solche diametralen Auffassungen, aber am weitesten gingen die – selten ausgetauschten – Meinungen auseinander, wenn wir das Konstrukt «Familie» diskutierten. Was zum Glück noch seltener geschah. Ich wusste nicht einmal, ob Melanie Lara bei sich hatte oder ob unser Kind derzeit bei ihrer Freundin Petra weilte. Oder gar bei Gabriele, Melanies eigenartiger Mutter, die in Berlin-Frohnau, im äußersten Norden, eine spezielle Zahnarztpraxis betrieb, in der sie odontophoben Patienten unter Hypnose Weisheitszähne extrahierte.

Sie kam aus einem Gartentor, als ich mein Auto gerade hinter ihrem abstellte. Ihre dunklen Haare schimmerten in der Sonne, ihre Bewegungen waren wie immer auf sparsame Weise elegant, nachgerade indianisch, aber mit ihrem Lächeln stimmte etwas nicht. Melanies Mimik war für mich leichter zu lesen als das sprichwörtliche offene Buch. Als sie das Hauptstudium aufnahm und später die Ausbildung, hatte ich ein Weilchen befürchtet, sie würde die Tricks der *Züchologen* (Thorben) für sich adaptieren, ihre Körpersprache zu kontrollieren versuchen und solche Dinge, aber das tat sie nicht. Melanie wollte diesen Beruf ausüben, sie tat das nicht aus Gründen der Eigentherapie. Und auch mich hatte sie bislang nicht zu therapieren versucht.

Wir umarmten uns, ich genoss es, ihren Körper zu fühlen und ihren weichen, immer dezent fruchtigen Geruch wahrzunehmen. Als sie allerdings ihren Kopf gegen meine rechte Schulter lehnte, dachte ich an die Frau von gestern Abend, an *Meleny* aus Manchester, New Hampshire, mit der ich beinahe die Nacht verbracht hätte und die vielleicht – aber nicht sehr wahrscheinlich – im Bett von Kevin-Louis Krüger gelandet war. Nein, unmöglich. In meinem Hirn kämpften Erleichterung und Bedauern gegeneinander.

«Es tut mir leid», sagte sie, den Mund dicht an meinem Ohr. «Mein Lieber. Es tut mir sehr leid.»

«Schon okay», log ich, wobei sie ein Kopfschütteln andeutete.

«Nichts ist okay», stellte sie fest. «Aber ich bin für dich da.»

Ich schob sie sanft von mir weg und sah zum Grundstück.

«Ist es das?», fragte ich, obwohl da überhaupt kein Haus zu sehen war und es mich, davon abgesehen, nicht im Geringsten interessierte. Wir standen etwa fünfzehn Meter von der Stelle entfernt, an der Melanie das Gelände verlassen hatte, sodass ich es nur von der Seite sah, aber ich erkannte lediglich eine Wiese mit ein paar Obstbäumen darauf. Der Vorgarten musste riesig sein. Den Blick zu den Nachbargrundstücken – und also auch meinen auf das Haus – verstellten baumhohe Koniferen.

Sie nahm meine Hand und zog mich zum Tor. Dieses Grundstück war im Gegensatz zu seinen staketenumzäunten Nachbarn von einem dunklen schmiedeeisernen Zaun umgeben, den man kürzlich frisch gestrichen hatte. Ich sah das Namensschild neben dem Eingang, ein glänzendes, ebenfalls recht frisch wirkendes, professionell getöpfertes Keramikding. Da stand in schwarzen Versalien «Kunze».

«Was für ein Zufall», sagte ich.

Melanie reagierte nicht und manövrierte mich durch das Tor.

«Das steht verkehrt herum», erklärte ich verblüfft. In gut zwanzig Metern Entfernung stand das zweistöckige Haus, auf den ersten Eindruck in den Achtzigern errichtet und nicht eben klein, aber ich betrachtete soeben die verdammte *Rückwand.*

Pocahontas kicherte, aber es klang gekünstelt.

«Als es gebaut wurde, gab es eine Straße auf der anderen Seite, aber die ist inzwischen beseitigt worden. Jetzt führt noch ein Waldweg zum Eingang am ehemaligen Vorgarten. Deshalb war es …» Sie unterbrach sich.

«Lass mich raten. Diese Straße hieß Wilhelm-Pieck-Straße.»

Auch diesen Namen gab es nur im Osten.

«Keine Ahnung.» Wieder dieses Kichern.

Sie zog mich weiter, auf eine Terrasse zu, auf der neue, recht *nette* Lounge-Möbel standen. Wir passierten einen großen Sandkasten, neben dem ein Klettergerüst mit Plastikrutsche aufgebaut war. Es sah aus, als hätte man es gestern erst geliefert.

«Das sieht nicht aus, als wäre es zu verkaufen», sagte ich. «Es sieht eher aus, als wäre hier kürzlich jemand eingezogen.»

Melanie schwieg.

«Mal davon abgesehen, dass dieses Haus mit der Rückseite zum Eingang steht.» Rechts neben dem Haus befand sich eine Garage, von der aber auch nur die Rückwand zu sehen war. Eine Garage ohne Einfahrt. «Wie absurd.»

«Was aber auch seine Vorteile hat», sagte sie leise. «Jemand, der über den anderen Eingang kommt, ist für die Nachbarn nicht zu sehen.»

«Inwiefern ist das ein Vorteil?»

«Diskretion», sagte sie kryptisch, wobei sie mir einen kurzen Seitenblick zuwarf. Ihrem Gesicht war vielerlei abzulesen – Euphorie, Vorfreude, aber auch Sorge, Angst, Zweifel. Seltsam.

«Das verstehe ich nicht», erwiderte ich ehrlich.

Melanie blieb stehen.

«In Berlin mag es völlig egal sein, ob du ein Haus betrittst, in dem sich eine psychotherapeutische oder psychiatrische Praxis befindet. Du könntest sogar eines betreten, in dem es nichts weiter als eine Therapieeinrichtung für Pädophile gibt – niemand würde sich dafür interessieren. Aber hier wäre es, als würdest du ein Shirt tragen, auf dem in großen Buchstaben deine Diagnose steht.»

Ich vollendete im Geiste ihren Gedankengang und fand ihre Argumentation schlüssig – bis auf den ausschlaggebenden Teil: Wir würden nicht in dieses Haus umziehen, nicht nach Brandenburg, nicht in den verdammten Spreewald und erst recht nicht in eine Clara-Zetkin-Straße. Eher würde ich mir ein Shirt mit der Aufschrift «Paranoide Schizophrenie» überstreifen.

Ich wollte weitergehen, bemerkte aber, dass sie nicht mitkam. Sie betrachtete abwechselnd mich und die Rückseite dieses originellen Hauses, das, zugegeben, durchaus einladend aussah. Wenn man so etwas mochte. Häuser im Nichts, die rückwärts standen. Immerhin mit sehr großen Fenstern und einem pittoresken Balkon im Dachgeschoss ausgestattet.

«Ich muss dir etwas sagen, Basti.»

«Bitte!», knurrte ich. Ich hasste diesen Kosenamen.

«*Sebastian.*»

«Danke. Und was?»

Sie sah auf die Armbanduhr, ein Geschenk von mir, das ich ihr kaum eine Woche nach dem dritten Hochzeitstag überreicht hatte.

«In diesem Moment werden meine Möbel in einen Umzugs-wagen verladen. Es kostet mich einen Anruf, und sie laden auch deine Sachen ein. Ich habe dieses Haus vor drei Wochen gekauft.»

«*Gekauft?*»

«Am Montag eröffne ich die Praxis.»

«Am Montag?» Ich war zu keiner anderen Reaktion fähig, als ihre Worte zu wiederholen. Verdammt.

«Und da ist noch etwas.» Sie sah zur Seite, vollführte eine seltsame Geste, strich sich mit der linken Hand kurz über den Bauch. Dann atmete sie tief durch und sah mich direkt an. «Ich bin schwanger.»

«Das ist völlig unmöglich», sagte ich, drehte mich um und rannte zum Auto.

7. Tagebuch von Melanie Kunze, Freitag, 17. Juni, 19.00 Uhr

Basti ist in der Sauna. Er will mit seinen Gedanken allein sein, hat er gesagt. Dabei ist er immer mit seinen Gedanken allein. Und in die Sauna geht er eigentlich nie. Er zeigt sich nicht gern vor fremden Menschen nackt, weil er sich dann schutzlos fühlt. Selbst in Badehose ist ihm das anzumerken. Er bevorzugt die Distanz, die Kleidung schafft.

Es hat eine Weile gedauert, bis ich ihn gefunden habe. Er ist davongestürmt, hat mehrfach «Das ist völlig unmöglich» gerufen und mit den Händen in der Luft herumgewedelt. Das war sehr untypisch für ihn, er geht sonst immer sparsam mit Gesten um. Er kontrolliert sich. Dann ist er ins Auto gestiegen und davongerast. Ich bin so schnell wie möglich hinterher, musste aber erst meine Schlüssel aus dem Haus holen, und da war er natürlich längst weg. Ich bin ein bisschen herumgefahren, bis ich auf die Idee kam, einfach Leute nach einem roten Sportwagen zu fragen. «Einer steht vor dem Brunner Hof», erklärte mir ein Mann, den ich für einen Pfarrer hielt. Ein netter, etwas gedrungener Herr Anfang fünfzig mit vielen Flecken auf der Glatze, der ein schwarzes Jackett, ein weißes Hemd und ein Kruzifix an der silbernen Halskette trug. Er saß auf einem weißen Fahrrad, das noch aus DDR-Produktion stammte.

Basti hockte im Gasthof am Tresen und hatte ein kleines Bier vor sich.

«Wir müssen reden», habe ich gesagt.

63

«Du meinst, ich muss zuhören», hat er geantwortet. Er wirkte wütend, traurig und sehr, sehr verzweifelt. Ich fühlte mich sofort schuldig. Aber trotzdem habe ich «Das wäre mal was» gesagt. Er hat mich nachdenklich angesehen, sehr lange für seine Verhältnisse, und dann genickt.

Ich weiß nicht, ob er alles verstanden hat, was ich ihm gesagt habe, ob er überhaupt alles gehört hat, aber ich denke, die Botschaft kam an: Es ging jahrelang nach seinen Vorstellungen, nach seinen Wünschen, und damit ist jetzt Schluss, ganz egal, ob mit ihm oder ohne ihn. Ich habe vor Aufregung gezittert, als ich das gesagt habe, weil ich das so lange unterdrückt habe, aber er hat einfach nur weitergenickt. Ich war kurz davor, ihm zu offenbaren, was ich über sein Doppelleben weiß, das ja keines ist, weil die ganze verdammte Stadt darüber spricht, aber ich wollte es nicht zu weit treiben.

Dann ist er aufgestanden, hat ein paar Münzen auf den Tresen geworfen und «Okay» gesagt. Dabei hat er wieder genickt, wie jemand, der die letzten Worte hört, bevor das Erschießungskommando den Befehl bekommt. Ich hatte ein ungeheuer schlechtes Gewissen. Das habe ich immer noch. Aber es hat keinen Sinn, ihm etwas vorzumachen. Und dieses Leben, das er zu führen glaubt, das hat noch weniger Sinn.

Er ist jetzt seit über einer Stunde im Spa-Bereich, oder er sitzt inzwischen an der Bar (im Bademantel? – eher nicht), jedenfalls steht sein Auto noch in der Einfahrt. Er hat es einfach hingestellt, und obwohl ein Hotelmitarbeiter ihm noch hinterherrief, er möge doch den Wagen auf dem Parkplatz abstellen, ist er weitermarschiert, hinter mir her, wie eine Aufziehpuppe. Die neu ankommenden Gäste müssen ihr Gepäck mühsam herschleppen (okay – herschleppen *lassen*), weil die rote Rakete, wie er sein Auto gern nennt, mitten im Weg steht.

Das schöne Zimmer hat er keines Blickes gewürdigt. Er hat die Minibar geöffnet, sich eine kleine Schnapsflasche herausgenommen und «Das brauche ich jetzt» gesagt, aber eher zu sich selbst. Als wäre ich überhaupt nicht da. Er steht unter Schock. Ich kann ihm bei der Bewältigung nicht helfen, noch nicht. Über seine Situation muss er sich tatsächlich allein klar werden. Über unsere. Über mögliche Entscheidungen.

Heute werde ich mich zum Essen etwas festlicher anziehen. Mir ist einfach danach, ob es Basti nun schlecht geht oder nicht. Ich habe ein schwarzes kurzärmeliges, leichtes Abendkleid dabei, das bis zu den Knien geht. Dazu vielleicht die schwarzen Pumps, die mir Petra geliehen hat. Und etwas in Gold. Die fein geflochtene Goldkette, die mir Thorben zum Fünfunddreißigsten geschenkt hat, vorvoriges Jahr. Ich weiß noch, wie Basti geschaut hat, als Thorben mit diesem teuren Geschenk ankam. Das war einer der wenigen Momente, in denen er eifersüchtig war. So eifersüchtig, dass man es spüren konnte. Ich erinnere mich gern an diesen Augenblick. Hätte es doch nur mehr davon gegeben. Und weniger von denen, in denen ich eifersüchtig war. Aus gutem Grund.

Ich sehe großartig aus. Mal sehen, wie der niedliche Kellner guckt.

Es klopft, Basti hat keinen Zimmerschlüssel.

8. Silikon

Saunen suchte ich aus Prinzip nicht auf, nicht zuletzt wegen des
sozialen Widerspruchs, den sie verkörperten, vor allem in einem
Fünf-Sterne-Hotel, wo man einerseits im teuersten Zwirn her-
umlief, aufgemotzt bis zur Kinnkante, sich aber andererseits
im verdammten *Wellnessbereich* auch gerne mal nackt bückte,
sodass sich den anderen, die nicht rasch genug wegsahen, die
haarumkränzte Analrosette präsentierte – die immerhin zweit-
intimste, jedoch mit großem Abstand unansehnlichste Stelle
des Körpers (von seltenen Ausnahmen abgesehen). Aber mir war
danach, meine Ruhe zu haben, mich zurückzuziehen, und ich
wollte die starke Körperlichkeit des Schwitzens spüren, um überhaupt etwas zu fühlen, denn in mir war nichts als Leere. Außerdem hatte es möglicherweise entgiftende Wirkung, schwemmte
die Reste der vergangenen Nacht aus, die ich leider eben um eine
Nullnullviererflasche Wodka aus der Minibar ergänzt hatte. Ich
brauchte einen klaren Kopf. Und ich wollte weg von Melanie,
jedenfalls nicht mit ihr allein sein.

Allerdings war die finnische Sauna mit Gespielinnen der
alten Herren besetzt, die ihrerseits im Ruheraum lagen, Otard
XO schlürften und sich über Aktienkurse oder die Weltherrschaft
unterhielten, ohne sich Gedanken über den Terminus «Ruheraum»
zu machen. Ganz oben lagen zwei langmähnige, blondierte Gra-
zien dicht nebeneinander und plauderten, aber sie verstummten
sofort, als ich die Tür aufschob. Eine weitere, brünette Mätresse,

die nach meinem Dafürhalten mit derartigen Implantaten besser keinen Raum aufgesucht hätte, in dem mehr als 50 Grad Celsius herrschten, zog kurz die langen Beine an, um sie gleich wieder auszustrecken, als sie mich wahrgenommen hatte. Neben ihr lag eine brustfaltige Frau in den Sechzigern, die – von Pocahontas abgesehen – wahrscheinlich die einzige Dame im gesamten Hotel war, die vor ihrem aktuellen Begleiter das Ehegelöbnis aufgesagt hatte. Sie war außerdem die einzige Person in der Sauna, die mein Eintreten würdevoll ignorierte. Ich ließ ein leises Brummgeräusch ertönen, das man als Begrüßung werten konnte, und legte mein Badetuch auf die freie Stufe genau zwischen den beiden Blondinen und der Brünetten, die wahrscheinlich direkt aus dem OP der Brunner Spezialklinik für plastische Chirurgie ins Hotel gewechselt war. Bei genauerer Prüfung hätte ich möglicherweise die frischen Narben unter ihren Brüsten erkennen können. Ich hätte auch in die Biosauna oder das Sanarium gehen können, wo weniger los war, aber ich wollte die größtmögliche Hitze. Ich warf einen Blick auf das Thermometer, das 95 Grad anzeigte.

Als ich lag, schloss ich die Augen und konzentrierte mich auf meinen Atem. Die beiden hell getönten Frauen nahmen ihr Gespräch wieder auf, es war ihnen offensichtlich egal, dass hier alle zwei Meter ein Schildchen hing, das um Ruhe bat. Sie unterhielten sich über die fürchterlichen Zustände auf Mallorca, sprachen das Wort mit Doppel-L aus, obwohl sie die Insel vermutlich mehrere Dutzend Male bereist hatten, jeweils in Begleitung eines anderen Knackers, der das finanzierte. Ich erfuhr, wie problematisch es inzwischen geworden war, zwischen all den «Proleten» noch exklusive Orte zu finden. Ob die Damen wohl wussten, wen oder was der Begriff «Proletarier» eigentlich bezeichnete? Ich hätte keine zwei Cent darauf gewettet. Aber mein halbes Vermögen, dass sie selbst der Unterschicht entstammten, allerdings noch weniger besaßen als jene reine Arbeitskraft, die Marx zur

Definition der Klasse herangezogen hatte. Kaum vorstellbar, dass diese Frauen etwas konnten, das anderen zunutze sein konnte, von sexuellen Gefälligkeiten und einer gewissen Aufwertung der Paaroptik abgesehen. Ich fand sie nicht besonders attraktiv, aber das galt grundsätzlich für weibliche Wesen, die bei der ersten Begegnung sehr wenig Kleidung trugen. Eine nackte Frau war für mich erst dann ästhetisch, wenn ich sie zuvor angezogen betrachtet hatte. Möglicherweise galt das für Männer auch, aber mit nackten Männern beschäftigte ich mich gedanklich extrem selten.

Ich atmete in den Bauch, was mich normalerweise vom Grübeln abhielt und beruhigte, heute aber nicht. Erstaunlicherweise dachte ich vor allem darüber nach, wer, verdammt noch eins, der Verursacher von Melanies frischer – wie ich annahm – Zygote sein könnte. Dieser Gedanke brachte mich fast noch mehr auf als der an das Ende der Bernd & Susi – und meiner Karriere. Ich war definitiv nicht der Erzeuger, andererseits war der Gedanke, dass mich Pocahontas betrog, so abwegig und absurd wie eine Bekehrung von Richard Dawkins oder Christopher Hitchens (Friede seiner Seele).

Die Blondinen stellten das Geschnatter ein, erhoben sich geräuschvoll und stiegen über mich hinweg. Ich hielt die Augen geschlossen, weil mich dieser direkte Anblick nicht reizte, davon abgesehen wusste ich, was ich sehen würde: auf unschöne Weise durch den glänzenden Schweiß konturierte Cellulitis an den hinteren und seitlichen Oberschenkeln, vor allem im Übergangsbereich – ja, noch im Frühstadium, dadurch aber nicht weniger tragisch. Sich allmählich absenkende Gesäßbacken. Seitlich sichtbare Ausbeulungen der sich verflachenden Brüste. Winzige Fehlstellungen der Füße, die auch die grauen Begleiter früher oder später bemerken würden. Hornhautbildungen an den Ballen, die selbst bei täglichem Abfräsen Spuren hinterließen. Kleine Makel, an und für sich bedeutungslos, aber in der Summe für einen drastischen Abzug in der B-Note ausschlaggebend. Aus einer Neun wurde schneller eine Sieben, als die fragliche Dame «Acht» buchstabieren konnte, aber eine Sieben wollte keiner der Herren, die ihrerseits nur Zahlen mit mindestens sechs Stellen vor dem Komma wahrnahmen.

Auch die ältere Dame ging kurz darauf – sehr leise –; und ich blieb mit der Silikonfrau allein. Die Konzentration auf den Atem gelang schließlich, ich dachte nicht mehr an Melanies fiktiven Seitensprung, den verdammten Tim Novak und seinen neuen Job in Hamburg, Thorbens Wechsel in das «Schrei vor Glück»-Datenbank-Nirwana, die vollendeten Tatsachen, mit denen mich Pocahontas konfrontiert hatte, nicht einmal an rosa Elefanten. Ich fühlte, wie sich meine Bauchdecke rhythmisch hob und senkte, wie das Zittern meiner Handgelenke nachließ, meine Organe aus dem Ausnahmezustand in den Normalbetrieb zurückkehrten, dachte höchstens an den lauen Juniwind, den ich am Nachmittag in den Haaren gespürt hatte, und vielleicht ein klein wenig an den Verlag, der bezüglich meiner Kolumnen möglicherweise doch noch gesprächsbereit wäre.

«Allein hier?», fragte jemand.

Ich öffnete die Augen, drehte den Kopf zur Seite und sah zur Frau mit den Plastikbrüsten.

«In diesem Moment oder allgemein?»

«Dass Sie in diesem Moment allein sind, ist offensichtlich», sagte sie lächelnd.

«Und Sie?», fragte ich zurück, ohne ihre Frage zu beantworten.

Sie stützte sich auf, drehte sich etwas zu mir; ihre Brüste veränderten den Neigungswinkel nicht. Gute Arbeit, eigentlich, wenn man das mochte. Aber dennoch deutlich erkennbar – und in fünf, zehn Jahren würde sie sich ärgern. Weil sich der Alterungsprozess ihres restlichen Körpers nicht darum scheren würde, welche Polymere unter ihren Brustwarzen schwammen. Andererseits wollte sie *jetzt* an das Geld des alten Mannes, und das bekam sie nur, wenn sie ihm auch jetzt gefiel.

«Mein Begleiter musste kurzfristig nach Frankfurt», sagte sie, immer noch lächelnd.

«Meine Frau wartet oben im Zimmer auf mich», hörte ich mich antworten.

«Schade», sagte sie. «Sie sind nicht unattraktiv.»

Das mochte wohl so sein. Ich hatte ein kantiges, energisches Gesicht, wie Melanie gerne erklärte, ziemlich blaue Augen und einen solide geformten Körper, dem man die Lebensweise kaum ansah, obwohl ich eher als Plattenaufleger auf einer Ü40-Party gearbeitet hätte, als in ein verdammtes Fitnessstudio zu gehen oder durch einen der von Dealern regierten Parks zu joggen. Ich maß eins zweiundneunzig, womit ich immer noch zwanzig Zentimeter kleiner war als Thorben, doch kaum jemand war weniger als zwanzig Zentimeter kleiner als er. Nicht anzunehmen, dass Misses Plastiktitten meinen Spezi kannte. Ich musste lächeln, zum ersten Mal an diesem Tag.

«Worüber denken Sie nach?», fragte sie.

«Über einen Freund», gestand ich.

«Sie sind nicht schwul», platzte sie heraus.

«Nein.»

Sie setzte sich auf, und ich bemerkte erst jetzt, dass sie im Schritt rasiert war. Eine Sache, zu der ich ein ambivalentes Verhältnis pflegte – manchmal passte es, oft nicht. Zu viele Fakten ruinierten die Phantasie. Schamhaar-Regenwälder, die bis auf die Oberschenkel reichten, empfand ich allerdings auch nicht als anregend.

«Und wie finden Sie mich?» Das war mit Sicherheit das skurrilste Gespräch, das ich je in einer Sauna geführt hatte. Genauer betrachtet, war es das erste Gespräch dieser Art, das ich in einer Sauna führte. Tatsächlich war es das erste Gespräch überhaupt, das ich in einer Sauna führte.

Ich deutete ein seitliches Nicken an, das in Richtung ihres Brustbereichs ging.

«Sie hätten das nicht tun sollen», sagte ich, während ich ein paar Schweißtropfen wegblinzelte.

Sie nickte lächelnd. «Und davon abgesehen?»

«Wäre ich nicht mit meiner Frau hier, würden wir schon jetzt nicht mehr sprechen.»

«Danke», sagte sie und legte sich wieder hin.

Als ich unter der eiskalten Dusche stand, bemerkte ich, dass sich meine Laune etwas verbessert hatte. Ich nickte der plastisch operierten Frau freundlich zu, als sie aus der Sauna kam, und wich einer kleinen Gruppe weiterer Begleiterinnen aus, die schnatternd die Hitzekammer enterten. Ich trank zwei Becher polarkaltes Wasser aus dem Spender, biss sogar in einen sehr sauren Apfel, den ich aber sofort wieder, mit dem Bissmal nach unten, auf den dekorativen Stapel zurücklegte. Ich ging zurück zum Zimmer, fand es auch gleich – ich war darin geübt, mir Nummern von Hotelzimmern schnell zu merken. Pocahontas reagierte nicht gleich auf mein Klopfen, und ich hatte den Knöchel des Zeigefingers schon wieder in Position gebracht, als sie öffnete.

Verdammt, sie sah hinreißend aus.

Und, doppelverdammt, fast genauso wie die Sängerin gestern Nacht.

Befand ich mich in einem Traum? Geschah dies alles überhaupt nicht?

Nein. Ich war kein Träumer. Ich bin nie einer gewesen.

Sie hatte etwas für mich zurechtgelegt, ein elegantes Sakko, ein weißes Hemd, eine Anzughose, frisch geputzte Halbschuhe.

Sie dachte an solche Dinge, wappnete sich für Eventualitäten. An dieser Stelle unterschieden sich unsere Denkweisen drastisch. Ich bevorzugte es, die Richtung vorzugeben, aber Pocahontas stellte sich auf Veränderungen ein, sorgte vor, um auf solche reagieren zu können – sie war die Hüterin des Feuers, die Wächterin des Wigwams, die Heimatbeschützerin. Wenn ich grübelte, was selten geschah, ging es darum, noch mehr herauszuholen. Wenn sie grübelte, was pausenlos geschah, ging es darum, im Notfall reagieren zu können.

Ich föhnte meine nackenlangen Haare, während sie sich direkt neben mir schminkte. Der Moment war sehr intim, erinnerte mich an unsere Anfangszeit, als wir – vor allem aber sie – noch versucht hatten, möglichst viel zu teilen. Es war schön und sogar beruhigend, sie neben mir zu spüren, ihrer gewiss zu sein, aber gleichzeitig wusste ich, dass das eigentlich nicht stimmte. Sie hatte dieses Haus gekauft. Sie bekam ein Kind von einem anderen. Ich hatte nichts, war entwurzelt und bar aller Vorteile, von einem Wissen abgesehen, das ich ihr unmöglich vermitteln konnte, ohne auch noch diesen fragilen Rest zu riskieren. Andererseits, dachte ich in diesem Moment, verfügte ich über ein probates Druckmittel.

Wir entschieden uns gegen die Sterneküche und für das etwas bodenständigere, im Stil einer Fischerkate dekorierte Restaurant direkt daneben, wo wir von einem jungen schwarzhaarigen Kellner zum Tisch geführt wurden. Er lief neben uns her und konnte einfach nicht aufhören, Pocahontas anzustarren, wofür ich grundsätzlich Verständnis hatte, nicht jedoch in dem Ausmaß. Melanie schaute zu Boden, als würde sie dort vorsorglich nach etwas suchen, das ihr gleich herunterfallen würde, während uns die Blicke der gemischtaltrigen Paare folgten. Gleich neben der Eingangstür saß die implantierte Frau und nippte an einer

Champagnerflöte, wobei sie mir freundlich zugrinste. Ich deutete ein Nicken an, beließ es aber dabei, weil sich die schönste Frau im Restaurant an meiner Seite befand. Eine Frau, die einen Fötus in sich trug, der ohne mein Dazutun entstanden war.

Wir setzten uns, der Kellner verschwand, kehrte aber sofort wieder zurück, um uns die Karten zu reichen.

«Brunn im Spreewald», sagte ich, während ich das Menü studierte. Es gab viel Fisch, den ich in Berlin meistens mied, weil man in der Stadt einfach keinen Fisch aß – die Wahrscheinlichkeit, dass der Todestag des Kiemenatmers länger zurücklag als die Gründung des jeweiligen Restaurants, war einfach zu hoch. Außerdem bekam man nicht immer den Fisch, den man bestellt hatte – Freund Pangasius und seine billigen Artgenossen mussten oft unter Pseudonymen auftreten, bevorzugt, wenn gastronomische Ignoranten im Gastraum warteten.

Pocahontas nickte kaum merklich.

«Brunn im Spreewald», wiederholte sie. «Eine Stunde nach Berlin.»

«Eine Stunde nach Berlin», sagte ich, das Wort «Stunde» betonend.

Sie senkte die Karte und sah mich an. «Hier gibt es Kassenzulassungen. Ich brauchte nur zwei Wochen, um eine zu bekommen. Im Umkreis von mehr als siebzig Kilometern gibt es keine psychotherapeutische Praxis.»

«Du hast das Haus vor drei Wochen gekauft?»

Sie nickte vorsichtig. «Aber zum ersten Mal war ich vor über drei Monaten hier, um es anzusehen. Erinnerst du dich? Du warst auf dieser Konferenz in Prag.»

Nein, ich war auf keiner Konferenz in Prag. Ich habe mir ambulant die Samenleiter durchtrennen lassen, weshalb dieser zweite Balg in deinem Bauch nicht von mir sein kann. Das dachte ich, aber ich sagte es nicht, natürlich nicht. Stattdessen gab ich mich verblüfft.

«Vor drei Monaten? So lange arbeitest du schon an dieser Nummer?»

«In der Stadt müsste ich noch Jahre warten, um eine Praxis eröffnen zu können. Oder mir sehr viel Geld leihen, um mich in eine einzukaufen.» Sie schnaufte, räusperte sich, sah kurz zum Nebentisch, wo eine ziemlich attraktive Rothaarige in den frühen Zwanzigern soeben eine Schmuckschatulle öffnete, während ihr steinaltes Gegenüber lüstern grinste. «Aber eigentlich geht es um Lara. Ich will nicht, dass unser Kind auf eine Schule gehen muss, in der schon Achtjährige Crystal Meth verticken. Ich will nicht mehr aus dem Auto steigen und mich umsehen müssen, ob zwielichtige Gestalten in der Nähe lauern. Ob jemand Genitalien an eine Hauswand gesprüht hat, die die Kleine sieht. Oder Hakenkreuze. Ich will nicht auf der Bank an einem Spielplatz sitzen, in dessen Sand Lara gebrauchte Spritzen, Kondome, Munition und solche Dinge findet. Ich will nicht, dass sie von einem Vorschulkind mit dem Klappmesser bedroht wird, das an die Gummibärchen aus ihrer Brotbox will.»

«So etwas …», begann ich.

«So etwas ist mir schon passiert, lieber Sebastian», unterbrach sie mich. «Ich weiß, dass dich das nicht interessiert, weil du in deiner ganz eigenen Welt lebst, aber in dieser, in der echten Welt, stehlen sie unserer Tochter die Unschuld und die gesamte Kindheit. Ich will das nicht.»

Ich hörte ihr zu und betrachtete dabei die fein geflochtene goldene Halskette, die sie trug. Ich war mir nicht ganz sicher, aber wenn ich mich recht erinnerte, war das ein Geschenk von Thorben gewesen, vor ein paar Jahren, zu einem ihrer Geburtstage, die wir in etwas größerem Rahmen gefeiert hatten. Ich lauschte in meine Gefühle, dachte darüber nach, ob das etwas zu bedeuten hatte, aber letztlich passte die Kette einfach exzellent zu ihrem schwarzen Kleid, und vielleicht war das die ganze Erklärung: Ockhams

Rasiermesser. Von allen möglichen Erklärungen ist die einfachste immer vorzuziehen.

Der Kellner tauchte wieder auf und hielt in etwas gekünsteltem Hochdeutsch, dem die fränkischen Wurzeln deutlich anzuhören waren, einen Vortrag über die Tageskarte. Melanie bestellte einen alkoholfreien Cocktail als Aperitif, ich einen Kir. Der junge Mensch blieb trotzdem noch stehen, musterte meine Frau, in seinem Schädel rotierte es erkennbar.

«Lieber Freund», sagte ich und lehnte mich zurück, wobei ich bemerkte, dass mich der sehr leichte Ärger über die Kette zu einem Teil antrieb. «Ich weiß nicht, was hier gestern Abend geschehen ist, aber heute ist meine Frau *nicht* allein. Wenn du also deine Hormone nicht sehr hurtig unter Kontrolle bekommst, rede ich ein paar Wörtchen mit dem Management.» Ich schaffte es sogar, das R in «hurtig» etwas rollen zu lassen, sodass es beinahe fränkisch klang.

Melanies Gesichtsausdruck veränderte sich nur unwesentlich, wurde ergänzt um eine Nuance, die etwas mit Entlarvung zu tun hatte, aber in erster Linie war sie erkennbar stolz. Der junge Kellner verschwand, als wäre er vom Strahl eines klingonischen Disruptors getroffen worden. Wir sahen ihn an diesem Abend nicht mehr wieder. Eine nichtssagende Blondine, die offenbar aus Polen kam, übernahm seine Position. Es war völlig unmöglich, bei ihr etwas zu bestellen, das nicht exakt so auf der Karte stand, und selbst damit klappte es nicht immer. Also aßen und tranken wir einfach, was uns die verhuschte Polin brachte, vom verdammten Aal abgesehen, den sie mir als Hauptgericht unterjubeln wollte, obwohl ich Forelle geordert hatte. Einem Kellner in Berlin hätte ich einen verbalen Einlauf verpasst, aber ich wollte die Atmosphäre nicht belasten. Trotzdem ließ ich den schleimigen Aasfresser natürlich zurückgehen und bekam schließlich die Forelle.

Eine unserer Gemeinsamkeiten bestand darin, dass wir beide

gern gut aßen. Wie auch mir ging es Pocahontas nicht um aufgesetzte Exklusivität, um exaltierte Namen von selbstkreierten Gerichten, die höchstens Variationen waren, oder aufwendige Prozeduren, die am Geschmack nichts änderten. Ein wirklich guter Koch kam auch ohne das zurecht, und selbst bei einem simplen Schnitzel waren alle Abstufungen möglich, vom blanken Horror aus der Kategorie «Autobahnraststätte» bis zum exquisiten Genuss. Und wer sein Handwerk nicht beherrschte, dem war auch mit originellem Design nicht geholfen.

Zwei Stunden später hatten wir ganz in diesem Sinne ein feudales, wirklich nettes Essen hinter uns, dazu sehr entspannte, eher inhaltsarme Gespräche, die oft von Melanies kristallklarem Gelächter unterbrochen wurden, das im Laufe des Abends immer echter geriet. Sie trank am Ende noch einen Marillenbrand, aber als wir ins Zimmer kamen, war es, als hätte sie eine ganze Destille leer getrunken. Wir hatten Sex, sehr merkwürdigen, langsamen, äußerst sanften Sex, der fast nahtlos in Schlaf überging.

9. Tagebuch von Melanie Kunze,
Samstag, 18. Juni, 10.30 Uhr

Basti sitzt noch im Restaurant und frühstückt. Er telefoniert dabei mit irgendwelchen Leuten, aber ich habe es nicht mehr ertragen, ihm zuzusehen, weil die Gespräche offenbar nicht sehr gut verlaufen. Meiner Meinung nach steckt er weiterhin tief in der Schockphase, kann sich nicht zu seinen Gefühlen bekennen, aber das konnte er noch nie.

Allerdings war es gestern Abend sehr schön. Ich habe es genossen, wie er den niedlichen Kellner zusammengefaltet hat, obwohl das natürlich auch ein bisschen meine Schuld war, diese Verwirrung des jungen Franken. Aber Basti hat Stellung bezogen, er hat mich verteidigt, und das war angenehm. Es war vor allem ungewohnt. Andererseits hat er sein Revier markiert, sich gegen einen schwachen Gegner durchgesetzt. Er denkt immer noch, dass er obenauf ist. Ich muss versuchen, bei ihm zu sein, wenn er die zweite Phase erreicht.

Ich habe zwei SMS bekommen. Petra ist auf dem Weg hierher, zusammen mit Lara, aber auch Thorben trifft gegen Mittag ein. Ich freue mich darauf, ihn zu sehen, aber ich muss aufpassen, mich nicht zu sehr zu freuen, denn ich mag ihn wirklich. Hätte ich Thorben vor Basti getroffen, wären wir möglicherweise zusammen, obwohl der lange Mann auf seine Art ebenso ein Kind ist wie mein Gatte. Nein, was für ein absurder Gedanke. Thorben ist Kettenraucher. Und außerdem liebe ich Basti.

Wahrscheinlich. Irgendwie. Ach, Scheiße. Vielleicht sollte ich

mich selbst in Therapie begeben. Oder das bei der nächsten Super-
vision ansprechen.

Gerade kam der Anruf: Die Umzugsleute sind eingetroffen. Ich muss
rüber zum Haus. Was für ein seltsames Gefühl, dass es jetzt tatsächlich ernst wird. Wenn alles klappt, können wir schon heute Nacht dort
schlafen. Und Basti hat es noch nicht einmal von innen gesehen.

10. Erkundungen

Diese verdammte Made von einem ehemaligen Chefredakteur.

Ich ließ mir gerade ein paar Scheiben vom hausgeräucherten Landschinken zurechtschneiden, als er anrief.

«Na, Kunze, wie geht's?», fragte er. Ich klemmte mir das Smartphone zwischen Schulter und Schläfe und nickte dem Schinkenschneider auffordernd zu, während ich einen Teller und eine Schale mit Beeren balancierte. Normalerweise frühstückte ich in Hotels nicht mit einem Telefon in der Hand, aber ich wollte an diesem Morgen ohnehin ein paar Gespräche führen, würde vielleicht sogar den Programmleiter erreichen, der mir das Angebot für das Buch unterbreitet hatte. Irgendwo hatte ich seine Handynummer.

Tim Novak war einer dieser Berufsjugendlichen, der noch nicht bemerkt hatte oder bemerken wollte, dass seine Altersangabe auch längst mit einer Vier begann. Er gab sich jederzeit überbetont lässig, jovial und unterm Strich unverbindlich, hielt die Tätigkeit für ein Stadtmagazin, das immerhin genauso alt wie er selbst war, letztlich für unwürdig und sich für ein Geschenk an uns. Er stammte aus Hildesheim, hatte also nicht die geringste Ahnung, wie eine Großstadt tickte, aber dennoch schaltete er sich in alles ein, gab seine Meinung zum Besten und pochte darauf, dass sie berücksichtigt wurde. Novak trug mittelteure Anzüge von der Stange, Shirts und Turnschuhe, also eine aktualisierte Reminiszenz an die Achtziger (und an diesen ehemaligen Fern-

sehmoderator, mit dem er befreundet war, auch so eine Lusche).
Sein Kulturgeschmack war ein wenig befremdlich – er ging ins
Boulevardtheater und in die Oper, zu den Mainstream-Mucken ins
Olympiastadion oder in die Waldbühne und auf Vernissagen, aber
nur, wenn die dort ausgestellten Werke mindestens für sechsstel-
lige Beträge vertickt wurden (oder es genug Prominenz gab, in der
er sich sonnen konnte). Anders gesagt: Er wusste nichts. Aber er
war, zugegeben, ein guter Journalist – und verstand es, die Redaktion zu führen. Soweit ich das beurteilen konnte, denn ich hatte
unterm Strich wenig Zeit dort verbracht. Möglich aber auch, dass
er von Anfang an – er arbeitete erst seit anderthalb Jahren für die
Bernd & Susi – daran mitgewirkt hatte, den Laden für die Abwick-
lung vorzubereiten.

«Novak», sagte ich nur.

«Tim.»

«*Novak.*»

«Spielchen. Immer nur Spielchen, Herr Kunze.»

Ich stapelte den zusätzlichen Teller vom Schinkenmann auf
den anderen und manövrierte zu unserem Tisch.

«Was soll der Anruf?»

«Ich wollte mich persönlich verabschieden. Und alles Gute
wünschen.»

«Danke», sagte ich, während ich mich setzte.

«Danke? Ist das alles? Ich hatte eine Schimpftirade erwartet,
die üblichen Beleidigungen und …»

«Ich habe nie jemanden beleidigt», unterbrach ich. «Ich habe
Schwächen konturiert, hinter Fassaden geblickt, journalistisch
gearbeitet.»

«Du hast Kolumnen geschrieben. Und Gastrokritiken.»

«Genau.» Ich mochte es in diesem Augenblick nicht, dass
mich der Mann noch duzte, und ich dachte kurz an Kevin-Louis
Krüger. Der, so blöd ich ihn fand, in seiner selbstverliebten

Naivität vermutlich zu den besseren Menschen auf dem Planeten gehörte.

Der zukünftige Ex-Chefredakteur schwieg.

«Was soll der Anruf?», fragte ich erneut. Melanie zog die Augenbrauen hoch, stand auf, hauchte mir einen Kuss auf die Wange und verschwand. Als sie am fränkischen Kellner vorbeiging, der an diesem Morgen das Buffet auffüllte, tat der so, als hätte er etwas extrem Dringliches zu tun, mindestens aus der Kategorie Weltrettung.

Novak zögerte.

«Wir haben uns natürlich alle Verträge angeschaut. Das ist eine Heidenarbeit, wie du dir vorstellen kannst.»

«Die mir äußerst egal ist.» Mensch, Kunze, achte auf deine Formulierungen!

Er kicherte. «Aber nicht sein sollte.»

Und da verstand ich, warum er anrief.

«Theoretisch», begann er vorsichtig. «Theoretisch ...»

«Theoretisch wäre eine Abfindung fällig», ergänzte ich.

«Theoretisch», wiederholte er.

«Theoretisch», wiederholte auch ich und musste lächeln. Hatte Thorben nicht zwei oder drei Semester Rechtswissenschaften studiert, bevor er zur Informatik wechselte? Befand sich ein Anwalt unter meinen Kontakten? Einer, der keinen Groll gegen mich hegte, weil ich ihn oder seinen Berufsstand journalistisch zerdrechselt hatte? Oder beides?

Ich konnte förmlich sehen, wie Novak zurückhaltend nickte. «Praktisch jedoch gibt es zwei Möglichkeiten.»

«Es gibt immer mehr als nur zwei Möglichkeiten.»

«Zwei», widersprach er. «Erstens: Wir zahlen die Abfindung.»

«Hört sich gut an.»

«Vordergründig. Niemand will Abfindungen zahlen. Und erst recht nicht dir.»

«Aha», antwortete ich kauend. Der Schinken war delikat.

«Man wäre verärgert. Und das spräche sich in der Branche herum.»

Er drohte mir. Wer in Verhandlungen mit Drohungen hantiert, offenbart, dass er sich in der schwächeren Position befindet. Dasselbe galt für fiktive Versprechungen («Wenn wir uns einigen, werde ich dafür sorgen, dass noch viele andere ... blabla»). Jeder Kursteilnehmer von «Rhetorik I» an der Volkshochschule wusste das. Möglicherweise hatten sie die Verträge zu spät gelesen. Wo war mein Exemplar eigentlich? Die Vereinbarung war gute zwölf Jahre alt, neben Kurt Jungadler gehörte ich wahrscheinlich zu den dienstältesten Redaktionsmitgliedern.

«Du wärst auch verärgert», sagte ich. «Weil sich deine Provision reduziert.»

«Quatsch», sagte er schnell. Zu schnell.

«Und Option zwei?»

«Eine einvernehmliche Aufhebung, zurückdatiert auf Ende Mai.»

«Ein selbstverpasster Gesäßtritt? Erwecke ich den Eindruck, jemand zu sein, der Wasser in seinen Hosentaschen transportiert?»

«Bitte was?»

«Unerheblich. Ich wähle Option eins.»

Novak hüstelte. «Ich würde mit einigen Leuten sprechen, wenn wir uns einigen.»

«Leuten.» Ich begann, Gefallen an dieser Art von Gespräch zu finden.

«Hör mit diesen Spielchen auf, Kunze. Du weißt genau, wovon ich rede.»

«Absolut.»

«Und?»

«Und?» Ich pausierte absichtlich, aß eine Weintraube. «Ad

eins. Es gibt niemanden, mit dem du reden könntest. Ad zwei. Es ist mir scheißegal, ob es von deiner Seite Unterstützung oder Gegnerschaft gibt. Ich weiß, in welcher Lage ich bin. Ich erwarte bis zum Monatsende den Eingang der vertraglich vereinbarten Abfindung. Und jetzt muss ich mich wichtigeren Dingen zuwenden. Tschüs.»

Seine Antwort hörte ich nicht mehr.

Meine leichte Euphorie verflog schnell wieder, weil mir bewusst wurde, dass und wie sehr der Mann letztlich recht hatte. Wenn ich noch in irgendeiner Weise einen Fuß in die Tür zur Berliner Presselandschaft bekommen wollte, wäre ich auf Protektion angewiesen, vielleicht sogar auf die von Tim Novak. Allerdings wäre deren Wirkung begrenzt – es gab kaum ein Konkurrenzblatt, keine Institution, keine Personalie, mit der ich mich in den vergangenen Jahren nicht auf die sehr spezielle Kunze-Art beschäftigt hatte. Im Impressum der Bernd & Susi standen die folgenden zwei Sätze: «Die Beiträge geben nicht die Meinung der Redaktion oder des Verlags wieder, sondern diejenige des Verfassers. Dies gilt insbesondere» – kursiv *und* fett – «für die Kolumnen und die Restaurantkritiken.» Auf Beschwerden über meine Texte hatte man irgendwann nur noch mit einem kurzen Verweis auf diese Formulierung geantwortet, beharrlichere Kläger wurden an den Verlagsjustitiar übergeben. Meines Wissens war es nie zu einem Prozess gekommen. Das hätte mich auch sehr gewundert, denn es stimmte, was ich Novak gesagt hatte: Ich hatte nie jemanden direkt beleidigt. So einfach hatte ich es mir und ihnen dann doch nicht machen wollen.

Erschwerend kam jedoch hinzu, dass in der Branche die Nachfrage das Angebot inzwischen um ein Vielfaches überstieg, während das Angebot weiter schrumpfte, weil es vielen Publikationen an den Kragen ging. Gut dotierte Jobs blieben höchstens für ein paar Minuten vakant, man schrieb keine Stellen mehr aus, sondern wählte aus den vielen Bewerbern, die unaufhörlich auf der Matte standen oder in den Headhunter-Portalen herumgeisterten. Journalisten waren eine aussterbende Art, und es stand zu befürchten, dass immer mehr von ihnen das Ende ihrer Beschäftigung lange vor dem Ruhestandsalter erleben würden. Wenn noch etwas gesucht wurde, dann ging es um *Online-Redakteure*, also Leute, die in erster Linie die verdammte Technik beherrschten, während weitgehend egal war, ob sie gut oder gar fundiert schreiben konnten, weil sowieso alles am nächsten Tag, manchmal sogar eine Minute später vergessen wäre. Dass Tim Novak so schnell gewechselt war, konnte nur bedeuten, dass er bereits seit längerer Zeit an dieser Exit-Strategie arbeitete.

Ich ließ mir weiteren Kaffee bringen und suchte die Telefonnummer des Verlagsmenschen.

«Frommann, ja?», fragte er, nachdem er es zwölfmal hatte läuten lassen. Er klang schläfrig.

«Sebastian Kunze, guten Morgen.»

«Wer?»

Ich wiederholte meinen Namen.

«Das sagt mir nichts», antwortete er ein wenig mürrisch. «Was wollen Sie?»

«Sie haben mir vor einer Weile geschrieben, wegen meiner Kolumnen in der Bernd & Susi.» Er hatte, wenn mich die Erinnerung nicht trog, außerdem geschrieben, dass ich ihn jederzeit privat anrufen könne.

«Habe ich? Wann war das?»

«Im Februar», spekulierte ich.

«Wir haben jetzt Juni, Mensch. Und es ist Wochenende. Wer sind Sie noch mal?»

Ich wiederholte es. Er schwieg.

«Bernd & Susi?», fragte Frommann schließlich. «Die ist doch eingestellt worden, oder? In dieser Woche erst?»

«Mehr oder weniger», sagte ich schwach.

«Wir haben einige solcher Projekte im Programm. Wissen Sie, was ihnen gemein ist?»

«Wahrscheinlich», gab ich zu.

«Es gibt die Publikationen noch», erklärte er trotzdem. «Wir können auf die Leserschaft als Zielgruppe setzen, wenigstens einen Teil davon. Auf wen könnten wir in Ihrem Fall als Zielgruppe hoffen?»

Ich schwieg, denn es war eine rhetorische Frage. Es hätte wenig Sinn gehabt, meine sechstausend Facebook-Fans zu erwähnen, zumal ich nicht sicher sein konnte, dass die Zahl noch stimmte. Und *Fans* waren das ohnehin nicht. Jede Äußerung der Qualität «Kunze, du bist der Größte» versank zwischen Hunderten anderer, die das Gegenteil besagten.

Er schnaufte, ich vernahm ein Rascheln, vermutlich setzte er sich im Bett auf. Eine nörgelige Frauenstimme war zu hören, der Mann hieß wohl Alfred mit Vornamen (der gespeicherte Kontakt enthielt nur den Nachnamen), mehr verstand ich nicht.

«Ich habe zwei, drei Texte von Ihnen gelesen, ich erinnere mich daran», sagte er. «Wirklich nicht schlecht, wenn auch sehr provokant. Aber bei aller Liebe. Wir kalkulieren keine Auflagen unter 500 Exemplaren. Und mehr würden wir davon unter diesen Bedingungen nicht verkaufen. Nicht ohne die Zeitschrift im Hintergrund. Melden Sie sich wieder, wenn ...»

Den Rest des Satzes verstand ich nicht, weil ein älterer Kellner meine Aufmerksamkeit beanspruchte.

«Mein Herr, ich muss Sie bitten, außerhalb des Frühstücksraums zu telefonieren. Sie stören leider die anderen Gäste.»

«Sofort», sagte ich und wollte mich wieder dem Programmleiter zuwenden, aber der hatte die Verbindung inzwischen beendet. Mein Telefon piepte, zwei Kurznachrichten waren eingetroffen.

«Bin am Haus. Die Möbel kommen. LG, Melanie.»

LG. *Liebe Grüße*. Ich verachtete diese Abkürzungen, die längst nicht mehr aussagten, was sie abkürzten.

Thorben schrieb: «Ich bin gleich bei euch, ging doch schneller. Ich sags mal so.» – Thorben konnte mit Apostrophen nicht umgehen – «Du bekommst von mir jede Unterstützung, aber das ist im Moment leider nicht viel. Bis sehr demnächst. Der Gigant.»

Ich war schon auf dem Weg zurück ins Zimmer, um die Schlüssel für den roten Torpedo zu holen, beschloss dann aber, zu Fuß zum Haus zu gehen. Der Wagen stand ohnehin nicht mehr in der Hoteleinfahrt.

«Wo ist mein Auto?», fragte ich den livrierten Bediensteten, der vor dem Eingang in der Sonne stand und so tat, als hielte er keine Kippe hinter seinem Rücken. Er war in den Vierzigern. Was für eine Karriere.

«Wie lautet das Kennzeichen?»

«B-SK 4242. Ein roter Z4.»

Er lächelte schmal. «Ach, *dieser* Pkw. Wir mussten ihn umsetzen lassen, mein Herr. Er steht auf dem Parkplatz.»

Ich wollte etwas antworten, und er wartete offensichtlich darauf, dass ich das täte, aber ich wünschte ihm nur einen schönen Tag und ging davon.

Das Hotel lag am Ortsrand, eine lange Zufahrt führte zur Straße, hinter dem Gelände befand sich ein kleiner See mit wahrscheinlich ziemlich moorigem Grund. Ich ging in Richtung Straße, warf einen Blick auf den Fuhrpark, sah einen roten Rolls-Royce, aber nicht den roten Torpedo. Eine weitere Oberklassen-Limousine kam mir entgegen, ein schwarzer Phaeton, wenn ich das richtig erkannte. Diese Zufahrt war nicht für Spaziergänge gedacht. Ich musste auf einen etwas matschigen Grünstreifen ausweichen, um den Wagen vorbeizulassen. Der Grundwasserspiegel im Spreewald war sehr hoch, möglicherweise endete er direkt unter der Oberfläche.

An der Straße wandte ich mich nach links. An einem Baum hing ein Plakat, das für das Brunner Gurkenfest warb, allerdings hing es seit mindestens September letzten Jahres dort. Ich versuchte, mir vorzustellen, mit Pocahontas (die dann im fünften Monat wäre) und der Kleinen aufs verdammte Brunner Gurkenfest zu gehen, aber meine Phantasie reichte dafür nicht aus. Der einzige vergleichbare gemeinsame Ausflug hatte uns im vergangenen Herbst in die Domäne Dahlem geführt, eine Art Mini-Disneyland für Ökofanatiker, wo man übersüßten Biowein für acht Euro pro Glas schlürfen konnte, während das Kind auf einem schäbigen Klepper ums Areal gelotst wurde. Ein weiteres Plakat auf der anderen Straßenseite kündigte eine Ü40-Party in Lübbenau an, keine zehn Schritte weiter lautete die Drohung, dass DJ Ötzi und Nik P. demnächst auftreten würden, in einer Halle in Cottbus. Das Vorprogramm würde «Antonia aus Tirol» bestreiten. Was für ein Fest!

Ein Traktor fuhr laut knatternd an mir vorbei und hinterließ eine faserige Doppelspur aus Kuhdung auf der Straße. Der Gestank begleitete mich immer noch, als ich, einige hundert Meter hinter der Klinik, die ersten Vorgärten erreichte, in denen ausgeblichene Gartenzwerge zwischen Nutzflächen (Gurken?) und spärlichen Blumenbeeten standen. Außerdem gab es rostige Hollywoodschaukeln, billige Gartenmöbel, ausgetretene Wege aus grauen Zementplatten, Geranienkästen an den Fenstern, Regentonnen aus verwittertem blauen Plastik, verrußte Kugelgrills und einmal sogar einen kleinen Turm aus leeren Bierkästen, deren ursprüngliche Farbe nicht mehr zu erkennen war. In keinem der Gärten war jemand zu sehen, bis ich nach zwei Einmündungen eine ältere Frau entdeckte, die, in eine hellrosa Kittelschürze gekleidet, auf dem Rasen kniete und offenbar Unkraut jätete. Sie sah nicht auf, als ich am Grundstück vorbeiging.

Ein glatzköpfiger, bebrillter Mann, der graue Leinenhosen

und ein schwarzes Sakko trug, fuhr nur wenig später auf einem gebrechlichen weißen Fahrrad an mir vorbei, nickte mir erst kurz zu, drehte sich dann aber, schon einige Meter entfernt, noch einmal um und rief «Grüß Gott!», wobei er fast aus den Pedalen purzelte. Ich antwortete nicht.

Der Marktplatz war schon von weitem auszumachen, weil direkt daneben eine Kirche stand, deren braunroter spitzer Turm die Bäume und Häuser drum herum überragte. Dort befanden sich zwei *Gaststätten*, nämlich der Brunner Hof, in dem mich Melanie gestern gefunden hatte («gutbürgerliche Küche», juhu!), und ein griechisches Restaurant, das Taverna Spyros hieß. Ich zog das Telefon aus der Tasche. Der Kartendienst informierte mich darüber, dass es zwei Querstraßen weiter außerdem eine Pizzeria gab – Ristorante Vesuvio (ich kannte die Speisekarte, ohne sie gesehen zu haben) – und einen Dönerladen, aber am anderen Ende des Ortes. Die Pizzeria verfügte über einen Lieferservice, was keine gute Nachricht sein musste. Die nächste Restauration befand sich im Nachbarort, acht Kilometer entfernt, und trug den Namen Krummer Nest. Der Ort hieß Krumm. Krumm im Spreewald. Gott ist ein Satiriker.

Die restlichen paar hundert Meter bis zur Clara-Zetkin-Straße ähnelten denen, die ich bereits hinter mir hatte. Ich entdeckte ein Reisebüro, in dessen Schaufenster Plakate hingen, die so alt aussahen, dass mich Preise in D-Mark nicht überrascht hätten. Daneben befand sich eine Versicherungsagentur, und als ich am Fenster vorbeilief, drückte der dicke Mittdreißiger, der anzugtragend im Ladenbüro hinter seinem Schreibtisch saß, den Rücken durch und strahlte mich erwartungsvoll an. Er hieß dem blau-weißen, ziemlich neuen Schild über dem Fenster zufolge Mike Schuster. *Mike.* Ihre Eltern hatten sie so genannt, und Sandy, James, Billy, Audrey und Catherine, in den Siebzigern und Achtzigern, um still zu protestieren und die Distanz zur Welt, die keine zweihundert Kilometer entfernt war, aber unerreichbar blieb, zu verringern.

Es gab einen Frisiersalon, der aber nur von Dienstag bis Freitag geöffnet hatte, weshalb die kunstlederbezogenen Frisierstühle jetzt leer waren, möglicherweise aber auch an den Öffnungstagen. Einzig in einem dunklen «Getränkeshop» war Betrieb: Vier oder fünf Männer in Arbeitskleidung schoben Bierkästen mit Null-fünferflaschen mit den Füßen in Richtung Kasse, während sie Zwei-Worte-Sätze wechselten. In dem Laden gab es außerdem Tabak, Zeitschriften, Lottoscheine und Saatgut. Direkt nebenan lagen die verwaisten Redaktionsräume einer Publikation mit dem Namen «Brunner Bote». Die Fenster waren in Gesichtshöhe mit Ausschnitten aus den letzten Ausgaben beklebt, aber ich ersparte mir, darin zu lesen.

Hallo, Herr Kunze, willkommen in der Hölle.

Plötzlich fühlte ich, wie sich eine Flauheit in mir ausbreitete, wie ich meine Kraft zu verlieren schien und anfing zu zittern. Ich sah mich um, etwas panisch, weil sich auch mein Sichtfeld verengte. Vor der Versicherungsagentur stand eine Bank. Ich schlurfte dorthin und schaffte es gerade noch, mich hinzusetzen. Vor meinen Augen flimmerte es, mein Herz raste. Die Tür der Agentur ging auf, Mike Schuster kam herausgestürmt.

«Alles in Ordnung bei Ihnen?», fragte er besorgt.

«Nein.» Mehr als ein Flüstern kam nicht zustande.

«Soll ich Hilfe rufen?»

Ich wollte «Sie kennen niemanden, der mir helfen könnte» antworten, aber das gelang mir nicht. Ich hob die rechte Hand ein bisschen, schaffte es sogar, ein Kopfschütteln anzudeuten.

«Ich hole Ihnen ein Glas Wasser», sagte der Versicherungsmensch und verschwand.

Noch während er im Laden hantierte, setzte leichte Verbesserung ein. Mein Herz beruhigte sich ein wenig, das Flimmern senkte die Frequenz. Aber ich fühlte mich immer noch, als hätte ich gerade einen Marathonlauf absolviert. Verdammt.

«Hier», sagte der Mann und hielt mir ein Marmeladenglas entgegen. «Sorry. Der Spüler läuft gerade. Ich habe gleich Feierabend.»

«Danke», brachte ich heraus. Das Wasser schmeckte verblüffend gut. Ich hatte auf einmal Appetit auf eine Gewürzgurke.

«Sie sind nicht von hier», erklärte er, um etwas zu sagen.

Ich schüttelte langsam den Kopf.

«Ich auch nicht. Ich komme aus Aalen, das ist nördlich von Ulm.»

Ich nickte nur. Natürlich wusste ich, wo Aalen lag. Er sprach ohne Dialekt. Und offenbar gab es tatsächlich baden-württembergische Eltern, die ihre Kinder Mike nannten.

«Die Liebe, Sie wissen», plapperte er. «Meine Frau stammt von hier. Aber die Geschäfte laufen ganz gut.»

Es war offensichtlich, dass er log. Die einzigen beiden Geschäfte, die in Brunn im Spreewald gut liefen, befanden sich am Ortsrand – das Hotel und die Klinik. Es war kaum anzunehmen, dass die beiden Betreiberfirmen ihre Versicherungen über diesen dicklichen Allianzvertreter abwickelten. Okay, und dieser Getränkeshop nebenan, vielleicht war der Inhaber über Schuster haftpflichtversichert. Überraschenderweise fand ich ihn beinahe sympathisch.

Kurz darauf war der Spuk vorbei. Als wäre der sprichwörtliche Schalter umgelegt worden, schien ein Ruck durch meinen Körper zu gehen. Die Sicht klarte auf, das Zittern verschwand. Verdammter Kreislauf. Verdammter Ort. Verdammte Woche.

Ich stand vorsichtig auf und reichte dem Mann die Hand, wobei er wahrscheinlich nicht begriff, wie besonders diese Geste für mich war. «Danke», sagte ich.

«Kein Ding», erklärte er. «Und wenn Sie mal was brauchen …»

Er wies hinter sich, auf das Schild über der Tür. Ich lächelte, erhob mich und ging weiter. Beim Redaktionsbüro des Brunner Boten blieb ich kurz stehen. Wöchentliches Erscheinen, kostenlos. Wahrscheinlich zahlten sie ihren Reportern einen Euro pro Zeile, für die Berichterstattung von Beerdigungen, neunzigsten Geburtstagen, Vereinsfeiern – und vom Brunner Gurkenfest.

Ich sah, dass mir Mike Schuster gefolgt war.

«Wenn ich etwas brauche», sagte ich lächelnd, gegen das sehr leichte Restzittern meiner Mundwinkel ankämpfend. «Eine Versicherung. Eine Investitionsmöglichkeit. Sie sind mein Mann, verlassen Sie sich darauf.»

Er grinste, aber das Grinsen erstarb gleich wieder. «Sie wohnen nicht hier», sagte er.

«Noch nicht.»

Es ratterte. «Das Haus in der Clara-Zetkin-Straße?»

Ich nickte. Er lächelte wieder. «Glückwunsch», sagte er, drehte sich um und ging ins Büro zurück.

Thorbens graublauer Grand Cherokee stand vor dem Grundstück, hinter einem 7,5-Tonner mit Berliner Kennzeichen, auf dessen Ladefläche zwei Türken Kommandos in Richtung einer Fünfergruppe aus jungen Männern brüllten, die, mit Umzugskartons beladen, auf diese Kommandos zu warten schienen. Melanies Mini war nicht zu sehen – sie war vermutlich auch zu Fuß gegangen. Hinter mir hupte es, ich erkannte Petras VW Beetle. Auch so ein Auto, das man besser nie gebaut hätte. Ich winkte kurz in ihre Richtung und beeilte mich dann, an den Umzugshelfern vorbeizukommen, was eigentlich überflüssig war. Melanies beste Freundin Petra war die verkörperte Langsamkeit; sie würde mindestens fünf Minuten brauchen, um alle Vorbereitungen zu treffen, die nötig wären, um das Auto zu verlassen, und eine weitere Zwölftelstunde, um Lara vom Kindersitz zu pflücken.

Pocahontas und Thorben saßen auf der Terrasse, aber als ich mich näherte, erkannte ich, dass etwas nicht stimmte – sie stritten. Thorben hatte die Arme vor der Brust verschränkt und sprach ungewöhnlich laut, aber ich konnte trotzdem nicht verstehen, was er sagte. Melanies Körperhaltung war deutlich defensiv, sie hatte den rechten Zeigefinger ausgestreckt, um zu signalisieren, dass sie etwas sagen wollte, doch Thorben sprach weiter. Dann sah sie mich, nickte meinem Freund kurz zu, der mich jetzt auch entdeckte. Sofort war der Disput vorbei. Beide zwangen sich ein Lächeln ins Gesicht, und ich tat so, als hätte ich nichts bemerkt. Thorben stand auf und sprang von der Terrasse.

Er umarmte mich – ein Privileg, das er neben Melanie als Einziger in Anspruch nehmen durfte. Dabei legte er sein Kinn auf meinem Kopf ab, was er für lustig hielt.

«Tut mir leid, Kumpel», sagte er währenddessen. «Ich sag's mal so. Was uns nicht tötet.»

«Steck dir deine Phrasen in dein riesiges Arschloch», gab ich zurück. Diesen Umgangston pflegte ich auch nur mit ihm, und er fiel mir nicht eben leicht, aber wenn man nur einen einzigen Freund hat, sollte man Kompromisse eingehen. Er lachte pflichtgemäß.

Melanie küsste mich. Ich verschwieg den beiden meinen kleinen Kreislaufkollaps von vorhin. Offenbar war mir nichts anzusehen, sonst hätte Pocahontas etwas gesagt.

«So, jetzt musst du endlich das Haus anschauen», verkündete sie feierlich und nahm meine Hand.

Ja, musste ich wohl – perspektivisch betrachtet, war es ohnehin unvermeidbar.

«Thorben hat es auch noch nicht gesehen», ergänzte sie. Immerhin etwas, das er mir nicht voraushatte. Ich musterte ihn kurz von der Seite, aber in seinem Gesicht war nichts als gigantische Unschuld. Das konnte er gut. Die Leute fraßen ihm bei Verkaufsgesprächen aus der Hand, weil er diesen Eindruck erweckte. Okay, *hatten* gefressen.

Wir umrundeten das Gebäude auf der rechten Seite, vorbei an der Garage und an einer Treppe, die zum Keller führte. Der richtige – und recht gepflegte – Vorgarten war deutlich kleiner als der falsche. Auf der gegenüberliegenden Seite befand sich kein schmiedeeiserner Zaun, sondern nur eine Stakete. Dahinter führte ein schmaler, sandiger Waldweg ins Unterholz. Das ehemalige Tor zur Garageneinfahrt fehlte, aber von der Zufahrt waren noch ein paar Spuren zu sehen – überwucherte Zementplatten, vielleicht sogar mit Fundament; die Ossis hatten alles verbaut, was ihnen in die Finger kam.

Der Eingang war nicht nur auf der falschen Seite, es gab gleich zwei davon. Neben einer der beiden Türen hing ein Arztschild: «Dr. Psych. Melanie Kunze, Psychologische Psychotherapeutin (TP). Alle Kassen. Sprechstunden nur nach Vereinbarung.» Darunter stand eine Telefonnummer, die mit «035» begann. Eine, die mit «030» begann, wäre mir um ein Vielfaches lieber gewesen.

«Eine ehemalige Einliegerwohnung», führte sie aus. «Die Praxis ist vom Rest getrennt.»

«Schön.» Ich betrachtete weiter das Schild, eine der vielen vollendeten Tatsachen, mit denen ich hier konfrontiert wurde. Erstaunlicherweise fand ich das in diesem Augenblick amüsant. Wie man es möglicherweise amüsant findet, wenn vor der Erschießung vergessen wurde, Munition in die Gewehre zu laden, was man dadurch erfährt, dass es nach dem «Feuer»-Kommando nur mehrfach «Klick» macht – und nicht «Peng». Ich stellte mir mein eigenes Schild unter ihrem vor: «Sebastian Kunze, ehemaliger Journalist, sprechen Sie ihn lieber nicht an».

«Erst die Praxis», sagte Pocahontas.

93

«Und dann das Vergnügen», ergänzte Thorben und schlug mir auf den Rücken.

Wir betraten eine kleine weiß tapezierte Diele mit Garderobe und abgeschliffenem Holzboden, dahinter ging es in einen ähnlich gestalteten, größeren Vorraum, auf dessen Empfangstresen bereits ein Computermonitor stand. Im Anschluss erreichten wir den großen Behandlungs- und Büroraum, in dem sie praktizieren würde. Es war beeindruckend. An den Wänden hingen neben Habilitations- und Approbationsurkunde pastellige Kunstdrucke, aber keine von Alex Nimtz, und ein Umzugshelfer stellte soeben eine Kiste mit Büchern vor einem raumhohen Regal ab, das millimetergenau in die Stirnwand eingelassen war. Nur Melanies Schreibtisch fehlte noch, ein elegantes, großes Ding aus Wildeiche, das nie in unsere Wohnung gepasst hatte.

«Dafür hast du ganze drei Wochen gebraucht?», fragte ich.

Sie sah mich an, mit einer Mischung aus Stolz und dezentem Mitleid.

«Ich hatte Hilfe», sagte sie.

Obwohl sie kurz vorher erklärt hatte, dass er das Haus noch nicht kannte, boxte ich Thorben gegen die linke Schulter, möglichst heftig, aber er war zu stark gebaut, um bei so etwas Schmerz zu verspüren. Er grinste nur.

«Nein, nicht Thorben», sagte Pocahontas.

«Hallo, Süße!», krähte Petra in diesem Augenblick, und nur wenige Sekunden später schrie Lara: «Mami!»

Es gab nur eine mögliche logische Begründung für diese Freundschaft, und die lautete: Gewöhnung. Pocahontas war viel zu selbstbewusst, um sich auf ein Hübsche-Freundin-hässliche-Freundin-Konzept einzulassen, weil sie es weder nötig hatte, sich auf diese Weise zu stärken, noch in solchen Kategorien überhaupt dachte. Dabei war es genau das: Neben Melanie sah Petra aus wie ein früherer, eher misslungener Versuch. Ihr Gesicht war breit, ihre Augen standen dicht beieinander, sie trug eine dicke Brille auf einer zu kleinen Stupsnase. Ihre Frisur war ein Verbrechen, aber wahrscheinlich noch das Beste, was man aus ihrem struppigen Schopf machen konnte. Petras gedrungener Körper war fast zylindrisch, was durch die Bekleidungsauswahl betont wurde, die ausschließlich beim Discounter stattzufinden schien. Diese Aspekte setzten sich quasi im Inneren fort; die beste Freundin meiner Frau war in fast jeder Hinsicht belanglos, vor allem aber quälend langsam, und manchmal wiederholte sie einen Vorgang, für den sie bereits ein ganzes Zeitalter benötigt hatte. Allerdings verfügte sie über einen ziemlich trockenen, durchaus selbstkritischen Humor. Sie bezeichnete sich selbst als den «eher langfristigen Menschentypus» und «optisch ausbaufähig», und ein-, zweimal hatte sogar ich über die Standesbeamtenwitze lachen müssen, die sie so gerne erzählte. Während ich noch darüber nachdachte und sie betrachtete, fiel mir eine zweite mögliche Begründung für die Beziehung zwischen den beiden ein: Melanie sah sie in irgendeiner Weise als *Projekt* – ein Begriff, den Pocahontas gerne verwendete. Vielleicht hatte sie es sich zur Aufgabe gemacht, diese komische Freundin zu therapieren. Aber das war letztlich unwahrscheinlich, denn es gab keinen erkennbaren Fortschritt. Und die beiden kannten sich seit über dreißig Jahren, noch aus dem Kindergarten.

Den Rest der gesamten unteren Etage nahm eine Wohnküche ein, die mich tatsächlich beeindruckte. Der Bereich umschloss die Praxisräume L-förmig und war *sehr* groß. An der rechten Schmalwand, zur ehemaligen Einliegerwohnung hin, befand sich ein gemauerter Kamin, im großartig ausgestatteten Küchensegment gab es einen zentralen Küchenblock mit sechsflammigem Induktionskochfeld, über dem eine entsprechende Vorrichtung darauf wartete, unsere Töpfe aufzunehmen, eine Sitzecke und eine offenbar brandneue Kühl-Gefrier-Kombination mit Eisspender. Zwei Umzugshelfer bauten im Wohnbereich soeben eine Sitzlandschaft auf, die definitiv nicht aus der Wohnung in Friedrichshain stammte. Der von mir kürzlich angeschaffte 65-Zoll-Fernseher verlor sich an der terrassenseitigen Wand, als wäre er ein verdammtes Handydisplay. Direkt daneben gab eine breite Glasfront den Blick auf den Hintervorgarten frei.

Melanie beobachtete mich.

«Das ist schön», gab ich zu.

«Warte, bis du den oberen Teil gesehen hast.»

«Wer hat das bezahlt?»

«Ich», erklärte sie stolz. «Gabriele hat ein bisschen dazugelegt. Und natürlich ist das Haus beliehen. Aber es hat lächerlich wenig gekostet.» Sie pausierte. «Es läuft auf meinen Namen. *Alles* läuft auf meinen Namen. Der Ehevertrag war schließlich deine Idee. Aber wenn du willst, ändere ich das sofort. Zwei, drei Wochen, und du stehst auch im Grundbuch.»

«Grundbuch», murmelte ich und ging zur Treppe.

«Nach mir», befahl sie und schob sich an mir vorbei. Wie Josh Clab vorgestern.

Oben gab es ein lichtdurchflutetes Schlafzimmer ohne Bett, ein großes Bad, Laras liebevoll gestaltetes Kinderzimmer (mit Bett) und sogar ein Gästezimmer. Eine weitere Treppe führte noch weiter in Richtung Himmel.

«Meine Überraschung für dich», erklärte Melanie und nahm zwei Stufen auf einmal.

Ein Arbeitszimmer. *Mein* Arbeitszimmer. Unter dem Dach, hell und sehr geräumig, obwohl es nach meiner Schätzung weniger als die Hälfte der Dachfläche einnahm. Im Hochsommer wahrscheinlich ziemlich warm. Noch leer bis auf ein paar Regale und einen großen braunen Ledersessel, den ich sofort erkannte. Ich hatte ihn mir angesehen, bei einem unserer wenigen Spaziergänge, vor ein, zwei Jahren, keine Ahnung. Er stand damals in einem Schaufenster in einem kleinen Laden in Mitte, und ich hatte Melanie erzählt, wie nett es wäre, in diesem Sessel zu sitzen und Texte zu korrigieren. Jetzt stand er hier.

«Nett», sagte ich, wohl wissend, dass Pocahontas dieses Kompliment verstand.

«Deine Sachen sind unten im Laster», erklärte sie. «Sie werden abgeladen oder zurücktransportiert. Jetzt wäre wohl der richtige Zeitpunkt, um sich zu äußern.»

Ich sah zur Treppe, wo Petra und Thorben standen, Petra auf der obersten Stufe, mit ihren krass dekorierten Fingernägeln auf dem Display ihres Telefons herumtippend. Thorben stand drei oder vier Stufen unter ihr, überragte sie aber trotzdem. Er nickte. Es war ein typisches, Thorben-unschuldiges Nicken, aber er blinzelte außerdem. Diesen Teil seiner Mimik beherrschte er nicht. Wenn Thorben blinzelte, und auch noch in einer derart nervösen Frequenz, dann bedeutete das, dass seine Mimik dem widersprach, was er wirklich dachte.

«Habe ich denn eine Wahl?», fragte ich rhetorisch, genau deshalb, also eben weil mein Freund blinzelte, und umarmte Pocahontas auf möglichst theatralische Weise. Gut möglich, dass sie merkte, dass das nicht ganz echt war, aber sie spielte dennoch mit.

«Ich freue mich», sagte sie.

«Mami!», rief Lara von unten. «Ich habe eingepuscht.»

«Frau Kunze», erscholl es ebenfalls aus dem Erdgeschoss, eine männliche Stimme mit ganz leichtem Akzent. «Wir haben da ein kleines Problem.»

Weil Teile des Ehebetts fehlten und die Herren sowieso etwas länger brauchen würden, als sie veranschlagt hatten, fiel die Entscheidung leicht, eine weitere Nacht im Hotel zu verbringen –

Melanie hatte natürlich vorreserviert. Sogar Thorben bekam noch ein Zimmer, obwohl die Alte Wäscherei an den Wochenenden praktisch für alle Zeiten ausgebucht war, und Petra fand über irgendein Portal eine private Bleibe für die Nacht. Melanie stieg zu ihr in den Beetle, ich zu Thorben in den Jeep.

«Zalando?», fragte ich, während er den bulligen Motor startete. Das satte, sonore Blubbern hatte etwas Beruhigendes.

«Ich sag's mal so. Eine Übergangslösung.»

«Und wir sind pleite?»

Er schüttelte den Kopf. «Wir sind nicht insolvent. Aber wenn ich alle offenen Rechnungen bezahlt habe, ist es aus. Ich sag's mal so. Nächste Woche oder so. Ende des Monats, spätestens. Lieber ein Ende mit Schrecken ...»

«Schade», unterbrach ich.

Thorben sah kurz zu mir. Obwohl das Auto ziemlich groß und hoch war, berührte sein Kopf das Dach. Durch die statische Aufladung standen einige seiner kurzen Blondhaare zu Berge, die er in einer mittelgescheitelten Frisur trug, die bei jedem anderen lächerlich ausgesehen hätte. Er sah aus wie ein großer Junge, der vom Spielen kam. Ein sehr großer Junge.

Mein Freund Thorben Kamprad hatte schwedische Eltern, war aber in Deutschland geboren worden, wo ich ihn in der vierten Klasse der Grundschule kennengelernt hatte. Angeblich war die Namensgleichheit mit dem IKEA-Gründer kein Zufall, gab es tatsächlich eine Verwandtschaft über vierzig Ecken. Wenn Thorben mit einer Frau sprach, die die üblichen eins fünfundsechzig, eins siebzig maß, musste er fast einen halben Meter Höhenunterschied ausgleichen, aber er hatte sich viele Verhaltensweisen antrainiert, mit denen er das zu kompensieren versuchte. Thorben war in dieser Hinsicht mein persönlicher Gegenentwurf: Er ging auf die Menschen zu, passte sich ihnen an. Er bückte sich, damit sie sich nicht schlecht fühlten.

«Nicht zu ändern», gab er zurück.

Die Fahrt zum Hotel dauerte nur ein paar Minuten, weshalb nicht unangenehm auffiel, dass wir uns anschwiegen. Es war gleichzeitig mehr als deutlich, dass er etwas vor mir verheimlichte, dass etwas zwischen uns stand, und ich fand das in erster Linie spannend. Hätte ich mir ein wenig Mühe gegeben, hätte ich ihn vielleicht dazu bringen können, ein Geständnis abzulegen, wenigstens ein paar Andeutungen zu verlieren, etwas zu offenbaren. Aber ich fühlte mich zu müde dafür, es war mir zu anstrengend. Und außerdem freute ich mich tatsächlich über den verdammten Ledersessel. Da war fast so etwas wie Rührung, aber sobald ich darüber nachdachte, wurde sie von einem rumorenden, fundamentalen Ärger über die gesamte Situation abgelöst.

«Was willst du tun?», fragte er, als wir auf das Hotelgelände fuhren.

«Etwas essen. Vielleicht in die Sauna gehen. Mit euch einen trinken.»

Er nickte höflich. «Und dann? Nächste Woche? Langfristig?»

«Es gibt hier eine total spannende Zeitung mit großem Potenzial. Den Brunner Boten.»

«Fick dich.»

11. Tagebuch von Melanie Kunze, Samstag, 18. Juni, 16.30 Uhr

Große Scheiße! Thorben will Basti alles erzählen.

12. Freunde

Petra trug Kleidung, von der ihr sogar die Scripted-Soap-Redakteurinnen, die für RTL Superplus arbeiteten, abgeraten hätten, obwohl ihre Formate davon lebten, Menschen der Lächerlichkeit preiszugeben. Ich wusste, dass ihr Outfit nicht nur dem Umstand geschuldet war, dass sie wenig dabeihatte – sie konnte das einfach nicht besser: Möglicherweise waren das verdammte Leggings, aber kein Konfektionsschneider dieser Welt konnte etwas Hosenförmiges herstellen, das Petra passte oder sie vorteilhaft aussehen ließ. Dazu trug sie halbhochhackige Schuhe aus grünem Kunstleder und ein paillettenbesetztes schwarzes Shirt, das bei bestimmten Bewegungen ihren unteren Bauch freigab (Heilige Mutter Gottes! Ein Nabelpiercing!). Das Ensemble wurde durch eine hellblaue Strickjacke vollendet, die vermutlich bereits den Balkankrieg miterlebt hatte und in deren Knopfreihe mindestens zwei Plätze unbesetzt waren.

Melanie kniff beim Eintreffen ihrer besten Freundin die Augen kurz zusammen und konzentrierte sich dann rasch wieder auf Lara, die unbedingt Kirschsaft trinken wollte. Im Hotelrestaurant gab es Säfte aus allen Obstsorten, die der Planet bereithielt, aber Kirsche war aus. Lara plärrte. Ich zog einen A4-Bogen aus Melanies Handtasche, für die eine Hausratsversicherung angebracht gewesen wäre (Gedankennotiz an Mike Schuster), und faltete einen Frosch daraus. Mit Origami, wie man es später auch hierzulande nannte, hatte ich mich in meiner Kindheit eine Weile beschäftigt, weil es zu den Tätigkeiten gehörte, die man allein ausüben konnte. Lara war sofort wieder still, weil sie herauszufinden versuchte, wie ich das gemacht hatte. Wenig später ähnelte der Frosch einer Wildente, die versehentlich auf einer Landmine gelandet war.

«Geht doch», sagte Pocahontas anerkennend.

Der fränkische Kellner kam auf den Tisch zu, einen Stapel Speisekarten unter dem Oberarm, stoppte ab, als er uns erkannte, und machte auf dem Absatz kehrt.

«Bei Fuß!», rief Petra, die möglicherweise großen Durst hatte.

Der Kellner blieb kurz stehen, drehte sich zu uns, musterte die beste Freundin meiner Frau interessiert, setzte dann aber die Flucht fort.

«Wo ist Thorben?», fragte Pocahontas freundlich.

«In der Sauna», antwortete ich. «Er kommt gleich.»

Möglicherweise aber traf er die brünette Lady dort, und vielleicht war deren Begleiter noch nicht zurück. Ich wusste, wie Thorben nackt aussah, vor allem in der Körpermitte – er bezeichnete sich gerne als den «dreibeinigen Giganten». Eine Frau, die auf Sex aus war, ließ sich eine solche Gelegenheit wahrscheinlich nicht entgehen.

Tatsächlich trafen die beiden wenig später fast gleichzeitig ein, und wenn mich nicht alles täuschte, warfen sie sich noch kurze, vielsagende Blicke zu, als die Frau wiederum an einem Einzeltisch Platz nahm und Thorben so tat, als würde er uns suchen.

«Schöner Laden», sagte er, als er sich setzte. Er grinste. «Ich sag's mal so. Spaßiger Wellnessbereich.»

Ich beobachtete Melanie. Auch sie hatte die beiden beim Hereinkommen gesehen.

«Das Essen ist sehr gut», erklärte sie neutral.

Mein Freund musterte Melanies Freundin und hatte eine ganze Latte von Bemerkungen auf den Lippen, wie leicht zu erkennen war. Aber er grinste wieder nur und schnappte sich eine der Karten, die eine sommersprossige Frau brachte.

«Ihr macht das also wirklich», stellte Thorben fest, nachdem wir geordert hatten.

«Basti, *noch mal!*», quakte Lara, wobei sie mir den zerknüllten Bogen Papier entgegenhielt, der kürzlich ein Frosch gewesen war.

«Basti», wiederholte mein Freund leise, wobei er schmunzelte.

Ich zog ein weiteres Blatt aus der Handtasche und faltete einen Kranich. Ich bemerkte, dass ich dabei intensiv von meiner Frau beobachtet wurde, die darauf wartete, dass ich Thorbens Frage, die eigentlich eine Feststellung war, beantwortete. Ich gab Lara den Papiervogel und sah meinen Freund an.

«Ja, wir machen das wirklich», stellte ich ebenfalls fest und nahm einen Schluck von meinem Aperitif.

Zwischen dem Gruß aus der Küche und den Vorspeisen gingen Thorben und Petra zur Toilette, Thorben auf direktem Weg, gefolgt von einigen Blicken, vor allem aus Richtung der Brünetten, aber die Freundin meiner Gattin musste sich im vollbesetzten und deshalb recht eng bestuhlten Raum erst eine Strecke suchen, die mit ihrer Physis korrelierte. Es gelang nicht ganz, ein paar Stühle mussten gerückt werden. Als sie den fränkischen Kellner passierte, der in Türnähe bediente, gab es beiderseits einen Moment des Innehaltens, den ich merkwürdig fand.

Pocahontas erriet meine Gedanken.

«Sie ist unfassbar loyal wie sonst niemand, den ich kenne.» Sie warf mir einen unmissverständlichen Blick zu. «Ich kann mich jederzeit auf sie verlassen, und sie hat noch niemals ein Versprechen gebrochen. Was sie anfängt, beendet sie auch. Ich weiß, sie ist langsam, aber sie kann sehr hart arbeiten. Und ihr Herz ist so groß wie ...» Melanie hielt inne, nach einem Vergleich suchend.

103

«Verstehe», sagte ich, nicht ganz ehrlich.

«Es gibt übrigens noch eine weitere Frage, die bisher unbeantwortet ist», fuhr sie leiser fort.

«Das Kind.»

Sie nickte. «Das Kind.»

Ich sah zu Lara, die längst auch den Kranich vernichtet hatte und inzwischen, auf kindliche Weise abwesend, auf einem Stück Brot herumkaute, weshalb sich rund um ihren Mund eine kleine Phalanx verspeichelter Krümel angesammelt hatte; auf dem Tischchen ihres Kinderstuhls sah es aus, als wäre eine kleine *Brotbombe* gezündet worden. Sie hatte Melanies dunkle Augen, die bei ihr noch größer erschienen, und eine ähnliche Haarfarbe, vielleicht eine Nuance heller; Laras Haare waren allerdings gelockt. Auch ihr Teint war ungewöhnlich dunkel, als wäre sie kürzlich mit Tiroler Nussöl eingeschmiert worden. Lara war fraglos ein niedliches Kind, meines Wissens pflegeleicht und erkennbar wissbegierig, außerdem schlief sie seit ihrem zweiten Lebensjahr die Nächte durch. Während ich sie betrachtete, bemerkte ich, dass ich das auf die Weise tat, die ich auch im Umgang mit Fremden an den Tag legte. Für einen Augenblick war ich schockiert, sogar von mir selbst enttäuscht. Und plötzlich verspürte ich den überraschenden Wunsch, zu meiner Tochter eine Beziehung aufzubauen. Gleichzeitig war mir bewusst, dass ich mich im Ausnahmezustand befand.

«Es war dir auch bei der Kleinen nicht wichtig, was ich dazu zu sagen gehabt hätte.»

«Das stimmt nicht», widersprach sie energisch, beinahe laut. «Du hast dich nur einfach nicht geäußert.»

«Und was hätte ich äußern können?»

Ihre Antwort und der Rest des Gesprächs blieben vorläufig unausgesprochen. Thorben, der nie mehr als zehn Sekunden auf einer öffentlichen Toilette verbrachte, kam zeitgleich mit der Kellnerin, die die Vorspeisen für Petra und Melanie servierte. Allerdings dauerte es noch fast eine Viertelstunde, bis die Freundin meiner Frau zurückkehrte. Thorben roch stark nach Rauch – er hatte also nicht nur in Windeseile gepinkelt, sondern auch noch eine Fluppe eingeatmet. Mir war längst aufgefallen, dass er die Sucht in Melanies Gegenwart zu kontrollieren versuchte. Wie zur Bestätigung meiner Gedanken hustete er beim Hinsetzen, versuchte aber, es wie Reizhusten klingen zu lassen.

13. Tagebuch von Melanie Kunze,
Sonntag, 19. Juni, 01.30 Uhr

Basti duscht, ich muss mich beeilen. Ich weiß nicht, was ich davon halten soll. Er stimmt zu, und er hat sich wirklich gefreut, als er den Sessel gesehen hat. Aber er bleibt defensiv und abweisend. Man muss kein Psychologe sein, um das zu erkennen. Er wartet ab. Vielleicht wartet er auf eine Chance. Er glaubt immer noch, dass sein bisheriges Leben irgendwie weitergehen kann.

Schade, dass Thorben vorhin unser Gespräch unterbrochen hat, an der entscheidenden Stelle. Natürlich kenne ich Bastis Antwort. Aber es würde mich schon interessieren, wie er sie vortragen will. Ein Nein lässt sich auf viele Arten formulieren. Er ist ein Meister darin. Doch erst wenn ich ein klares Nein auch höre, kann ich reagieren. Und vielleicht, vielleicht. Scheiße.

Träum weiter, Melanie Kunze.

Wir ziehen heute ein, aber ich kann mich nicht so richtig freuen. Vorher muss ich unbedingt Thorben erwischen. Fast bin ich ein bisschen froh darüber, dass er mit dieser braunhaarigen Frau an die Bar gegangen ist, bei der die Brüste operiert sind. Dadurch ist er wenigstens abgelenkt. Vielleicht vergisst er bis nachher, dass er mit Basti reden wollte. Ich muss das unbedingt verhindern. Es wäre der falsche Zeitpunkt. Es gibt auch überhaupt keinen richtigen.

Die Dusche ist aus.

14. Kleinanzeigen

Ich konnte Lara, die mit Petra im Garten spielte, von der kleinen Dachterrasse aus beobachten, die sich an «mein» Arbeitszimmer anschloss. Die Szene hatte etwas sehr Friedliches, fast schon Pittoreskes, wie die Kleine da mit der Buddelschippe Sandfontänen in die Luft schoss, während Melanies träge, breitgesäßige und angeblich riesenherzige Freundin lachend auszuweichen versuchte. Was ihr natürlich selten gelang.

Die Clara-Zetkin-Straße befand sich fast am östlichen Ortsrand von Brunn im Spreewald. Ich konnte den Ort teilweise überblicken, sah die Spitze des Kirchturms zu meiner Linken, die Dächer der uniformen Häuser vor mir und etwas weiter im Norden auch die stärker bewaldeten Ausläufer des zentralen Reservats. Rechts von mir wand sich die Bundesstraße durch die Felder, auf Krumm zu. Bis Berlin reichte der Blick natürlich nicht. Ich fragte mich, was dort wohl gerade geschah. Seit Donnerstag hatte ich keine Mails mehr abgerufen, die Liste der unbeantworteten Kontaktversuche, die mein Telefon anzeigte, war lang, stagnierte aber inzwischen – ich würde auf keinen davon reagieren. Solche Vorgänge gerieten schnell wieder in Vergessenheit, jedenfalls für die nicht unmittelbar Beteiligten. Ein Magazin, das die Geschicke der Stadt über vierzig Jahre begleitet und vielleicht sogar mitbestimmt hatte, war verschwunden. Einer, dem man zugehört hatte, war geschasst worden. Man ging zur Tagesordnung über, und in ein paar Monaten oder sogar schon Wochen bekäme man auf die Frage, was aus der Bernd & Susi wohl geworden sei, möglicherweise nur noch ein ratloses Schulterzucken als Antwort. Oder einen Verweis auf diese großartige kostenlose Veranstaltungsbeilage, die jetzt jeden Freitag im «Berliner Blatt» oder einer ähnlich dumpfen Postille vorzufinden war: vier zweispaltige Seiten für die Events, etwas Fernsehprogramm, vielleicht ein Prominentenporträt und keine Meinung mehr.

Allerdings war ich mir sicher, dass Tim Novak mit Anwälten und anderen wichtigen Menschen zusammensaß, um Strategien zu diskutieren. Möglicherweise stand ich nicht im Mittelpunkt dieser Gespräche, war aber fraglos Thema. Wenn sie nicht dumm waren, würden sie mich einfach auszahlen. Allein, sie waren dumm.

Einer der beiden Umzugsmenschen ließ die Klappe des Lastwagens hochfahren. Das Bett war aufgebaut, die letzten Kisten stapelten sich im Wohnzimmer, die Arbeit war getan. Ein VW-Bus wartete mit laufendem Motor darauf, die anderen Helfer heimzubringen, nach Berlin. Das Hab und Gut der Familie Kunze befand sich in Brunn im Spreewald. Hinter mir, im Arbeitszimmer, harrten Kartons darauf, ausgeräumt zu werden, lauerte mein Rechner auf Energie. Zwei oder drei Kisten enthielten die gesammelten Ausgaben des Magazins. Anfangs hatte ich nur meine Beiträge ausgeschnitten und abgeheftet, später dann die ganzen Hefte in diesen Kisten gestapelt, allesamt ungelesen und also fast neuwertig. Möglich, dass diese Sammlung irgendwann etwas wert wäre, aber nicht wahrscheinlich, denn bis in die späten Neunziger war die Auflage der Bernd & Susi satt sechsstellig gewesen, eine Zeitlang sogar mit einer 5 am Anfang. Am Ende enthielt die Broschüre mit den Mediadaten keine verkaufte Auflage mehr – die lag da längst weit unter der Hunderttausend –, sondern eine optimistische

Schätzung der gelesenen Exemplare. Nicht sehr viele Werbepartner ließen sich davon überzeugen, dass eine Bernd & Susi angeblich von drei oder vier Leuten durchgeblättert wurde.

Ich ging ins Zimmer und öffnete die Kiste, in der ich die älteren Ausgaben vermutete, und es dauerte nicht lange, bis ich das Heft mit den Ausschnitten aus der ersten Ausgabe fand, an der ich mitgewirkt hatte – aus dem Mai 1998. An diesem Beitrag, einer langen Kolumne über den möglichen neuen Großflughafen, den man damals zu planen begonnen hatte, hatte ich zwei Wochen gearbeitet – und darin übrigens prognostiziert, dass es mehr als zwei Jahrzehnte dauern würde, bis es die ersten Starts gäbe (allerdings hatte ich auch vorhergesagt, dass es dann längst keine Flugzeuge mehr geben würde, sondern Interkontinentaltunnels, durch die Züge mit Überschallgeschwindigkeit fahren würden). Mit der Zeit hatte sich der Aufwand, den ich für die Texte betrieb, drastisch reduziert, und nicht wenige spätere Artikel, die über die Zeit auch sehr viel persönlicher wurden, waren erst am Abend vor Redaktionsschluss entstanden, manch einer sogar kurz danach am späten Frühstückstisch, während der CvD am Telefon darauf wartete, dass ich ihm bestätigte, auf «Senden» geklickt zu haben. Ich war nicht auf alle stolz, nicht einmal auf die meisten. Vieles darin war – natürlich – ungerecht (Gerechtigkeit ist ohnehin eine Illusion), andererseits ging es ohne Ausnahme um Leute, die nach jeder, auch dieser Form von Popularität geradezu gierten. Und jede einzelne Kolumne oder Gastrokritik genügte meinen qualitativen Ansprüchen, wenn es darum ging, die richtigen Worte zu finden.

Ein melodiöses Geräusch wie von einem weit entfernten Gebetsgong erklang. Melanie hatte ein modernes Kommunikations- und Steuerungssystem einbauen lassen: Neben jeder Tür befand sich ein hellgraues stylisches Panel mit Display, und über diese Kleincomputer konnte man mit jedem Raum im Haus Kontakt aufnehmen, das Licht und die meisten Geräte steuern – und zur Praxis Signale senden. Sie hatte wirklich an alles gedacht, und ich fragte mich erstens, wie viel Geld Gabriele wirklich beigesteuert hatte – und wie Pocahontas es zweitens geschafft hatte, diesen Aufwand vor mir geheim zu halten. Die Antwort auf die zweite Frage lag allerdings auf der Hand, und zwar auf der gleichen Hand, an der man die Stunden abzählen konnte, die ich während der letzten drei Wochen im wachen Zustand in unserer Wohnung in Friedrichshain verbracht hatte.

«Was gibt es?», fragte ich, nachdem ich online gegangen war. Ein kleiner Teil von Melanies Gesicht erschien im Display.

«Komm mal bitte runter.»

«Ich bin auf dem Weg.»

Die Stufen der sich zweimal um die eigene Achse windenden Treppe knirschten kaum, ich warf im Vorbeigehen einen Blick in unser Schlafzimmer, dessen Bett sogar schon mit Satinwäsche bezogen war.

Melanie stand im Wohnzimmer. Sie trug ein helles Shirt, einen kurzen dunklen Rock und Flipflops, die Haare hatte sie zu einem Zopf gebunden. Sie sah atemberaubend aus. Wäre dies das Jahr 1963 und würde man die Nscho-tschi für «Winnetou I» soeben besetzen, fiele die Wahl nicht auf Marie Versini, sondern auf meine Frau. Und sie würde Pierre Brice die ganze Show stehlen.

Thorben stand direkt neben ihr und sortierte Gegenstände in die Regal-Schrank-Kombination, die hinter der Sitzlandschaft eine Hälfte der seitlichen Wand einnahm. Jeder andere Mensch hätte wenigstens eine Trittleiter für diese Arbeit gebraucht, aber Thorben musste sich nicht einmal auf die Zehenspitzen stellen. Wenn er die Hände nach oben ausstreckte, konnte er zwei Meter achtzig ohne Mühe überwinden.

Pocahontas nahm mich sanft am Oberarm und drehte mich
zur Raummitte, als wäre ich ein Blinder, der geführt werden
musste. Ich betrat einen langflorigen hellen Teppich, auf dem
unser flacher Wohnzimmertisch stand und der exzellent mit dem
geölten Holzboden harmonierte. *Schöner Wohnen.*

«Wie findest du es?»

Ich atmete tief ein, um nicht wütend zu werden oder mir die
Wut wenigstens nicht anmerken zu lassen. Was sollte diese Frage?
Wozu diese Scheindemokratie im Kleinen?

Melanie hatte mich beobachtet und verstärkte jetzt den Druck
am Arm ein wenig.

«Tut mir leid», sagte sie lächelnd. «War nicht so gemeint.»

«Es ist nett», sagte ich.

Sie strahlte. «Ja, finde ich auch.»

Ein weiteres Gonggeräusch ertönte, hinter uns waren Stimmen zu hören, aber nicht die von Petra oder Lara. Melanie ging zur
Tür, draußen standen *Leute.*

In Friedrichshain hatten wir natürlich auch Nachbarn. Hatten gehabt. Die drei Wohnungen im ersten Stock wurden zwar als
halblegale Feriendomizile vermietet, aber in den anderen beiden
Stockwerken unter unserem wohnten Menschen, die ich hin und
wieder im Hausflur getroffen hatte, um ihnen kurz zuzunicken,
bestenfalls – mehr als drei, vier Sätze hatte ich insgesamt nicht
mit ihnen gewechselt, obwohl wir seit mehr als drei Jahren dort
lebten. Wie alle anderen Berliner, die aus dem Vollen schöpfen
konnten, es aber nicht taten, hatten wir unsere fußläufig zu
erreichenden Stammrestaurants – italienisch, mediterran (das
ist nicht das Gleiche), französisch, bodenständig –, eine Bar, in
die wir gelegentlich gingen, einen Supermarkt, in dem meistens
Melanie einkaufte. Einen Gemüseladen ein paar Schritte weiter,
und einen Kiosk, dessen teuersten Rotwein man notfalls Gästen
anbieten konnte; für Petra reichte sogar der billigste. Ich ging

beruflich zu oft in neue, hippe Läden, um mir das auch noch in meiner Freizeit anzutun, und Pocahontas liebte die Regelmäßigkeit, das Überschaubare, aber auf andere Art als ich. Und in diesen paar Läden wurden wir natürlich auch begrüßt, man kannte uns, obwohl wir kaum häufiger als einmal im Monat zusammen ausgingen. Ich hatte nicht einmal die Namen an den Klingelschildern im Haus wahrgenommen, weil mich die Schicksale hinter den Türen nicht interessierten, solange sich dadurch kein Thema für eine Kolumne ergab.

Und da waren sie, unsere neuen Nachbarn, um uns zu begrüßen. Hier wohnten also doch Menschen und nicht nur ältere Damen in hellrosa Kitteln, die gern Unkraut zupften.

Während das gute Dutzend Einheimischer durch das Haus wuselte, das mir nicht mitgehörte, und sich alles zeigen und erklären ließ, beobachtete ich Thorben unauffällig. Er hatte sich, wie ich auch, der Besichtigungsgruppe angeschlossen, ging aber am Ende, während Melanie führte und dabei viel gestikulierte. Er ließ sie nicht aus den Augen. Die Leute riefen «Oh» und «Ah» und «Ist ja toll» und «War das nicht sehr teuer?».

Man stellte anschließend selbstgebackene Kuchen, Brot, Salz und solches Zeug auf den Küchenblock, Petra kam herein, um für alle Kaffee aufzusetzen, und es klingelte abermals. Ich ging zur Tür und öffnete Mike Schuster, der sich in Begleitung einer schlanken, verblüffend attraktiven Frau befand. Sie überreichten mir weiteren Kram und machten Anstalten, sich der Gruppe anzuschließen. Ich nahm den Versicherungsmenschen kurz beiseite.

«Unsere kleine Begegnung gestern, lieber Herr Schuster, die bleibt bitte unter uns.»

«Nennen Sie mich Mike.» Er lächelte. «Ich schweige wie ein Grab. Diskretion ist mein zweiter Vorname.»

Mike Diskretion Schuster. Niemand wollte so heißen. Ich legte ihm dennoch in einer, wie ich meinte, freundschaftlichen

Geste, die mich einiges an Überwindung kostete, die Hand auf die Schulter, um mich zu bedanken.

Die ungebetenen Gäste machten es sich auf der Terrasse bequem, setzten sich auf Decken, die Melanie im Garten verteilte, und es kamen immer noch mehr. Alle Altersgruppen waren vertreten, von schüchternen Sechsjährigen, die sich nicht trauten, Laras Klettergerüst auszuprobieren, bis hin zu Menschen dicht am Verfallsdatum, die mit zitternden Händen Kuchengabeln zum Mund zu führen versuchten, was nicht immer klappte. Der Gebäckvorrat auf dem Küchenblock wuchs stetig an und hätte wahrscheinlich bis zur Flughafeneröffnung gereicht, allerdings waren die Nachbarn auch hungrig. Gelegentlich wurde nach Schnäpsen gerufen, ein Nachbar hatte sogar eine Flasche Selbstgebrannten dabei – ich bereitete mich gedanklich darauf vor, einen Notarzt zu rufen, der wahrscheinlich aus Cottbus anrücken müsste, weshalb er nur noch den Tod des Trinkers würde feststellen können. Petra hielt die Stellung an der Kaffeemaschine. Ich saß neben Thorben im Schneidersitz auf dem hölzernen Terrassenfußboden. Wenn er merkte, dass ich ihn ansah, setzte er sein schelmisches Lächeln auf, aber meistens suchte und fand sein Blick die Stelle, an der Pocahontas gerade rotierte. Irgendwann erhob er sich, was sofort die Aufmerksamkeit der Gäste auf sich zog, denn es war wirklich ein Erlebnis, Thorben aufstehen zu sehen. Hier, in Brunn im Spreewald, wirkte er sogar noch größer als in der Hauptstadt.

«Kumpel, ich muss los. Ich sag's mal so. Die Woche wird hart.»

Ich umarmte ihn. Er ging zu Melanie, küsste sie auf die Wange, ließ sich auch von ihr umarmen, aber er schaffte es nicht, sein Kinn auf ihren Kopf zu senken. Er strich Lara über die Haare, winkte Petra zu. Kurz darauf hörte ich das Blubbern des Achtzylinders, der seinen Jeep antrieb. Es dauerte noch ein paar

Sekunden, bis es verschwand – wahrscheinlich hatte sich Thorben erst einmal in Ruhe eine Zigarette angezündet, denn während der vergangenen anderthalb Tage war das offenbar nicht sehr oft geschehen.

Wenn meine Frau nicht interveniert hätte, wären die Gäste bis in die Nacht geblieben, hätten wohlmöglich noch Nullfünferkisten aus dem Getränkeshop angeschleppt, heikel geformte Grillwürstchen und ölige Kartoffelsalate, aber sie stellte sich irgendwann auf die Wiese und brüllte:

«Ihr Lieben, vielen, *vielen* Dank, aber wir haben noch irre viel zu tun. Bitte nicht beleidigt sein, doch ich muss euch bitten, jetzt zu gehen. Wir sehen uns ja bald wieder.»

Was sich in den Ohren der scheidenden Gäste freundlich anhörte, klang in meinen wie eine handfeste Drohung. Möglicherweise aber meinte sie es auch ganz anders, denn es war immerhin denkbar, dass einige von ihnen potenzielle Patienten waren.

Petra verkündete am frühen Abend, dass sie sich auf den Weg machen würde. Sie arbeitete als Standesbeamtin (ihre Langsamkeit wurde im Job häufig als Anteilnahme missdeutet) und hatte uns damals die vergleichsweise flinke Eheschließung ermöglicht. Während sie von Melanie und Lara zum Auto begleitet wurde, machte ich mich daran, ein Abendessen zuzubereiten. Ich kochte recht gut, aber nicht sehr gerne, weil es meistens zu zeitaufwendig war, meinen eigenen Ansprüchen zu genügen. Als man mir bei der B&S angeboten hatte, auch Gastronomiekritiken zu schreiben, ziemlich am Anfang, als die Begeisterung über meine Texte noch die Wut über meine Wortwahl überstieg (schon ein Jahr später hätte es das Angebot nicht mehr gegeben), hatte ich ein paar Seminare besucht, in einigen Restaurants hospitiert (nicht wenige Küchenchefs bereuten diese Unterstützung später), viele Bücher gekauft und wochenlang Rezepte nachgekocht und variiert. Ich vertrat die Maxime, dass ein Kritiker zwar nicht beherrschen musste, was er kritisierte, aber über ein Mindestmaß an Kenntnissen und Verständnis verfügen sollte – und ad hoc eingeholtes Wikipedia-Wissen reichte dafür nicht. Im Ergebnis zählte ich so manch einem *Chef de Cuisine* die Zutaten auf, die er für sein vermeintlich exaltiertes, im kreativen Wahn produziertes Rezept verwendet hatte, und das waren nicht immer die, die auf der Speisekarte genannt wurden.

Der Kühlschrank war gut gefüllt. Ich improvisierte ein leichtes Pesto, das vielleicht sogar Lara essen würde, setzte Nudeln auf und bereitete einen Salat zu. Dabei beobachtete ich meine Frau und unser Kind, die den Garten aufräumten, jeder auf seine Art. Lara trug ein paar Gegenstände von A nach B, faltete die Decken wieder auseinander, die Melanie gerade zusammengelegt hatte, trat auf einige Pappteller, auf denen sich noch Kuchenreste befanden, und probierte anschließend, das Tischtuch vom vollgestellten Terrassentisch zu ziehen. Melanie folgte ihr lachend auf dem Fuß und versuchte, den Schaden in Grenzen zu halten. Mein Oberkörper zitterte plötzlich seltsam.

Am Ende des Abendessens – Lara hatte das Pesto tatsächlich gekostet – schlug Melanie vor, dass ich doch die Kleine ins Bett bringen könnte. Ich nippte gerade am versprudelten Leitungswasser, das mir gut schmeckte, und wartete ein wenig mit meiner Antwort. Ich verpackte sie in eine Gegenfrage.

«Ins Bett bringen?»

«Zähne putzen, ausziehen, Windel, Schlafanzug, eine Geschichte vorlesen, singen», zählte Melanie auf.

«Singen?»

«Schlaf, Kindlein, schlaf.»

«Will sie das tatsächlich hören?»

«Schon seit fast drei Jahren, ja.»

«Basti singt», erklärte Lara fröhlich.

«Sebastian singt», korrigierte ich, und verkniff mir dabei das «Nicht».

«Du kriegst das schon hin», meinte Pocahontas.

Es war tatsächlich nicht sehr schwer, denn die Kleine erledigte das meiste selbst. Sie zog sich aus, half mir dabei, die Höschenwindel korrekt anzubringen, was ich zuletzt während ihres ersten Lebensjahres getan hatte, aber höchstens dreimal insgesamt. Sie streifte sich das Pyjamaoberteil unter rührenden Verrenkungen über den Oberkörper, aber bei der Hose musste ich helfen, sonst wäre sie umgefallen. Dann wies sie mich an, mich auf den Klodeckel zu setzen, nahm in großer Selbstverständlichkeit auf meinem Schoß Platz, riss den Mund weit auf und sah mich erwartungsvoll an. Also putzte ich ihre winzigen Zähne mit dieser winzigen rosa Zahnbürste. Die Zahnpasta roch nach Erdbeeren. Lara gurgelte sehr übertrieben und spuckte das Speichel-Zahnpasta-Wasser-Gemisch in ebenso theatralischer Weise ins Waschbecken. Sie sah mich wieder an, als wisse ich, was jetzt zu tun wäre, also lobte ich sie, und Lara strahlte.

Ich folgte ihr ins Kinderzimmer, wo sie sehr gewissenhaft ein Buch aussuchte – eine bebilderte Geschichte über einen an *Caries dentium* leidenden Biber namens Oscar, dem beim Bau seines Winterquartiers die Zeit davonlief, weil er die Bäume nicht schnell genug abnagen konnte. Ich fand die Geschichte eigentlich zu komplex für eine Vierjährige (davon abgesehen, waren einige Details ziemlich unwissenschaftlich), aber Lara kannte sie längst in- und auswendig, korrigierte mich sogar, wenn ich ein Wort ausließ, änderte oder hinzufügte – die Sprache war nach meinem Dafürhalten nicht immer kindgerecht, aber in dieser Angelegenheit war ich alles andere als ein Experte. Nach der Lektüre, die natürlich in ein zutiefst pädagogisches Happy End mündete, hielt mir das kleine schwarz gelockte Mädchen einen kurzen Vortrag darüber, wie wichtig es sei, regelmäßig die Zähne zu putzen, wobei sie die dunklen Augen weit aufriss und die Ausführungen mit vielen Gesten untermalte. Ich stimmte ihr zu, ließ sie nach energischen Bitten schließlich mein Gebiss kontrollieren, was nicht ohne Detailkritik ablief, die mich ein ganz klein wenig traf, denn ich war stolz auf meine gut gepflegten Zähne. Sie entdeckte sogar die zwanzig Jahre alte Goldkrone auf Rechts Oben Sechs, und ich scheiterte beim Versuch, den Grund dafür zu erklären.

Ich ließ die Jalousie herunter. Währenddessen kroch sie unter die mit seltsamen, langhaarigen, effiminierten Einhörnern bedruckte Decke, löschte die kleine Lampe auf dem Tischchen neben ihrem Bett und wartete ab. *Großer Gott*, dachte ich dabei. *Das ist ja schon ein richtiger, vollwertiger* Mensch.

«Basti, du musst singen», bat sie nach einem Weilchen.

«Kleines, ich kann nicht singen. Und ich weiß nicht, wie dieses Lied geht.»

Es blieb wieder für einen Moment still, und dann sang Lara für mich und für sich selbst leise, langsam, hoch konzentriert, aber meistens die Töne treffend, «Schlaf, Kindlein, schlaf». Ich war zum ersten Mal seit ihrer Geburt für mehr als zwanzig Minuten allein mit meiner Tochter und hörte jetzt dabei zu, wie sie mir mit ihrem hohen Stimmchen ein Schlaflied vorsang. Zum Glück war es dunkel, und sie konnte mein Gesicht nicht sehen. Zum Glück konnte niemand mein Gesicht sehen.

Verdammt.

15. Tagebuch von Melanie Kunze,
Sonntag, 19. Juni, 19.30 Uhr

Basti ist oben, er bringt doch tatsächlich Lara ins Bett. Wenn ich ihn nicht kennen würde, und ich kenne ihn leider zu gut, würde ich mich mehr freuen. Er gibt sich Mühe, er nimmt das alles einfach hin. Er *kooperiert*. Das kenne ich auch von Patienten, doch gerade die mit den schwersten Störungen sind oft die besten Schauspieler. Basti ist ein guter Schauspieler. Er lebt davon, dass andere nicht wissen, was in ihm vorgeht. Dass sie ihn nicht einschätzen können. Und ich bin mir ziemlich sicher, dass seine Kooperation nicht echt ist. Es ist völlig auszuschließen, dass er sich innerhalb von drei Tagen mit der neuen Situation abgefunden hat. Also tut er nur so, während er darüber nachdenkt, wie er aus der Sache wieder rauskommt.

Zum Glück hat Thorben keinen Versuch unternommen, mit Basti zu sprechen. Ich habe ihm gerade noch eine SMS geschickt: *Wenn du mit ihm redest, rede ich nie wieder mit dir.* Er hat nicht geantwortet. Wahrscheinlich sitzt er in seinem Kellerbüro und gleicht seinen Nikotinhaushalt aus. Diese schlimme Raucherei. Wenn die nicht wäre ... ach was.

Ich würde gerne noch ein Glas Wein mit Basti trinken, ein wenig feiern, nur ein ganz kleines bisschen. Ich möchte ihm das Gefühl geben, dass er dazugehört. Ihm dieses Gefühl nehmen, dass das hier eine Art Urlaub ist, eine Abwechslung, von der aus er jederzeit wieder in die Normalität zurückkehren kann. Wenn sich die Wogen geglättet haben. Sie werden sich nicht glätten. Das ganze Meer ist nicht mehr da.

Ich hätte gerne mehr Zeit für das Projekt.

Aber es ist auch noch ungeheuer viel zu tun, und mein Terminkalender für die nächsten Wochen ist voll. Ich habe Überweisungen aus Cottbus und sogar eine aus Sachsen, aber die meisten Patienten scheinen aus der unmittelbaren Gegend zu kommen. Wenn es so weitergeht, werde ich eine Warteliste einrichten müssen.

Vielleicht wird doch noch alles gut. Ich habe gerade die Gegensprechanlage eingeschaltet, die eine Babyphon-Funktion hat. Lara singt Basti vor. Ich könnte weinen.

Ich weine.

16. Nscho-tschi

Als ich an die Treppe kam und den Lichtschalter betätigte, war ich verblüfft. Die offenen hölzernen Treppenstufen waren dezent von unten beleuchtet – ein beeindruckender Effekt. Es war zwar längst noch nicht dunkel, aber hier bereits etwas dämmrig, und im Zwielicht wirkte der originell ausgeleuchtete Treppenbereich fast magisch.

Mein Telefon spielte eine leise Melodie, die mir mitteilte, dass Thorben anrief. Ich hatte es im Arbeitszimmer ans Ladegerät angeschlossen, aber vergessen, es auszuschalten. Eigentlich wollte ich mit niemandem sprechen. Ich ging trotzdem nach oben und nahm den Anruf an.

«Hallo, Gigant», sagte ich.

«Bin gerade angekommen.» Seinem Atemgeräusch war anzuhören, dass er gerade Rauch ausblies. Wie zur Bestätigung hustete er gleich anschließend. «Ich musste noch zu einem Kunden. Diese Penner. Zahlen fast nichts, aber wenn irgendwas nicht funktioniert, muss man sofort auf der Matte stehen, sogar am Sonntag.»

«Du Held», erklärte ich. Es war seltsam, mit ihm zu telefonieren, weil es da definitiv etwas gab, das er und Melanie mir verheimlichten, und die naheliegendste Erklärung bestand darin, dass es um das Kind ging. Ich konnte nicht der Vater sein. Thorben schon. Wer, wenn nicht er? Andererseits wusste ich wenig darüber, was Pocahontas unternahm, während ich unterwegs war. Es war abwegig, dass es etwas mit dem dreibeinigen Giganten zu tun hatte, oder ich wollte es nicht wahrhaben, jedenfalls war es kein schöner Gedanke. Eher das schlimmstmögliche Gegenteil eines schönen Gedankens. Ob ich das Kind wollte oder nicht, spielte dabei keine Rolle. Oder was ich überhaupt wollte.

«Ja», antwortete er, wiederum hörbar Rauch ausatmend.

«Was gibt's also?», fragte ich. «Immerhin haben wir uns vor ein paar Stunden zuletzt gesehen.»

«Ist ein bisschen einsam hier. Ich sag's mal so. Das war ein nettes Wochenende.»

«Vor allem in der Sauna.»

Er lachte, musste aber husten.

«Sie hat mir sogar Geld angeboten. Ist das zu fassen? Eine Frau, die *so* aussieht, und sie bietet mir ein paar Scheine an, wenn ich später noch ins Zimmer komme.»

«Du Glückspilz.» Ich verschwieg, dass ich mit der Frau fast ein ähnliches Erlebnis gehabt hatte. Und ich verschwieg natürlich auch, dass ich jeder seiner Äußerungen Indizien dafür zu entnehmen versuchte, dass er mich eigentlich nur angerufen hatte, um mich auszuspähen. Thorbens Fähigkeit allerdings, jederzeit so zu tun, als wäre alles im Lot, war beeindruckend.

«Ich hab's getan», erklärte er.

«Du hast *was* getan?»

«Für Geld gefickt.» Er betonte jedes Wort einzeln. Doch bevor ich antworten konnte, sagte er: «Ich hab's ihr aber zurückgegeben. Ich sag's mal so. Einmal Hure, immer Hure.»

«Das mag wohl so sein.» Ich musste lachen.

Ein Feuerzeug klickte.

«Ich habe mir Gedanken gemacht», sagte er.

«Das kann nie schaden.» Ich machte mir auch Gedanken. Ich dachte an *Meleny* aus Manchester, New Hampshire. Und an andere Dinge, nicht nur gute.

«Weißt du was, ich will aufhören. Mit dem Rauchen.»

«Das ist eine gute Idee.»

«Ich will ja nicht mit fünfzig tot sein.»

«Man kann nicht tot und fünfzig zugleich sein. Nur eines von beidem geht.»

«Klugscheißer. Ich sag's mal so. Ich habe mitgezählt und das arithmetische Mittel ausgerechnet.»

«Das arithmetische Mittel.»

«Den Durchschnitt.»

«Ich weiß, dass das den Durchschnitt bezeichnet. Wie hoch ist er?»

«Zweiundachtzig.»

«Du rauchst *zweiundachtzig* Zigaretten am Tag?» Ich hatte die Größenordnung erwartet, aber die konkrete Zahl zu hören, das war doch etwas anderes.

«Durchschnittlich. Mein System geht so: Ich senke den Verbrauch alle drei Tage um eine Zigarette. Das bedeutet, dass ich in knapp 250 Tagen durch bin. In 246, um genau zu sein.»

«Du rauchst drei Tage lang jeweils 82 Zigaretten, dann drei Tage 81 Zigaretten und so weiter?»

«Exakt.»

«Du weißt, dass das nicht funktionieren wird», gab ich zu bedenken. «Du wirst vormittags sparsam sein und am Abend alles nachholen, obwohl du eigentlich keine Lust mehr auf so viele Kippen hast. Oder du hebst dir den Rest auf und rauchst am nächsten Tag wieder mehr. Oder du wirst in der ersten Tageshälfte viel rauchen und dich den Rest des Tages darüber ärgern, dass das Kontingent aufgebraucht ist, und dann rauchst du doch weiter und ziehst es für den Folgetag ab. Oder, noch schlimmer. Du gehst irgendwann dazu über, die Gesamtmenge auszurechnen.»

Wir schwiegen synchron, weil wir gleichzeitig kalkulierten.

«Ungefähr zehntausend», sagte er, nur den Bruchteil einer Sekunde schneller als ich. Ich konnte förmlich spüren, wie er sich darüber freute, noch eine so große Menge Zigaretten konsumieren zu dürfen. Mehr als fünfzig Stangen. Vermutlich sah er den Stapel vor seinem geistigen Auge. Möglicherweise dachte er auch daran, dass er zwanzigtausend Zigaretten in weniger als acht Monaten wegqualmen würde, wenn er so weitermachte.

«Stimmt», bestätigte ich. «Zehntausendsechsundachtzig, um genau zu sein. So oder so, es wird nicht funktionieren.»

«Und wie dann?»

«Wenn du aufhören *willst*, dann hör einfach auf.»

«Du hast doch keine Ahnung. Ich sag's mal so. Das ist eine Sucht. Eine Krankheit. Ich will mich therapieren. Aber man wird nicht über Nacht gesund.»

«Gesund nicht, aber wenn man den Erreger beseitigt, ist schon viel geschafft.»

«Du machst mich fertig, Kumpel.»

«Vielleicht funktioniert dein System ja wirklich. Wenn wir in einem Monat reden, müsstest du ungefähr bei siebzig angekommen sein. Wollen wir um irgendwas wetten?»

Er antwortete nicht, dachte vielleicht über mögliche Einsätze nach, traute sich aber nicht, den zu nennen, auf den er scharf war. Vorausgesetzt, meine Vermutungen stimmten. Misstrauen ist ein harter innerer Gegner, noch härter als jede Sucht. Deshalb vertraute ich nur selten, weil Vertrauen die Chance auf das Gegenteil davon automatisch vergrößerte. Obwohl Misstrauen natürlich nicht das Gegenteil von Vertrauen war. Eher die diametrale Alternative.

«Lieber nicht», sagte er lachend, aber es war kein echtes Lachen.

«Wir haben viel zu tun», sagte ich. «Schönen Abend noch.»

«War das jetzt eigentlich ein Ferngespräch?», fragte er zum Abschied und legte auf.

Pocahontas kam mir auf der magischen Treppe entgegen. Sie war zugleich voller Energie und ganz offensichtlich mit ihren Kräften am Ende.

«Ich würde gerne noch ein Glas Wein trinken, Sebastian», sagte sie.

Ich blinzelte. Erwartete sie meine Zustimmung, praktisch eine Teilung des Risikos (das ich für absurd gering hielt)? Machte sie Anstalten, mich plötzlich in ihre Entscheidungen einzubeziehen, nach einem irgendwie psychologischen Stufensystem?

«Was spricht dagegen?», fragte ich offensiv.

«Ein bisschen was durchaus», sagte sie und hob die Hände. «Unterm Strich vermutlich nicht viel», relativierte sie gleich darauf. «Aber es ist schöner, sich über so etwas auszutauschen.»

Ich antwortete nicht, sie drehte sich um, und wir gingen ins Wohnzimmer. Es war in einen sanften Orangeton getaucht; auf den Wipfeln der Bäume, die durch die Terrassenfenster zu sehen waren, schimmerte das Licht der frühabendlichen Sonne. Es widerstrebte mir, mir das einzugestehen, aber es hatte etwas. Dieses Etwas unterschied sich von allem, was ich mochte, auf sehr drastische Weise, und ich war weit davon entfernt, das hier zu *mögen*. Dennoch vermittelte das Szenario ein Gefühl der Ruhe, beschauliche Ambitionen, zugleich eine irritierende Aufgesetztheit, irgendwas zwischen «Das könnte ich mögen» und «So auf keinen Fall». Es war *nett*. Als Ferienhaus hätte es von mir eine gute Bewertung bekommen.

Ich ging zur Küche, streckte dort das restliche Pesto mit etwas gesalzenem Joghurt, ergänzte um ein paar weitere Gewürze und eine Handvoll Schnittlauch, löste einige Scheiben von einem der Weißbrote, die unsere Nachbarn mitgebracht hatten. Dann öffnete ich einen Merlot, der im Weinregal neben dem Kühlschrank lag, dekantierte ihn und sah dem Wein anschließend bei *nichts* zu. Schließlich füllte ich noch etwas Leitungswasser in eine Glaskaraffe, richtete meine Vorbereitungen auf einem Tablett an und ging zu ihr ins Wohnsegment. Melanie hatte den Fernseher angeschaltet, aber der war damit beschäftigt, im lokalen Kabelnetz nach Sendern zu suchen.

«Ich weiß ja auch nicht, ob das die richtige Entscheidung ist», erklärte sie, ohne den Blick vom teuren OLED-Monster zu wenden, das die Frequenzen nach auf hundertfünfzig Kanälen breitgetretenem Dünnsinn abtastete.

Ich antwortete nicht, weil es keine Antwort gab, die keinen Streit ausgelöst hätte. Ich war nach wie vor zornig, dieses Gefühl beherrschte mich – neben zwei bis fünf anderen – inzwischen seit fast drei Tagen, aber ich verspürte kein Interesse daran, aus diesem Gefühl genau jetzt eine sehr emotionale Auseinandersetzung werden zu lassen. Denn das schien mir unausweichlich: Wenn wir damit begonnen hätten, die Situation aufzuarbeiten, wie Pocahontas solche – seltenen – Gespräche bezeichnete, dann hätte es nur einen möglichen Ausgang gegeben. Im milden Licht der Abendsonne, mit dieser Nscho-tschi in Rock und Shirt auf dem Sofa, vor dem die Flipflops lagen, der leise singenden Lara im Hinterkopf und diesem vorzüglich duftenden Wein in den Händen wurden all die negativen Schwingungen in mir verblüffenderweise abgedrängt, wobei sie dem Wunsch wichen, einem anderen Gefühl den Platz zu überlassen, dem völlig überraschenden Bedürfnis nach Harmonie. Das war sehr, sehr ungewöhnlich. Ich beobachtete mich selbst, wie ich das Tablett auf den Tisch stellte, die Weingläser anordnete, Melanie einen Teller mit Brot und Dip hinschob, uns einschenkte und mich in die Sitzlandschaft fallen ließ, beseelt einfach nur von der Idee, es für heute gut sein zu lassen.

Und beinahe hätte es auch geklappt.

Ich setzte mich neben sie, wir stießen an, sie nahm sich ein Stück Weißbrot, streckte die Beine aus und legte sie auf meinen Oberschenkeln ab. Der stummgeschaltete Fernseher hatte seine

Vorbereitungen abgeschlossen, Melanie zappte ein wenig, ohne das Geschehen auf dem Bildschirm wahrzunehmen, während sie mir von den Vorbereitungen erzählte, von Amtsgängen und Gesprächen mit Handwerkern, von der Möbelauswahl und der Suche nach Umzugsfirmen. Ich streichelte ihre Beine, und sie plauderte von Preisverhandlungen, von Bewerberinnen für den Praxisjob, von ersten Patientengesprächen, vom Kindergarten, in den die Kleine ab nächste Woche gehe, von Petras Trauer über die Entfernung und Gabrieles Begeisterung über die Entscheidung. Ich hörte mir all das an und war meinerseits voller Begeisterung über die Samtigkeit ihrer Haut, über die Sicht auf ihren Slip, die ich aus meiner Perspektive hatte und in den ich schließlich Zeige- und Mittelfinger der rechten Hand schob. Melanie hob den Hintern wie nebenbei, ließ mich ihre Unterwäsche abstreifen, und während sie noch weiterplauderte, schob ich ihre Oberschenkel auseinander und mein Gesicht dazwischen. Wir hatten in den sieben Jahren, die wir uns inzwischen kannten, nur sehr selten Oralsex praktiziert, weil Pocahontas die Passivität dieser Praxis nicht sehr mochte, aber an diesem Abend war es die natürlichste Sache der Welt. Und sie sprach immer noch weiter, als wäre ein Ventil aufgedreht worden, während ihre Atemfrequenz anstieg, sie mir ihren Unterleib entgegendrückte und sich Geruch und Feuchtigkeit intensivierten. Und dann meldete sich Lara über das Babyphon. «Mami!», rief sie. «Mami, ich hab Angst!»

Sie sprang auf, als wäre ich nicht anwesend, und rannte die Treppen hoch. Über die Gegensprechanlage konnte ich zuhören, wie sie die Kleine beruhigte. Ich nippte am Wein und trauerte meiner Erregung hinterher, der Situation, dieser Intimität, die alles in den Schatten stellte, was wir während der letzten Jahre in dieser Hinsicht erlebt hatten. Ich kam sogar gegen den Reflex an, dem Geschehen ein Prädikat zu verleihen, es auf meiner Skala einzuordnen. Ich war sehr verwirrt.

Sie kam nicht wieder zu mir herunter, ließ mich per Kommunikationssystem wissen, dass sie bereits im Badezimmer sei. Ich räumte den Tisch ab, sortierte das Geschirr ins Spülgerät, zog die Vorhänge vor die Terrassenfenster und folgte ihr. Als ich, von ihr unbemerkt, ins Schlafzimmer kam, saß sie auf ihrer Bettseite, bereits im Nachthemd, und sortierte Dinge in die geöffnete Schmuckschatulle, die auf ihrem Nachttisch stand.

Sie hielt die geflochtene Goldkette in den Händen.

Pocahontas mochte Schmuck sehr gerne, aber er hatte für sie in erster Linie etwas Spirituelles. Ihr ging es nicht so sehr um Wert und Ästhetik als vielmehr die emotionalen Aspekte. In diesem Fall, wie ich augenblicklich annahm, die Tatsache, dass die Goldkette, die sie nachdenklich betrachtete, von Thorben stammte.

Alle positiven Momente, die ich über den Abend hinweg eingesammelt hatte, waren augenblicklich ausgelöscht. Aus der Vermutung wurde schlagartig felsenharte Gewissheit. Ich spürte nur noch Zorn, Enttäuschung und das Gefühl, von allen verraten worden zu sein. Von *ihr* verraten worden zu sein.

«Du hast ein Verhältnis mit Thorben», sagte ich laut. Ich verkniff mir den Rest, die Vaterschaftsunterstellung – dieses Ass wollte ich vorläufig im Ärmel behalten. Außerdem hätte ich die Gründe für die Sicherheit nennen müssen, und dann hätte ich mich auch auf der Stelle selbst erschießen können.

Sie drehte sich zu mir, überrascht und möglicherweise ertappt, und fragte: «Was?»

«Da läuft etwas. Zwischen Thorben und dir.»

«Bist du bescheuert?» Aus der Überraschung war schnell eine Vorstufe von Wut geworden. Sie stand auf, immer noch die Kette in der Hand.

«Nein, eben nicht.»

«Ich habe doch kein Verhältnis mit *Thorben!*», brüllte sie fast, dämpfte sich nur ein wenig, weil die Kleine nebenan schlief. «Wie kommst du nur auf eine so bescheuerte Idee?» Sie verwendete gerne solche Begriffe – irre, bescheuert, bekloppt –, und es hatte sich über die Ausbildung hinweg intensiviert.

«Ich bin nicht blind», erklärte ich und fand das sehr schwach.

«Mag sein, aber mir fällt sofort ein Adjektiv ein, das mit den gleichen Buchstaben anfängt. Außerdem ist ein Umlaut darin.»

«Ich bin auch nicht blöd», nahm ich die entwürdigende Vorlage auf, nur um etwas zu sagen.

Sie kam näher, stellte sich vor mir auf.

«*Du* machst *mir* solche Vorwürfe?», zischte sie.

Es war keine gute Idee gewesen, dem Impuls zu folgen. Alles andere als eine gute Idee. Plötzlich fiel mir etwas ein, das mit dieser verdammten Kette in Zusammenhang stand, und ich wünschte mich auf einen anderen Planeten, wenigstens nach Berlin.

«Du, der pausenlos *herumfickt?*», fuhr sie fort. Das Wort hätte sie normalerweise nie in den Mund genommen. «Herr Superjournalist, der alles vögelt, was nicht schnell genug wegrennt? Der in jedem Hotelbett der Stadt seine Spuren hinterlassen hat? Der sogar am Hochzeitstag nach diesen *Fotzen* stinkt und denkt, ich würde es nicht bemerken, weil er schnell an mir vorbei unter die Dusche rennt? *Du? Machst? Mir? Vorwürfe?*» Jetzt brüllte sie doch. «Dann auch noch in dieser Anspruchshaltung! Dieser perfide Versuch, mir Schuld einzureden. Hast du eine Vollmeise? Haben sie dir auch das Hirn gekündigt?» Sie wurde immer lauter.

Ich sagte nichts. Ich war nicht einmal überrascht davon, dass sie alles wusste.

Melanie warf das Schmuckstück, das sie bis dahin umklammert hielt, auf die Satinbettwäsche.

«Erinnerst du dich daran, warum Thorben das gekauft hatte?» Sie wartete meine Antwort nicht ab. «Weil Herr Kunze vergessen hatte, ein Geschenk zu besorgen. Er hat sie für *dich* gekauft. Und du hattest noch in letzter Sekunde irgendwelchen Schnickschnack besorgt.» Sie musste nicht sehr lange nachdenken, und auch ich konnte mich jetzt genau an den Tag erinnern. «Rosen. Eine Flasche Champagner. Ich hasse Champagner, dieses *Nuttenzeug!* Und ich finde Rosen bescheuert! Ich mag Tulpen und Narzissen, aber keine beschissenen Rosen!»

Ich hob die Hände, aber sie war nicht mehr zu bremsen.

«Du narzisstisches, ignorantes, soziopathisches Arschloch. Ich fasse es nicht. Hast du dir je Gedanken darüber gemacht, was das bedeutet, verheiratet zu sein? Was die Ringe bedeuten?»

«Ringe sind Glieder einer ...» Liste aller größten Idioten, mindestens Platz zwei: gleich hinter Hitler.

«Halt die Fresse!», unterbrach sie mich. Ihr Gesicht hatte eine dunkelrote Färbung angenommen, und sie stand auf den Zehenspitzen, um dem körperlichen Unterschied die Kraft zu nehmen. «Ringe sind keine verfluchten Kettenglieder. Sie sind Symbole. Die Kreise umschließen uns, schotten uns gegen den Rest der Welt ab, markieren die unteilbare Menge. Aber Herr Allesfickerkunze hat sich nie *darin* befunden.» Sie atmete durch, sank auf die Fußsohlen, wurde leiser. «Warum, mein Bester, hast du mich eigentlich geheiratet? Hä?»

Darauf gab es viele Teilantworten, von denen ich in diesem Augenblick keine hätte anbringen können, weil das bisschen Restlicht, das metaphorisch auf mich fiel, nur noch schlechter geworden wäre. Die ehrlichste lautete: Weil du die einzige Zehn bist, die ich je getroffen habe, und das übrigens nicht nur in optischer Hinsicht.

«Und warum hast du mich geheiratet?», fragte ich stattdessen.

Sie riss die Augen auf, setzte sich wieder aufs Bett, sah kurz zur Gegensprechanlage. Es war still im Haus, Lara schlief offensichtlich tief und fest.

«Das Sofa in deinem Arbeitszimmer lässt sich ausklappen», erklärte Melanie, wie sie möglicherweise dem Handwerker erklärt hatte, wo das Praxisschild anzubringen war. «Im Schrank» – sie zeigte zur Wand – «liegt Bettwäsche. Ich kann hier nicht neben dir schlafen.»

«Es tut mir leid», behauptete ich.

«Nein, das tut es nicht», antwortete sie leise. «Um Mitleid und Mitgefühl zu empfinden, muss man empathisch sein. Und das, lieber Sebastian, ist eine Fähigkeit, die im umfangreichen Portfolio deiner Vorzüge leider nicht auftaucht. Gute Nacht.»

TEIL ZWEI
THERAPIE

1. Arbeitslos

Zuoberst im zweiten Karton mit Gegenständen aus meinem Arbeitszimmer lag der A4-große randlose Rahmen, in dem sich die Hotelbar-Serviette befand, auf die Werner Waldt vor zwanzig Jahren folgende Worte gekritzelt hatte:

Sollte sich dereinst die Phantasie mit dessen Talent verbrüdern, wird Sebastian Kunze die Welt zu Füßen liegen.

Unterzeichnet mit «Werner Waldt, Kassel, im April 1996».

Damals hatte ich, wie viele meiner Kollegen und Kommilitonen, eigentlich vorgehabt, Schriftsteller zu werden. Dass es nicht nur um zwei Spielarten derselben Sache ging, hatte ich noch nicht begriffen. Ich bekam einen Platz in einem von Waldts raren Schreibkursen zugelost, durfte auf Kosten der Uni in der zweiten Klasse per Bahn nach Kassel reisen und saß dort in einem dunklen, verqualmten Seminarraum, den der schmächtige, schnurrbärtige Mittfünfziger wie ein kleiner König beherrschte, während wir Delinquenten den dünnen Kaffee herunterkippten und unsere Blasen mit dem kostenlosen Mineralwasser füllten, uns aber aus Ehrfurcht nicht trauten, zwischendrin auf die Toilette zu gehen.

Er trug die Texte vor, die die Teilnehmer eingereicht hatten, und zerfetzte sie anschließend wie ein verdammter Schredder. Auch an meinem Beitrag ließ er nur wenige gute Haare, aber als ich ihn gegen Mitternacht in der Hotelbar fand, wo er eine Zigarette nach der anderen rauchte, sagte er zu mir: «Von den wenigen Herren hier» – es gab keine einzige Frau im Kurs – «bist du der Einzige, der ein Gefühl für Sprache hat, dem Sprache wichtig ist, der etwas auszudrücken versteht. Die anderen wollen nur über ihre langweiligen Leben plappern. Das wollen sie alle.» Seine Zunge und seine Zähne waren blau vom vielen Rotwein, er lallte bereits ein wenig. Ich hatte von Werner Waldt nur dessen berühmtesten Roman gelesen, «Das Holzgewehr», die Geschichte eines kleinen Jungen in der DDR, der plötzlich entdeckt, dass er mit einem Spielzeuggewehr Leute erschießen kann, ohne Spuren zu hinterlassen; sie sterben an Herzinfarkten. Der überdurchschnittliche kluge Junge massakriert alle, die er für Stasi-Spitzel hält, wodurch sich die Situation seiner Familie kurz verbessert, aber anschließend wird es nur noch schlimmer. Ich mochte das Buch und vor allem dessen etwas feige Botschaft nicht, aber das behielt ich natürlich für mich. Schon damals wurde Waldt für den Literaturnobelpreis gehandelt, doch er bekam ihn erst im Jahr 2002, vier Wochen vor seinem Lungenkrebstod. Selbstverständlich folgten die üblichen Diskussionen, initiiert vor allem von Leuten, die nicht verstanden, worum es beim Literaturnobelpreis ging, nämlich nicht um «gute» Bücher oder viele Leser, sondern um Courage. Couragiert war Werner Waldt ohne Zweifel, aber an jenem Abend beschloss ich, doch kein Schriftsteller werden zu wollen, weil selbst berühmte Autoren wie er verdammte Seminare geben mussten, um sich über Wasser zu halten, und zwischendrin hektoliterweise Rotwein in schäbigen Hotelbars konsumierten.

In Friedrichshain, in Berlin, meiner Stadt, hatte der Rahmen im Schrank gelegen, beinahe vergessen, weil ich dort keine Inspiration, keinen Trost brauchte – ganz zu schweigen davon, dass ich die Idee, belletristische Prosa zu verfassen, längst und vermeintlich für immer ad acta gelegt hatte. Jetzt nahm ich ihn, platzierte ihn auf den Schreibtisch, schnappte mir den von Pocahontas angeschafften Hammer, einen silbrigen Nagel und suchte nach einer geeigneten Stelle. Das Fenster zum Waldeingang hin befand sich in einem kleinen Erker, und ich fand, die schmale, nach unten spitz zulaufende Wand wäre ein guter Platz für die Hinterlassenschaft des Nobelpreisträgers. Ich schlug den Nagel in den Putz und hängte die eingerahmte Serviette auf. Währenddessen konnte ich beobachten, wie eine schmale, nicht sehr große staubblonde Frau das Staketentor hinter sich verschloss und sich dabei sehr offensichtlich nach Beobachtern umsah. Zu mir herauf blickte sie nicht – Melanies erste Patientin. Nach positiver Bestätigung des Fehlens von Zeugen ging die Frau schnellen Schrittes auf die Praxistür zu und verschwand aus meinem Blickfeld.

«Basti, was machst du?», fragte Lara, die zu meinen Füßen mit großen Legosteinen spielte.

Ich wollte schon «Nenn mich doch bitte ...» antworten, aber ich wusste nicht, wie sie mich tatsächlich nennen sollte. Vater? Papa? Sebastian?

«Sag doch bitte Papi zu mir», sagte ich schließlich.

«Warum?»

«Weil ich dein Papi bin.»

«Wie der Papi von Laura?» *Laura*? Warum bekamen alle Kinder die gleichen Namen oder solche, die sich kaum unterschieden?

«Ich bin *dein* Papi, nicht der Papi von Laura.»

«Lauras Papi bringt sie immer in die Kita.» War es normal oder schon ein Zeichen von Hochbegabung, dass sie mit dreieinhalb den Genitiv beherrschte?

«Das machen nicht alle Papis.» Ich ersparte ihr die Nachricht, dass sie Laura wahrscheinlich nie wiedersehen würde.

Lara sah mich irritiert an. «Was machst du?», wiederholte sie schließlich.

«Ein Bild aufhängen», antwortete ich.

«Laura ist mein Freund», erklärte Lara.

«Laura ist deine Freundin», korrigierte ich. Doch keine Hochbegabung.

«Laura ist mein Freund», bestätigte sie.

«Schön.»

«Ich will im Garten spielen», sagte sie. Themenwechsel fielen kleinen Kindern leichter als Erwachsenen, so viel hatte ich bereits gelernt.

Ich sah wieder zum Fenster, der Himmel war verhangen, es nieselte. Aber die Patientin hatte keinen Regenschirm getragen. Wie weit es wohl über diesen Waldweg bis zur nächsten Straße war? Josh Clab hätte bei diesem Gedanken wahrscheinlich sofort GoogleMaps aufgerufen.

«Es regnet», sagte ich.

Lara stand auf, ging zur Tür, stieg langsam und konzentriert die Treppe hinab, ich folgte ihr. Im Flur zog sie ein Paar kleine rosafarbene Gummistiefel aus dem Schuhregal und zeigte anschließend auf einen Regenanzug, der an einem Haken hing und mit grinsenden Bärchen bedruckt war.

«Gut, gehen wir in den Garten.»

Am Morgen, beim ungewohnten und sehr schweigsamen gemeinsamen Frühstück, hatte Pocahontas schlicht zu mir gesagt: «Du musst dich um Lara kümmern.» Das war keine Bitte, sondern eine Feststellung. Zu meiner – etwas überraschenden – Erleichterung implizierte sie, dass meine Anwesenheit wenigstens mittelfristig geduldet würde.

«Was ist mit Petra?», fragte ich vorsichtig. «Oder deiner Mutter?» Ich fühlte mich nicht dazu in der Lage, mich um das Kind zu kümmern. Ich wusste überhaupt nicht, wie man das anstellte. Vor allem aber *wollte* ich das nicht: die erste Stufe zum Hausmann, zum Supermarkteinkäufer, Gartenpfleger und Handwerker.

«Ich fahre doch keine zweihundert Kilometer hin und her, um Lara versorgt zu wissen», stellte sie wiederum fest. «Die Kita hat noch bis nächste Woche geschlossen. Außerdem müssen Petra und meine Mutter arbeiten.» Sie pausierte kurz, dann sagte sie tonlos und ohne jedes Mitgefühl: «Und du bist arbeitslos.»

Arbeitslos. Ein Wort, das ich häufig in meinen Texten verwendet hatte, meistens in eindeutig negativer Konnotation – gab es eine positive? –, aber ich hörte es zum ersten Mal in einem Kontext, der mich betraf. Ich war ein verdammter Erwerbsloser. Einer, der nichts zu tun hatte, für das er Geld bekam. Einer, den niemand brauchte.

Abgesehen von der kleinen schwarz gelockten Tochter, die im inzwischen fast zu engen Kinderstuhl am Frühstückstisch saß und sich mit Haferschleim Muster ins Gesicht malte.

Lara steuerte zielstrebig den Sandkasten an, ich ging zum Tor und sah in den Briefkasten, aber darin befand sich nur der Brunner Bote. Es war trotz des Regens sehr mild, die Terrasse war trocken, weil die Markise offenbar automatisch ausfuhr, wenn es Niederschlag gab. Ich setzte mich in einen der Loungesessel und sah der Kleinen dabei zu, wie sie sich innerhalb weniger Wimpernschläge in einen matschüberzogenen Zwerg in rosa Gummistiefeln verwandelte. Dabei plapperte sie vor sich hin, als wären noch mindestens zwanzig weitere Kinder im Buddelkasten.

Ich nahm das Regionalblatt und las, was man hier für Nachrichten hielt. Die touristische Saison war gut angelaufen, das Planungsverfahren für eine Therme in der Nähe von Krumm war ins Stocken geraten, Hinz und Kunz wurden siebzig, achtzig oder neunzig, andere hatten geheiratet oder Kinder bekommen oder beides. Ein Landkreisabgeordneter war ins Krankenhaus eingeliefert worden, das Bild dazu zeigte einen knollnasigen Alkoholiker im C&A-Anzug, der, wenn ich das richtig erkannte, soeben das Brunner Gurkenfest eröffnete, jedenfalls war auf dem Transparent im Hintergrund ein Teil des Wortes «Gurke» zu lesen. Die Redaktion wünschte dem Mann baldige Genesung, mehr Informationen enthielt der Beitrag nicht, nicht einmal die Parteizugehörigkeit des Politikers. Der örtliche «Verein der Freunde der Kürbisgewächsezucht» feierte sein zweiundzwanzigjähriges Bestehen. Die Bundesstraße zwischen zwei Orten in der Nähe würde am kommenden Wochenende für drei Stunden aufgrund von Bauarbeiten gesperrt sein, aber was da gebaut würde, stand nicht im Blatt. Eine niedersorbische Folkloregruppe suchte nach Spendern für eine Benefiztombola. In Brunn im Spreewald hatte sich eine Berliner Psychotherapeutin niedergelassen, deren Praxis ab heute geöffnet wäre. Das Bild darunter zeigte eine lächelnde Pocahontas neben dem Praxisschild. Im Text wurde tatsächlich erwähnt, dass Frau Kunze die Ehefrau eines «bekannten Berliner Journalisten» sei.

Einen Teil des Erfolgsrezepts – das man damals vermutlich noch nicht für ein Rezept hielt – der Bernd & Susi hatten die von Anfang an sehr erfolgreichen Kleinanzeigen ausgemacht. Fast die Hälfte des damals noch über zweihundert Seiten starken Hefts wurde bis weit in die Neunziger von Gesuchen und Angeboten eingenommen, von Stellenausschreibungen, einem Wohnungsmarkt, einer Börse für allerlei Trödel, Workshops, Musikinstrumente, Babysitter, Tantra-Massagen und ähnliche Dinge. Im Kern stand jedoch der Bereich, der den Titel «Eins und eins sind eins» trug und in dem Menschen nach Partnern suchten, für ein paar Nächte oder für den Rest des Lebens. Eine Weile lang hatte man das sogar als Partykonzept umgesetzt, aber viel wusste ich darüber nicht, denn vor dem Gang auf eine solche Singleparty hätte ich natürlich eher eine mit dem Präfix «Ü40» aufgesucht, beides jedoch frühestens kurz nach meinem Tod.

Am Ende – jedenfalls zuletzt, als ich danach geschaut hatte – gab es noch eine einzige, großzügig gesetzte Zweidrittelseite mit solchen Kleinanzeigen, darunter vielleicht sechs oder sieben, bei denen es um Partnersuche ging, wobei die Suchenden mit dem Blatt gealtert waren: Aus den für alles offenen Jungmenschen, die auch mal «neue Erfahrungen» sammeln wollten, waren Leute in den späten Fünfzigern, frühen Sechzigern geworden, die mit den einschlägigen Portalen im Netz nicht zurechtkamen oder zurechtkommen wollten, aber die Hoffnung noch nicht aufgegeben hatten. Den Rest der ehemaligen Anzeigenkunden hatten eBay, Tinder und Co. längst eingesammelt; die Mühe, eine Anzeige zu studieren, zu beantworten und Treffen zu vereinbaren, gab sich keiner mehr. Nur ein einziger Bereich funktionierte bis zum Schluss: Fast fünf Heftseiten füllten gewerbliche Inserate, in denen sexuelle Dienstleistungen feilgeboten wurden, weil sich die männlichen Touristen, die fern von Heim und Herd nach erotischer Entspannung suchten, eher auf etwas Gedrucktes verließen, als mit ihren verdammten Handys Suchanfragen zu starten, die die daheimgebliebene Gattin trotz intensiver Löschversuche später vielleicht finden würde. Vermutlich gab es nur für diese Zielgruppe noch Telefonzellen in der Stadt.

Ganz anders im Brunner Boten: Hier wurde derlei nach wie vor kultiviert. Man bot Saatgut, Blumenerde, Kompost, Dünger, Gartengeräte, Landmaschinen und andere Agrararstikel an, dazu allerlei aus dem Haushalt, Autos, Fahrräder, Ferienwohnungen, Nachhilfeunterricht und Kahnfahrten. Selbst Kontaktgesuche waren vorzufinden, wenn auch aus einer ähnlichen Altersgruppe wie zuletzt im Stadtmagazin. Vereine warben um neue Mitglieder, Ortsgruppen der Parteien kündigten ihre Stammtische an, sogar

Angebote für Jugendliche und von solchen gab es. Ich verspürte einen leicht nostalgischen Anflug, als ich die insgesamt vier Seiten studierte. Dann stieß ich auf ein besonderes Inserat: Die Autorengruppe «Prosa im Spreewald» (PiS?) kündigte ihr allmontägliches Treffen im Krummer Nest an, Gäste und Interessierte seien willkommen. Das fand ich amüsant.

Ich hörte eine Stimme und erfasste schließlich, dass sie von Lara stammte. Das Mädchen hatte es geschafft, einen Gutteil des Sandkasteninhalts auf sich selbst zu verteilen, aber sie lächelte vergnügt, als sie jetzt vor mir stand, noch ein Eimerchen in der rechten Hand.

«Was hast du gesagt?»

«Muss puschen.»

«Hast du keine Windel an?»

Sie schüttelte den Kopf, als wäre das eine besonders absurde Frage.

«Alle Achtung», sagte ich, und obwohl sie die Worte wahrscheinlich nicht begriff, verstand sie das Kompliment – Lara strahlte stolz.

Nach dem Toilettengang, den sie überwiegend allein bewältigte, verkündete sie, nunmehr Hunger zu haben. Ich stellte sie unter die lauwarme Dusche und sah dem im Abfluss verschwindenden Sand hinterher, leicht besorgt darüber, ob die Kanalisation diese Mengen aufzunehmen in der Lage war, aber Melanie hatte wahrscheinlich auch in diesem Bereich alle Eventualitäten antizipiert. Anschließend parkte ich sie mit einem Bilderbuch im Wohnzimmer, obwohl sie einforderte, fernzusehen – ich kannte mögliche Absprachen nicht und wollte die Kleine nicht der Gefahr aussetzen, von einem sprechenden Schwamm, einem nörgelnden Stück Brot oder ähnlichem Scheiß traumatisiert zu werden. Ihr Protest hielt nicht lange an. Noch bevor ich am Küchenblock angekommen war, rezitierte sie bereits die Texte zum Bilderbuch auswendig, hörbar sehr vergnügt. Als ich ihr einen Becher Saft auf den Tisch stellte, bemerkte sie mich nicht einmal.

Sie hatte sich Pommes gewünscht, also schälte ich Kartoffeln, schnitt sie in Form, warf sie ins bereits sprudelnde Wasser und ließ sie blanchieren. Dann trocknete ich die Kartoffelstifte und gab sie mit etwas Öl in den Ofen. Als ich, während die Kartoffeln garten, im Kühlschrank nach Ketchup suchte, entdeckte ich dort mehrere Tüten mit gefrorenen Fertig-Pommes – offenbar handelte es sich um die Leibspeise meiner Tochter, denn Melanie aß nichts Frittiertes. Kurz darauf fand ich die moderne Fritteuse, die in einem der großzügigen Küchenschränke verstaut war.

Lara lächelte anerkennend, als sie die ersten Bissen nahm. Geräusche kündigten an, dass meine Frau kam, die erst einen etwas verschlossenen, fast traurigen Gesichtsausdruck auflegte, den ich überwiegend den gestrigen Ereignissen zuschrieb, um dann nahtlos ins Lächeln zu wechseln, als sie bemerkte, dass sie von Lara gemustert wurde.

«Mittagspause», sagte sie kurz angebunden zu mir. Ich hatte genug für drei zubereitet.

«Ich muss nachher zum Arzt in die Stadt», erklärte sie später leise. «Ich habe noch keinen Günni hier.»

«Verstehe.»

«Ich kann die Kleine mitnehmen.»

«Geht schon in Ordnung, wir kommen zurecht», behauptete ich, für Sekundenbruchteile maßlos von mir selbst überrascht. Andererseits stimmte es.

Sie kam zurück, als ich Lara gerade ins Bett brachte, und verkündete – etwas außer Atem –, dass sie nun übernehmen würde.

«Was hat er gesagt?»

«Das, was ich erwartet habe.»

«Verstehe.»

«Kannst du vielleicht irgendwas unternehmen? Dich ein bisschen umsehen? Ich wäre gern allein.»

Du meinst, um mit Thorben zu telefonieren, dachte ich. Ich war mir in dieser Hinsicht allerdings längst nicht mehr so sicher wie gestern ungefähr um diese Uhrzeit. Aber wer sonst?

«Okay», erklärte ich und versuchte, etwas Selbstbewusstsein in meine Stimme zu legen.

Anschließend stieg ich ins Auto und fuhr nach Krumm, um mir das Treffen der Autorengruppe PiS anzuschauen.

2. Tagebuch von Melanie Kunze,
Montag, 20. Juni, 20.00 Uhr

Er ist weggefahren, ich weiß nicht, wohin. Die Erschütterung über gestern Abend steckt mir noch tief in den Knochen. Ich konnte den ganzen Tag über an fast nichts anderes denken, obwohl ich vier Patienten hatte und zwischendrin dokumentieren musste. Drei von ihnen wohnen im Ort, mein Konzept mit dem Hintereingang scheint zu funktionieren. Aber ich weiß nicht, ob ich darüber glücklich sein soll oder nicht. Meine erste Patientin leidet unter einer Zwangsstörung, einem stark ausgeprägten Berührzwang, den sie mit viel Willenskraft kontrolliert, wenn es sein muss. Sie hat außerdem Panikattacken und phobische Symptome. Die Diagnostik ist noch nicht abgeschlossen, aber das ist nicht das Problem. Sie arbeitet als Erzieherin in der Kindertagesstätte, in die Lara auch gehen wird. Ich hatte während der Sitzung große Probleme, mich auf die Frau zu konzentrieren, weil ich die ganze Zeit darüber nachdenken musste. Die Schwelle von der Zwangsstörung zur Schizophrenie ist manchmal niedrig.

Und ich bin sehr müde. Ich bin erst weit nach Mitternacht eingeschlafen. Das lag nicht nur daran, dass ich gelauscht habe, ob Basti oben schläft oder doch seine Sachen packt. Immerhin läuft der Mietvertrag für die Wohnung in Berlin ja noch.

Ich kann in neuen Umgebungen immer schlecht einschlafen. Im Urlaub brauche ich drei Tage, bis ich eine Nacht im Hotel ruhig durchschlafe.

Wo er wohl steckt? Ist er nach Berlin gefahren? Das Auto ist jedenfalls weg.

Ist es jetzt aus? War es das? Ich habe keine Ahnung, wie es weitergehen soll. Es ist erstaunlich, dass ich mit der Situation vorher zurechtgekommen bin, und ich weiß, dass das mit Selbsttäuschung zu tun hatte. *Projekt SK* hin oder her. Das hier ist kein Projekt. Aber es war wichtig, dass all das mal gesagt wurde, endlich.

Ich muss Entscheidungen treffen.

Vielleicht rufe ich Petra an. Nein, sie wird mir nicht bei Entscheidungen helfen. Aber es tut gut, sie vollquatschen zu können.

Ich könnte auch Mama fragen, ob sie herkommt. Aber ich glaube, dann dreht er komplett durch und wir sehen ihn nie wieder.

3. Autorengruppe

Der Gasthof Krummer Nest war nicht schwer zu finden, denn der Ort, in dem er sich befand, bestand aus nicht viel mehr als diesem und ein paar sich ins Grün duckenden Wohnhäusern am Rand der Straße, die das Dörfchen durchschnitt. Vor der Kneipe standen ein paar ungepflegte Unterklasseautos und ein neues Daimler-SUV, das die anderen Wagen schrottreif aussehen ließ, aber auch dieses trug das Kennzeichen LDS. Außerdem war ein klappriges weißes Fahrrad neben der dreistufigen Treppe zur Eingangstür angeschlossen, und dieses Fahrrad kam mir seltsam bekannt vor.

Das übliche kreidebemalte Schild mit den Tagesgerichten warb für Schmorgurken mit Salzkartoffeln und hausgemachtem deutschen Beefsteak. Letzteres war die ortsübliche Bezeichnung für das, was man in Berlin «Buletten» nannte, während man diesen Begriff hier, in dieser Gegend, umgekehrt für Berliner – also Leute wie mich – verwendete, und keineswegs als Kompliment. Bei der fraglichen Fleischspeise handelte es sich um Frikadellen.

Auf dem Schild über der Eingangstür war neben dem Namenszug ein Storchennest ohne Störche zu sehen. Der Innenbereich, der auf den ersten Blick meinen Erwartungen entsprach, teilte sich in einen Speiseraum und einen Gastraum, in dem geraucht werden durfte. Im Teil, der für die Esser reserviert war und den man zuerst betrat, saßen zehn, zwölf Leute unter dunkelfurnierten Lampen auf dunkelfurnierten Stühlen an dunkelfurnierten

Sechsertischen und warteten auf die Schmorgurken. Ein enorm dicker Wirt zapfte schwitzend Biere, eine ziemlich breit geratene, fröhlich dreinschauende Blondine in den frühen Dreißigern servierte. Im Hintergrund lief Schlagermucke, an den Wänden hingen ein paar düstere Landschaftsbilder, möglicherweise in der Region entstanden, jedenfalls waren keine Berge darauf zu sehen. Auf dem Tresen stand eine kleine Pyramide aus Einmachgläsern, darunter hing ein Schild: «Original Spreewaldgurken, 2 € je Glas». Ich musste blinzeln und dachte an die Bareröffnung vor vier (*vier*!) Tagen, an die Clubs, Restaurants und sonstigen Orte, die ich in den vergangenen Jahren in Berlin besucht hatte, aber es fiel mir keine Location ein, die dieser hier auch nur annähernd ähnelte. Dies hier war ein Ort, an dem man etwas aß und etwas trank, und man tat das hier, weil es in der Nähe keinen anderen Ort gab, wo es besser war. Ein Hoch auf alle Monopole.

Der Raum für die Nurtrinker war ähnlich gestaltet und etwas kleiner, aber deutlich voller. Unter der Decke hing eine schwere Wolke aus Zigarettenrauch; Thorben hätte sich hier sofort wie zu Hause gefühlt. Vorwiegend Herren spielten Skat oder Doppelkopf oder unterhielten sich über die bevorstehende Gurkenernte. Der Tisch der Autorengruppe war leicht zu entdecken, weil auf ihm einige Bücher und laserbedruckte A4-Blätterstapel lagen, außerdem stand dort ein großer, schwerer Messingaschenbecher, der im Stil eines Sportpokals mit einer einzelnen Feder – ebenfalls aus Messing – geschmückt war; vielleicht ein ironisches Geschenk des Wirts oder das Präsent eines Angehörigen, der den selbsternannten Autoren auf diese Weise Mut machen wollte. Der Schriftstellertisch war allerdings der einzige im Raum, an dem nicht geraucht wurde. Drei Männer mittleren Alters betrachteten schweigend die verschiedenen Druckwerke auf dem Tisch.

Ich sah den Mann, der mich vorgestern auf dem Fahrrad, das draußen angeschlossen war, überholt und mir dabei «Grüß Gott!»

zugerufen hatte; er war unschwer als Pfarrer zu erkennen, und ich beneidete ihn sofort um den über seine seelsorgerische Arbeit akquirierten, reichhaltigen Fundus, aus dem er schriftstellerisch schöpfen könnte, insofern er dazu in der Lage war, dieses Material auch zu verarbeiten. Die Region war meines Wissens überwiegend von Protestanten bewohnt, aber es war auf den ersten Blick nicht zu erkennen, ob der Mann katholischer oder evangelischer Geistlicher war. Er trug, wie vorgestern, Leinenhosen und ein dunkles Jackett, darunter ein weißes Shirt oder einen Unterziehrolli mit angedeutetem Stehkragen und um den Hals ein silbernes Kruzifix an einer ebenso silbernen Kette. Der Mann entdeckte mich zuerst, bevor die beiden anderen aufmerksam wurden, die entweder die Getränkekarte studierten oder eine Geschichte lasen. Oder eine Geschichte, die in einem Hefter aufbewahrt wurde, der das Ganze wie eine Getränkekarte aussehen ließ.

Er sprang auf und kam mir die drei Schritte entgegen, die ich noch vom Tisch entfernt war.

«Herr Kunze, das ist aber großartig», rief er, als müsse er das allen im Raum verkünden, möglicherweise aus purer Gewohnheit. «Und was für eine Ehre für uns Provinzschreiberlinge!»

Ich war kurz überrascht, aber tatsächlich war kein besonders ausgeprägtes deduktives Talent nötig, um zu seiner Schlussfolgerung zu gelangen. Es zogen vermutlich nicht viele Großstädter hierher, er hatte mich bereits gesehen – und der gestrigen Besucherhorde (nebst den Redakteuren des Brunner Boten) war auch längst bekannt gewesen, was ich selbst erst zwei Tage vorher erfahren hatte.

Ich ließ das Händeschütteln über mich ergehen, wobei ich durch meine Mimik anzudeuten versuchte, wie groß der Gefallen war, den ich ihnen damit tat (was möglicherweise als Arroganz gedeutet wurde, denn sie konnten ja nicht wissen, wie wenig ich körperlichen Kontakt mochte), und setzte mich auf den freien

Stuhl. Mit dem Vorwurf, arrogant zu sein, konnte ich gut umgehen, da ich ihn für ein Kompliment hielt.

Ich musterte die drei Herren nacheinander kurz, die mich ihrerseits gebannt anstarrten – wahrscheinlich folgte nie jemand der Aufforderung im Regionalblatt. Der Mann, den ich für einen Pfarrer hielt, stellte sich vor und sagte, was er über mich wusste, nämlich dass ich ein *bekannter* Journalist aus Berlin sei. Tatsächlich galt diese Bekanntheit überwiegend innerhalb der Branche, und auch nur im Berliner Teilbereich davon, aber nichts lag mir ferner, als ihn zu korrigieren. Er war protestantischer Geistlicher, hieß mit Vornamen Albin und stammte ursprünglich aus dem südlichen Allgäu, der Gegend um die Skiregion am Nebelhorn. Seine aktuelle Gemeinde war die von Brunn im Spreewald, und die kleine Kirche, die ich vom Arbeitszimmer aus sehen konnte, war sein Gotteshaus. Er hatte einen kompakten Körperbau, war kaum eins siebzig groß, besaß einen breiten, fast quadratischen Kopf, der braun gebrannt und geschoren war, hatte abstehende Ohren, trug eine schmale, schwarz gerandete Kunststoffbrille und lächelte ehrlich gewinnend: ein echter Profi. Auf seiner Schädeldecke waren viele Altersflecken zu sehen, aber als er bemerkte, dass ich sie kurz ansah, schüttelte er den Kopf, als hätte er meine Gedanken erraten, obwohl er sicher nur aus Erfahrung reagierte.

«Das sind keine Altersflecken, Herr Kunze. Ich habe als Kind an schwerer infektiöser Dermatitis gelitten, die viel zu lange unbehandelt blieb, und diese Flecken sind ihre Überbleibsel.»

Ich nickte, wobei ich mir Parasiten vorstellte, die sich in die Kopfhaut des jungen Albin fraßen.

Der nächste Autor hob zu einer Vorstellungsrede an, aber ich unterbrach ihn mit einer Geste.

«Entschuldigung, aber bevor wir uns bekannt machen, würde ich gerne wissen, was Sie hier tun.»

Die drei sahen sich kurz irritiert an.

«Wir schreiben Kurzgeschichten», sagte der Mann rechts von mir, ein schmaler, großgewachsener Endvierziger mit Bürstenschnitt, der wie der Pfarrer eine sehr gesunde Gesichtsfarbe hatte.

«Und dann?»

«Dann lesen wir sie einander vor. Und kritisieren sie.»

«Und dann?»

«Dann verbessern wir sie.»

Ich zog die Augenbrauen hoch. «Und *dann*?», wiederholte ich zum zweiten Mal.

Es folgte ein abermaliger irritierter Blickwechsel.

«Schreiben wir andere Kurzgeschichten?», schlug der Dritte vor, ein robuster, recht großer Kerl mit schmalgliedrigen Händen, dessen Alter nicht leicht zu schätzen war – er konnte Mitte dreißig sein, genauso gut aber auch Anfang fünfzig.

«Soll ich die Frage noch einmal wiederholen?», fragte ich freundlich.

Der Pfarrer lächelte. Keiner sagte ein Wort.

«*Machen* Sie etwas mit den Kurzgeschichten? Schicken Sie sie an Verlage, an Zeitschriften, an die Jurys von Schreibwettbewerben? Etwas in dieser Art?»

Wieder antwortete niemand, man sah sich an und verarbeitete die Informationen. Offenbar dachte die Gruppe in Modelleisenbahnerkategorien: Niemand, der in seiner Freizeit solche Anlagen baute, wäre auf die Idee gekommen, als echter Lokomotivführer bei der Bundesbahn anzuheuern. Sie betrachteten ihr Hobby als eine Variante davon.

«Und Sie schreiben Kurzgeschichten?»

Die drei nickten.

««Nur wer mindestens einen passablen Roman vorgelegt hat, sollte sich an die gefährliche, fast teuflische Form der Kurzgeschichte wagen.› Das hat Werner Waldt einmal zu mir gesagt.»

Das stimmte nicht ganz, weil ich erstens nur sinngemäß zitierte und der Nobelpreisträger zweitens damals zu allen Seminarteilnehmern gesprochen hatte, aber das musste ich den Nachwuchsautoren ja nicht auf die Nase binden.

«Sie kennen Werner Waldt?», fragte der Pfarrer ehrfürchtig.

«Ich kannte ihn. Immerhin ist er ja vor fast fünfzehn Jahren gestorben.»

In diesem Augenblick wurde mir bewusst, dass ich ziemlich viele Schriftsteller kannte, denn denen, die in Berlin lebten, begegnete man auf den diversen Veranstaltungen, und die anderen, die nicht in der Großstadt wohnen durften, nutzten jede Gelegenheit, um sie aufzusuchen. Ich begann eine gedankliche Aufzählung mit den Namen, die ich hier *droppen* könnte, und war schnell bei mehr als zwei Dutzend bekannten Autoren angelangt. Weil ich die drei netten Männer nicht allzu sehr verschrecken und erst recht nicht beeindrucken wollte, unterließ ich die Aufzählung.

«Eine Kurzgeschichte muss auf engem Raum sehr viel leisten, das Personal einführen, den Konflikt skizzieren, einen Spannungsbogen entwickeln und zu einem schlüssigen, möglichst pointierten Ende führen. In einem Roman kann man nach Herzenslust daherschwätzen, und das Hauptproblem besteht in der Menge. Fehler lassen sich sehr viel leichter ausgleichen.» Auch das hatte Waldt so in etwa ausgeführt, und obwohl ich ihm damals fast widersprochen hatte, wiederholte ich die Argumentation jetzt. Ich war überrascht, dass ich mich an so viel erinnerte, obwohl ich damals jäh das Interesse verloren hatte.

Da wiederum keiner etwas sagte, dozierte ich weiter.

«Die Kunst bei einer guten Short Story besteht in der Auslassung, der Vorbereitung der Imagination, dem Führen des Lesers zu einer interpretierenden, die Lücken füllenden Wahrnehmung. Haben die Herren schon etwas vom Eisbergmodell gehört?»

Dreifaltiges Kopfschütteln.

«Hemingway?»

«Ernest?», fragte der Mann mit den schmalen Fingern vorsichtig. Ich nickte lächelnd und gab ihm gedanklich ein Bienchen. Davon hatte mir Melanie erzählt, weil sie im Rahmen ihres Nebenjobs viel mit lernschwachen Kindern und deren in der DDR sozialisierten Eltern zu tun gehabt hatte.

«Ich brauche fast eine Woche für vier Seiten», sagte der Kollege mit dem Bürstenschnitt. «Wenn ich einen Roman schreiben würde, wäre ich damit, äh, Moment.» Er stockte.

«In ungefähr anderthalb Jahren fertig, ja», beendete ich den Satz.

«Das ist ja gar nicht so viel», stellte er verblüfft fest.

Ich nickte, die Kellnerin kam und fragte nach meinen Wünschen. Ich bestelle einen möglichst trockenen Weißwein und wusste, dass ich ihn nicht bekommen würde. Der Bürstenschnitt bestellte eine Runde Schnäpse für uns. Ich fühlte mich plötzlich sehr wohl und widersprach deshalb nicht. Kurz dachte ich daran, dass ich ja mit dem Auto hier war und wahrscheinlich kein Taxi bekommen würde, und dann stellte ich mir vor, wie ich auf der kurzen Strecke nach Brunn in eine Kontrolle käme. Wahrscheinlich musste man dem örtlichen Büttel nur einen Fünfer in die Hand drücken, und die Sache wäre vergessen. In Berlin fuhr ich nie mit dem Auto irgendwohin, wo ich möglicherweise etwas trinken würde. Eigentlich fuhr ich nur von einem Parkplatz zum nächsten und stieg dort dann in ein Taxi.

Während wir auf die Getränke warteten, stellte erst ich mich etwas ausführlicher vor und verspürte sogar einen Hauch von Stolz darauf, von meiner Frau, die jetzt die ortsansässige Psychotherapeutin war, zu erzählen.

Der große Endvierziger mit der Kurzhaarfrisur hieß Enno. Er besaß drei Kähne, auf denen während der Saison Touristen durch die Kanäle schipperten, und er steuerte selbst einen davon. In seiner Freizeit züchtete er Kartäuserkatzen, wie er ausführte, was ich mir konkret vorzustellen versuchte: ein großer Mann, der versuchte, einen bestimmten Kater dazu zu bringen, eine bestimmte Katze zu begatten. Er missinterpretierte mein Lächeln als Interesse und bot mir sofort an, mir die Viecher mal in aller Ruhe zu zeigen, worauf ich aber nicht zustimmend reagierte.

Der Dritte im Bunde, der größere Kerl mit den feinen Händen, hieß Benjamin, was er erkennbar ungern zur Kenntnis gab – er mochte seinen Namen nicht, aber auch nicht die Kose- oder Kurzformen davon, sonst hätte er die Nennung mit der Bitte verbunden, Ben oder so genannt zu werden. Er arbeitete, wie er es bezeichnete, so lange, wie er denken konnte, als mobiler Discjockey und war faktisch für jede Tanzveranstaltung und Festivität mit Konservenmusik verantwortlich, die es in der Region gab.

«Sie legen also solche Sachen wie *Y.M.C.A.* auf, ja? Und auf Hochzeiten *Que Sera*?», fragte ich amüsiert, versuchte aber, so wenig Geringschätzung wie möglich in die Frage zu legen.

Er nickte energisch. «Und die Flippers und diese Dinge, genau.» Benjamin hob die wirklich verblüffend schlanken Hände. «Wenn ich könnte, würde ich damit aufhören. In der Hauptsaison mache ich das viermal pro Woche, von halb fünf am Nachtmittag bis halb fünf am Morgen. Kaum zu ertragen. Inzwischen lasse ich das meiste den Computer machen. Aber es bringt gutes Geld.»

«Wir sind Hobbyautoren», stellte der Pfarrer fest. «Was machen Sie in Ihrer Freizeit?»

Ich setzte zur naheliegenden Antwort an, nämlich dass ich Hobbys für etwas hielt, das nur Leute brauchten, die tagsüber sinnlose und oder wertlose Arbeiten verrichteten, um das in der freien Zeit mit noch sinnloseren und wertloseren Tätigkeiten auszugleichen, bremste mich aber rechtzeitig. Ich erwähnte auch nicht, dass es in der Hauptstadt so viele Reize gab, dass man jederzeit etwas finden konnte, das etwas so Dämliches und Überflüssiges wie Hobbys unnötig machte. Stattdessen hob ich die Hände.

«Bis vor ein paar Tagen hatte ich so viel zu tun, dass ich kein Hobby gebraucht habe. Jetzt bin ich wohl Hausmann, wenigstens vorübergehend. Die Antwort lautet also: Ich weiß noch nicht, was ich mit meiner Freizeit anfangen werde.»

«Na ja», sagte der Discjockey grinsend. «Vielleicht werden Sie ja Mitglied der Autorengruppe ‹Prosa im Spreewald›.»

«Um ehrlich zu sein – solange die Autorengruppe diesen bescheuerten Namen trägt: eher nicht.»

Sie lachten höflich.

Die Kellnerin brachte unsere Getränke, wir prosteten uns zu und wiederholten unsere Vornamen dabei. Kurz befürchtete ich, dass man uns Gurkenlikör gebracht hatte, aber es war einfach nur Wodka, außerdem ein recht guter und zu meiner freudigen Überraschung wohltemperierter. Und mein Wein war tatsächlich ziemlich trocken, schmeckte allerdings im Abgang etwas nach Dill und war zwei oder drei Grad zu warm, was mich in der Stadt dazu gebracht hätte, in einen Diskurs mit dem Barchef einzutreten oder ihn in der nächsten Ausgabe des Magazins als Auszubildenden zu bezeichnen, der in diesem Quadranten der Galaxis nie seinen Abschluss bekäme. Hier war es in Ordnung, und immerhin war kein Eis im Glas.

Während wir nippten und sich die Herren wohl still fragten, wie sie mit mir umzugehen hätten und was das alles zu bedeuten hatte, was ich erzählt hatte, betrachtete ich die Bücher, die auf dem Tisch lagen. Zum meiner Überraschung lag «Abschied von Atocha» von Ben Lerner auf dem Stapel, ein sehr intelligentes und amüsantes Buch über die alltägliche, vor allem aber künstlerische Hochstapelei, bei dessen Lektüre ich mir das eine ums andere Mal ziemlich ertappt vorgekommen war. Beim Lesen hatte ich mich außerdem recht exklusiv gefühlt, weil ich mir nicht hatte vorstellen können, dass es mehr als zwei-, dreihundert Leute in der gesamten Republik gab, die den Roman mochten oder bis zum

Ende gelesen hatten. Jetzt lag er auf einem altersschwachen Kneipentisch vor mir, in einem Ort, dessen Name zugleich ein Adjektiv war und in dem ungefähr so viele Leute lebten wie in dem Haus, in dem ich bis Freitag vergangener Woche gewohnt hatte.

Außerdem gab es zwei historische Romane; ein Genre, für das ich nichts als Verachtung übrig hatte. Dann eine Kafka-Monographie und einen der Walser-Romane, die für mich über die Zeit ununterscheidbar geworden waren. Die Sammlung wurde von zwei Regionalkrimis vollendet. Das waren meines Erachtens Bücher, die in erster Linie Provinzlern ihre eigene Spießigkeit verkauften, den Menschen aus den Metropolen hingegen eine Idylle, die nur in ihren Augen existierte.

«Warum liegen diese Bücher hier?», fragte ich, zugleich der Kellnerin signalisierend, dass ich mehr vom Weißwein wollte.

«Wir analysieren sie», sagte der Kahnkapitän, erkennbar die Worte des Pfarrers wiederholend. «Wir möchten von den Autoren lernen.»

«Meinen Sie, dass sich Popsänger andere erfolgreiche Popsänger anhören, um das erfolgreiche Popsingen zu lernen?»

«Wir möchten keine Popsänger sein», antwortete Benjamin, der Discjockey. «Wir möchten erst einmal *singen* können.» Ich dachte an Lara, die mir mit ihrer rührenden Mickymausstimme das Schlaflied vorgetragen hatte, und nickte einfühlsam, ohne dass mich das Mühe kostete.

«*Jeder* kann schreiben», behauptete ich, «aber nicht jeder kann *schreiben*.» Auch das hatte Werner Waldt so oder so ähnlich gesagt, oder ich hatte es in einem der Schreibratgeber gelesen, die ich damals während der Bahnfahrt studiert hatte. Die Männer sahen mich erwartungsvoll an, doch ich schwieg.

Nach einer weiteren Wodkarunde ging man endlich zur normalen Tagesordnung über. Enno trug eine kurze Kurzgeschichte vor, die den Titel «Krummer Hund» hatte und in der es um einen

Mann aus Krumm ging, der seinen Hund spazieren führte, wobei er argwöhnisch oder interessiert oder irritiert beobachtet wurde – was genau davon, das war nicht unbedingt verständlich. Am Ende stellte sich heraus, dass der Hund aufgrund einer Wirbelsäulenverletzung tatsächlich entlang der Längsachse krumm war und dass die Menschen nur deshalb so reagierten. Derjenige, der das Geheimnis lüftete, war ein Fährmann, wie der Autor selbst. An einer Stelle stutzte ich kurz, weil das Wort «Rudel» nach meinem Verständnis völlig falsch verwendet wurde, bis ich begriff, dass man die Stocherstangen der Kahnfahrer hier so nannte. Pfarrer Albin gab sich begeistert, der Discjockey beobachtete mich vorsichtig, bevor er sich zu einer Wertung bekannte.

Um das Verfahren abzukürzen, meldete ich mich zu Wort.

«Das ist eine originelle Idee, die vermutlich vom titelgebenden Wortspiel inspiriert wurde», sagte ich, und Enno wollte schon lächeln, doch ich hob die rechte Hand. «Aber es ist keine Geschichte, weil es um nichts weiter als dieses Wortspiel und die Pointe geht. Der Weg dorthin ist reine Zeitverschwendung, weil nichts geschieht, es keinen Kontext und erst recht keine Botschaft gibt, sondern eben nur den ausgefüllten Zwischenraum vom Titel bis zur Auflösung. Letztlich ist es ein lang geratener Witz.»

Ennos Lächelversuch erstarb.

«Schreiben Sie selbst auch Prosa?», fragte Albin, der Pfarrer.

«Im weitesten Sinn, aber keine erzählende. Ich habe für ein Stadtmagazin unter anderem Kolumnen geschrieben, aber die sind nur sehr begrenzt fiktional.» *Waren es.*

«Fiktional», wiederholte Enno.

So ähnlich ging es weiter, manchmal war es interessant, aber überwiegend musste ich gegen die ersten Anzeichen einer Ermüdung ankämpfen – ich hatte auf dem Ausklappsofa im Arbeitszimmer nicht sehr gut geschlafen, war ungewöhnlich früh aufgewacht und hatte die Zeit bis zum Frühstück mit Grübeleien verbracht, die mir nicht sonderlich weitergeholfen hatten. Albin trug eine Geschichte vor, die eigentlich nur die Nacherzählung eines Ereignisses aus der Gemeinde war, eine Anekdote, die sich bei einer Taufe zugetragen hatte, welche aufgrund eines schweren und unvorhergesehenen Gewitters beinahe buchstäblich ins Wasser gefallen war, bis sich der Pfarrer entschieden hatte, die geöffneten Schleusen des Himmels in göttlichen Beifall umzudeuten, woraufhin die Feiernden (oder der Teil davon, der nicht an Rollatoren gefesselt war) damit begonnen hatten, im frühsommerlichen Regen zu tanzen und die Weihung des Kindes mit direkt vom Herrn dafür gesandtes Wasser zu feiern. Er konnte mit Worten umgehen und gut erzählen, aber auch dieser Geschichte, die mir außerdem inhaltlich bekannt vorkam, fehlte etwas Wesentliches. Benjamin las einen Text vor, der mir zuerst wie eine recht originelle Mischung aus Lyrik und Erzählung vorkam, bis ich begriff, dass es sich um einen von nur spärlichen narrativen Elementen umklammerten Dialog handelte, den er auf einer Party gehört und in seinen Worten wiedergegeben hatte – das Gespräch zwischen zwei Verlobten, die einander auf dem Polterabend gestanden, andere zu lieben. Beim Zuhören musste ich zwei-, dreimal ein lautes Lachen unterdrücken, weil Benjamin versuchte, Fremdwörter unterzubringen, sie aber im falschen oder sogar gegenteiligen Sinn einsetzte, etwa Antideodorant statt Antitranspirant. Der grundlegende Makel war der gleiche, aber auch der Discjockey hatte ein passables Gefühl für Sprache. Ob meine Ehrlichkeit, die ich bei der Einordnung der Schreibversuche an den Tag legte, wirklich honoriert wurde oder ob man sich einfach nur höflich gab, erschloss sich mir über den Abend hinweg nicht.

Wir redeten über die Bücher, über Genres und darüber, was es möglicherweise bedeutete, ein Schriftsteller zu sein – an dieser Stelle kannte keiner von uns vieren die Antwort, und auch die Anekdote, die ich von Werner Waldt berichtete, war nicht wirklich hilfreich. Es ging allmählich auf Mitternacht zu, das Krummer Nest hatte sich längst drastisch geleert, der Wirt rief von nebenan die letzte Runde aus. Als die Kellnerin mit den Zetteln kam, summierte ich gedanklich die Alkoholmenge und kam auf vier oder sechs Gläser Wein und eine unbestimmbare Anzahl Schnäpse. In Berlin hätte ich in diesem Zustand kein Auto mehr *angesehen*, aber hier fühlte ich mich absolut dazu in der Lage, auf der stockdunklen Landstraße erst Brunn im Spreewald und dann, dort angekommen, unser neues Zuhause zu finden. Der Pfarrer musterte mich skeptisch, möglicherweise konnte er tatsächlich Gedanken lesen. Die Rechnung war lächerlich, in der Stadt hätte ich das Fünffache bezahlt. Ich rundete zur nächsten Zehnerpotenz auf, aber die Kellnerin schüttelte den Kopf.

«Sie wollen mein Trinkgeld nicht?», fragte ich, leicht alkoholisiert und beinahe verärgert.

«Nicht so viel», sagte sie lächelnd.

«Warum nicht?»

«Das ist peinlich.» Wir einigten uns auf die Hälfte.

Das Wort «peinlich» ging mir noch durch den Kopf, als wir in die laue Juniluft traten. Es nieselte wieder, was mir erfrischend vorkam und mich optimistisch stimmte. Benjamin und Enno wohnten in Krumm, machten sich also zu Fuß auf den Weg, der Pfarrer hantierte am Schloss seines Fahrrads herum, was ich unangebracht fand, denn sein klappriges Vehikel war es nicht wert, gestohlen zu werden, und außerdem wusste wahrscheinlich bis zur polnischen Grenze jeder, wem das hässliche weiße Ding gehörte. Im Korb des Fahrrads, der am Lenkrad angebracht war, weichten währenddessen die Bücher auf.

«Sie könnten bei mir mitfahren», sagte er und wies auf den Gepäckträger.

«Ich bin so gut wie nüchtern», erklärte ich und drückte dann so lange auf dem gummiummantelten Ende des Haustürschlüssels herum, bis ich merkte, dass er keine Autos öffnete. Als schließlich beim dritten Schlüssel die Blinklichter des Z4 aufflammten, sagte der Pfarrer: «Landstraßen sind gefährlich.»

«Vor allem für Fahrradfahrer», erwiderte ich und stieg ein. Bevor ich die Tür schließen konnte, hörte ich, wie er rief: «Falls Sie mal reden wollen – Sie wissen ja, wo Sie mich finden.»

Ich beugte mich hinaus.

«Wie funktioniert das eigentlich, Seelsorge?», fragte ich, ohne zu wissen, wo die Frage herkam.

Er schob sein Fahrrad ans Auto.

«Überwiegend geht es ums Zuhören», sagte er und musterte den Innenraum des roten Torpedos. «Die meisten kennen die Antworten auf ihre Fragen längst. Ich helfe ihnen dabei, sich darüber klar zu werden.»

Ich nickte, obwohl mich die Antwort nicht überzeugt hatte.

«Schönes Auto.»

«Schönes Fahrrad.»

4. Tagebuch von Melanie Kunze,
Montag, 20. Juni, 23.30 Uhr

Es ist sehr still. Die Stimmung ist ein wenig bedrohlich mit dem dunklen Wald hinterm Haus, obwohl ich hier wahrscheinlich nichts zu befürchten habe. Basti ist immer noch weg. Vielleicht ist er doch zurückgefahren. Oder er sitzt in der Hotelbar. Ich kann nicht entscheiden, welche der Optionen mir am besten gefallen würde. Einerseits wünsche ich ihn zum Teufel, andererseits ...

Im Wohnzimmer ist mir vorhin eine Spinne über den Weg gelaufen. Ich bin nicht arachnophob, aber das war vielleicht ein Kaventsmann! Ich musste ganz schön suchen, bis ich ein Glas gefunden habe, das ich über das Riesending stülpen konnte, doch dann war das Viech weg. Anschließend habe ich fast zehn Minuten im Halbdunkel dagesessen, bis das Tier wieder unter dem Sofa vorkam – direkt unter mir. Als ich die Spinne gefangen hatte, habe ich einen Moment überlegt, sie aufzuheben. Für die Konfrontationstherapie. Aber es ist unwahrscheinlich, dass mir auf dem Land ein Patient unterkommt, der ausgerechnet unter Arachnophobie leidet. Andererseits – wenn ich an die Leute denke, die ich heute in der Praxis hatte, rechne ich mit allem. Diese Erzieherin macht mir ganz schön zu schaffen.

Ich könnte noch mit Petra telefonieren, selbst Mama wäre möglicherweise noch wach. Und Thorben sowieso. Aber ich bin auch sehr müde. Ich gehe jetzt schlafen.

5. Warndreieck

In Berlin wäre es unter einer vergleichbaren, niedrig hängenden Wolkendecke relativ hell gewesen, weil die Wolken die Lichter der Stadt reflektieren, aber hier, im Gurken-Nirwana, wo pro Quadratkilometer durchschnittlich ein halber Mensch lebte, war es stockdunkel. Das einzige Licht, das mich für einige Meter im Rückspiegel begleitete, stammte von der altersschwachen Funzel am Fahrrad des Pfarrers mit dem ulkigen Vornamen Albin. Doch schon nach der ersten Kurve sah ich nur noch, was meine Scheinwerfer ausleuchteten: Fahrbahnmarkierungen, graudunklen Asphalt und am Straßenrand eine Ahnung von Flora.

Ich ließ den Suchlauf starten; mein Radio fand ganze zehn Sender, davon zwei überregionale. Die anderen schienen denselben Musikchef zu haben, und der war ein Fan des frühen Bryan Adams. Als ich die Anlage schließlich ausschaltete und mich wieder auf die finstere, hier schnurgerade verlaufende Straße konzentrieren wollte, überfuhr ich beinahe einen Polizisten, obwohl dieser eine rot leuchtende Kelle in der Luft schwenkte und um die Hüfte einen blinkenden Gürtel trug.

Zwischen der vorderen Stoßstange des roten Torpedos und den Beinen des Mannes blieben vielleicht zwanzig Zentimeter, als das Auto zum Stillstand kam. Ich spürte im rechten Fuß noch für einige Sekunden das Rütteln des Bremspedals im Rhythmus des Antiblockiersystems.

Er kam zum Fahrerfenster, das ich herabließ, nachdem ich an

zwei falschen und der einen richtigen Stelle nach dem Schalter gesucht hatte. Es nieselte nach wie vor.

«Allgemeine Verkehrskontrolle», sagte der Mann, der in den späten Dreißigern war und einen Vollbart trug, aber keineswegs nach Hipster aussah, sondern wie jemand, der einfach so seinen Bart wachsen ließ. Sein Gesicht kam mir im nervösen orange-gelben Geflacker des Gürtels sehr schmal vor, er lächelte nicht, sondern musterte mich in einer Mischung aus mäßigem Interesse und Langeweile. Verärgert ob meiner zackigen Bremsung war er nicht – oder er hatte sich gut unter Kontrolle.

In Berlin war ich seit Jahren und Jahrzehnten nicht mehr in Verkehrskontrollen geraten, weder in allgemeine noch in spezielle. Eigentlich hatte ich permanent darauf gehofft, mein akquiriertes und natürlich in Kolumnen verarbeitetes Wissen gelegentlich anbringen zu können, aber die Berliner Polizisten hatten mir diesen Gefallen nie getan, zumal ich nachts, wenn sie derlei bevorzugt veranstalteten, meistens im Fond eines Taxis saß. Die Polizeibeamten der Großstadt kannten in solchen Situationen nur zwei Schalterstellungen: aus und aus; sie machten keine Gefangenen. Ein Redaktionskollege hatte mir erzählt, dass er seine Frau, deren Fruchtblase geplatzt war, mit leicht überhöhter Geschwindigkeit ins Krankenhaus transportieren wollte, wobei sie in eine Geschwindigkeitskontrolle mit ambulanter Verwarnungsgeldkasse gerieten. Auf seine Erklärung, dass die Frau jederzeit niederkommen könnte, antworteten die Polizisten, dass sie ja neun Monate Zeit gehabt hätte, um sich auf diesen Tag vorzubereiten. Nach einigem Hickhack und der Entrichtung von dreißig Tacken hatten sie ihn schließlich fahren lassen, ihm aber keineswegs – wie in einigen schlechten Filmen – eine bunt beleuchtete Polizeieskorte angeboten. Sie entließen ihn mit den Worten, dass er einen Krankenwagen rufen könnte, wenn es wirklich so eilig wäre.

Jetzt und hier kam mir diese Erfahrung sehr ungelegen.

«Fahrzeugschein und Fahrerlaubnis, bitte», sagte der bärtige Mensch. «Und stellen Sie bitte den Motor ab.»

Ich tat, wie mir geheißen, und zuppelte meine Brieftasche aus dem Gesäßfach meiner Hose. Bei einem kurzen Blick in den Rückspiegel sah ich, wie sich die Fahrradfunzel des Pfarrers gemächlich näherte. Es sah aus, als käme in einiger Entfernung jemand aus dem Wald, der eine Kerze in der Hand hielt.

Der Polizist zog eine Taschenlampe aus der Jacke und betrachtete meine Dokumente. Dann nickte er vielsagend, aber was er mit diesem Nicken zu sagen versuchte, das erschloss sich mir nicht.

«Bitte zeigen Sie mir den Verbandskasten, das Warndreieck und die Warnweste», bat er anschließend und machte einen Schritt zurück, weg von der Autotür.

Ich stieg aus. Der Mann war höchstens eins fünfundsiebzig groß, eher sogar noch kleiner, und ich musste an Thorben denken, der sich in diesem Moment quasi eine Etage über dem Polizisten befunden hätte. Ich entdeckte einen unbeleuchteten Einsatzwagen, der rechts in einem Waldweg stand. Aus dem beifahrerseitigen Fenster stieg eine kaum wahrnehmbare Rauchfahne gen Himmel.

Ich ging zum Heck und musste überlegen, wie man den Kofferraum öffnete. Ich benutzte ihn nämlich fast nie. Melanies Mini war meinem Z4 überlegen, wenn es um die Anzahl der Fahrgäste und mögliche Zuladungen ging. Wenn wir, was selten vorkam, gemeinsam zum Einkaufen fuhren oder gar einen Ausflug machten, benutzten wir ihr Auto. Wenn ich für ein paar Tage irgendwo hinfuhr, zum Beispiel nach Prag, stopfte ich den Trolley einfach in den Fußraum vor dem Beifahrersitz. Der Kofferraum war sozusagen zerklüftet, und wenn das Roadsterdach darin versunken war, passte geschätzt höchstens noch ein Regenschirm hinein. Das war kein Auto, in dem man *Dinge* transportierte.

«Mmh», brummte ich, um etwas Zeit zu gewinnen, und betrachtete währenddessen die Heckpartie des Autos, das mir jetzt ein wenig unpraktisch vorkam. Großstädtisch.

«Sie müssen das BMW-Emblem hochklappen», sagte der Polizist tonlos.

«Genau!», stimmte ich enthusiastisch zu.

Im Moment des Eintreffens des Seelsorgers fand ich Warndreieck und Verbandskasten.

«Hallo, Hartmut», sagte der Pfarrer zum Polizisten.

«Guten Abend, Albin», antwortete der Beamte und ließ sich die Hand schütteln.

In einem Seitenfach steckte die Warnweste. Ich war über Gebühr stolz darauf, sie dem Polizisten präsentieren zu dürfen.

«Sie können das wieder verstauen», sagte er, nachdem er das Haltbarkeitsdatum des Erste-Hilfe-Sets kontrolliert hatte.

«Gibt es Probleme?», fragte der Pfarrer scheinheilig.

Ich schüttelte energisch den Kopf. Das hätte ich nicht tun sollen. Mir wurde ein wenig schwummerig, ich musste mich an der Heckklappe abstützen.

«Haben Sie Alkohol konsumiert?»

«Ich muss diese Frage nicht beantworten», sagte ich reflexartig und bereute es sofort.

«Nein, das müssen Sie nicht», erklärte der Polizist, jetzt lächelnd. «Aber wenn ich den Eindruck habe, dass Sie Alkohol getrunken oder Betäubungsmittel zu sich genommen haben, werde ich Sie bitten müssen, mich aufs Revier zu begleiten, und von dort aus die richterliche Anordnung für eine Blutuntersuchung einholen.»

«Verstehe», murmelte ich.

«Also?»

«Ein bisschen was», gab ich zu. Meine Formulierungskünste waren im Krummer Nest davongespült worden.

Der Pfarrer sah zum wolkenverhangenen Himmel, den man nicht sehen konnte.

«Geht das ein wenig präziser?» Der Mann schien fröhlich zu werden.

«Ich fahre sonst nie, wenn ich etwas getrunken habe. Aber hier gibt es keine Taxis. Und da vorne» – ich fuchtelte tatsächlich mit den Händen herum, wies in die unbestimmte Richtung, in der ich meine neue Heimat vermutete – «wohne ich. Keine zwei Kilometer. Höchstens drei.» Ich dachte an den Disput mit Pocahontas am Vorabend, den Zusammenbruch meiner fadenscheinigen Argumentation, und fühlte mich ähnlich hilflos. Zu Hause, in meiner Stadt, wäre mir das nie passiert.

«Es spielt keine Rolle, wie weit man fährt, Herr Journalist», erklärte er. Jetzt hatte sein Lächeln etwas Wölfisches. «Sie hätten mich beinahe überfahren.»

«Das ist meine Schuld», sagte der Pfarrer.

Der Polizist zog die Stirn kraus. «Deine Schuld?»

Ich kam auf die absurde Idee, im Geldfach meiner Brieftasche nach einem kleinen Schein zu suchen, und folgte ihr absurderweise sogar. Der Gedanke kam mir jedenfalls etwas besser vor als der Versuch des Pfarrers, die Verantwortung für die Situation zu übernehmen. Andererseits hätte mich durchaus interessiert, wie er diese Mitschuld begründen wollte.

«Zwanzig Euro?», schlug ich vor. «Und die Sache ist vergessen?»

«Herr im Himmel», sagte der Nachwuchsschriftsteller Albin. Hartmut, der Polizist, zog eine Augenbraue hoch und lächelte weiter wie ein Raubtier.

Die Beifahrertür des Einsatzwagens öffnete sich, kurz darauf stand eine junge Polizistin neben uns, die mir im schwachen Kunstlicht – hauptsächlich von Hartmuts Gürtel – recht attraktiv vorkam.

Sie sah mich nur flüchtig an, dann den Pfarrer und schließlich ihren Kollegen.

«Alkohol?», fragte sie, nachdem sie den Geistlichen begrüßt hatte. Sie hieß Jeanette. Ihr Kollege machte eine uneindeutige Kopfbewegung.

«Möglich», sagte er.

«Der Zugezogene», stellte sie fest. «Seine Frau ist Psychiaterin.»

«Psychotherapeutin», korrigierte ich.

«Ein Vorschlag zur Güte», verkündete Albin. «Herr Kunze lässt sein Fahrzeug hier stehen, und ich bringe ihn nach Hause. Er gelobt, nie wieder in diesem Zustand sein Auto zu lenken.»

«Mmh», machte Hartmut. *Sein Auto zu lenken*, wiederholte ich in Gedanken.

«Mmh», ließ auch Jeanette verlautbaren.

Der Pfarrer griff die Schulter des Polizisten und zog ihn ein Stück beiseite. Dann flüsterten die beiden, während Jeanette das Auto betrachtete und ich Jeanette. Eine Sieben, mindestens. Mit etwas ausgefeilterer Kosmetik und anderer Kleidung möglicherweise dicht an der Neun. Vielleicht spielte mir mein Zustand aber auch einen Streich, und hier stand eigentlich eine Vier vor mir. Die Herren gesellten sich wieder zu uns. Der Polizist schaute skeptisch drein, der Pfarrer lächelte ein wenig verschämt.

Die drei sahen einander an. Meine Idee davon, wie sich derlei auf dem Land verhielt, hatte sich als krasse Fehleinschätzung erwiesen.

«Eine Verwarnung», sagte Hartmut, und es war deutlich, dass er von diesem Ausgang nicht begeistert war.

«Gute Idee», stimmte der Pfarrer zu, als hätte er diese Idee jetzt zum ersten Mal gehört. Sie verhandelten über mich, aber dass ich direkt neben ihnen stand, schien unerheblich zu sein. Ich bändigte den Wunsch, dagegen zu protestieren.

«Ausnahmsweise», erklärte der Polizist. *Amen*, dachte ich.

«Aber beim nächsten Mal», sagte die hübsche Kollegin, die Hartmut dabei fragend ansah, ließ den Rest des Satzes jedoch versanden.

«Okay», stimmte ich rasch zu. Und dann überraschte ich mich selbst: «Tut mir leid», ergänzte ich. Um die Unterwürfigkeit auf die Spitze zu treiben, sagte ich noch: «Es wird ganz sicher kein nächstes Mal geben.»

«Halten Sie lieber den Mund», sagte der Polizist zum Abschied.

Es waren keine zwei oder drei Kilometer bis zur Clara-Zetkin-Straße, sondern vier oder fünf. Ich saß auf dem mäßig bequemen Gepäckständer des klapprigen weißen Fahrrads und lauschte auf den schweren Atem des Pfarrers, das Quietschen der Fahrradkette und das gleichmäßige Schleifgeräusch, das die Reifen seines Vehikels beim Kontakt mit den Schutzblechen von sich gaben. Das Nieseln hatte aufgehört. Die Wolken rissen auf, die Konturen der Bäume am Straßenrand wurden erkennbar. Mein Gesäß schmerzte.

«Niedliches Mädel, diese kleine Polizistin», sagte ich, um etwas zu sagen, obwohl die Erfahrungen der letzten Minuten gezeigt hatten, dass das unter Ethanoleinfluss nicht immer eine gute Idee war.

Er schwieg für ein paar Sekunden, dann antwortete er: «Das *niedliche Mädel* hat für ein Jahr in Südamerika bei einer Spezialeinheit der Drogenfahndung hospitiert und ist dabei mehr als einmal in Schusswechsel geraten. Sie hat die Polizeischule als Jahrgangsbeste abgeschlossen. Jeanette Jakubeit engagiert sich im Opferschutz und leitet in Cottbus eine Arbeitsgruppe, die sich mit sexueller Gewalt gegen Polizistinnen auseinandersetzt. Sie sollten das niedliche Mädel nicht unterschätzen.»

Er versuchte, sich zu mir zu drehen, um seine Worte mimisch zu unterstreichen, entschied sich aber noch in der Bewegung dagegen. «Davon abgesehen,», sagte er in Fahrtrichtung, «haben Sie meines Wissens ein durchaus niedliches Mädel zu Hause. Und Sie sind sogar mit der Dame verheiratet.»

«Zwei», nuschelte ich.

«Bitte?»

«Es sind *zwei* niedliche Mädels.» Zu meiner Verblüffung war diese Anmerkung tatsächlich nicht nur dem Wodka-Weißwein-Gemisch in meinem Blut geschuldet. Ich war kurz davor, «Aber meine Frau bekommt ein Kind von einem anderen» zu sagen, konnte mich aber noch rechtzeitig unter Kontrolle bringen.

«Sie sind zu beneiden.»

«Das war ein interessanter Abend», sagte er, als wir das Ortsschild von Brunn im Spreewald passierten.

«In gewisser Weise», stimmte ich zu.

«Das hier ist nicht Berlin.»

Ich schüttelte den Kopf, sagte aber nichts. Das hier war nicht nur nicht Berlin, es war das Ende von allem. Das Gegenteil all dessen, das mir etwas bedeutete und mein Leben definierte. Der Pfarrer lenkte sein pedalbetriebenes Fahrzeug in die Straße, in der sich mein neues Zuhause befand, und ich fühlte mich plötzlich zutiefst verloren, während ich die dunkle Rückwand des verkehrt stehenden Gebäudes betrachtete. Als ich abstieg, wiederholte er das Angebot, das er mir schon auf dem Parkplatz des Krummer Nests unterbreitet hatte.

«Danke», sagte ich, während ich meine Gliedmaßen sortierte und in den leichten Schmerz fühlte, der meinen Hintern okku-pierte. «Vielleicht», bot ich, einem Impuls folgend, an. «Vielleicht kommen Sie morgen. Also heute. Mal auf einen Kaffee vorbei. Nicht zu früh.»

«Gerne», sagte er, wobei er mir die rechte Hand auf die Schulter legte. Verblüffenderweise fand ich das nicht einmal unangenehm.

6. Schatzsuche

An der Innenseite der Tür meines Arbeitszimmers hing eine Haftnotiz von Pocahontas. «Lara ist bei mir in der Praxis. Bitte hol sie ab, wenn du wach bist.»

Es war kurz nach zehn. Ich ging zum Erkerfenster. Der Himmel gab sich wolkenlos, das altertümliche Quecksilberthermometer am äußeren Fensterrahmen zeigte einundzwanzig Grad an. Ich war schon dabei, mich wieder abzuwenden, als ich einen älteren Mann entdeckte, der – genau wie die schmale Frau gestern – vorsichtig das Gartentor verschloss und sich dabei umsah. Er zog den linken Fuß nach und hinkte deswegen ein bisschen, aber da war noch etwas an seiner Erscheinung, das mich deutlich mehr irritierte. Es gelang mir nur nicht, die nötige Konzentration aufzubringen, um das näher zu prüfen. Ich ging ins Badezimmer und putzte mir die Zähne, die sich beim Betasten mit der Zunge anfühlten, als wären sie von einer mittelgroßen Kolonie mikroskopischer Pilze bevölkert, und stapfte in die Küche, um mir Kaffee zu kochen. Der erste Schluck kalibrierte mich ein wenig.

Ich nahm meinen Computer in Betrieb und sah überrascht dabei zu, wie das Mailprogramm fast dreitausend Nachrichten abrief, davon allerdings gut ein Drittel Informationen über hämische Kommentare, die man seit dem vergangenen Donnerstag auf meiner Facebook-Seite hinterlassen hatte. Die Anzahl meiner «Fans» dort hatte sich inzwischen halbiert. Ich suchte nach Möglichkeiten, die Präsenz einfach komplett zu löschen, fand aber keine. Auch in den anderen Nachrichten ging es überwiegend um das Ende der Bernd & Susi und mein Schicksal. Einige wenige Leute sprachen mir ihr Mitgefühl aus, manch einer sogar ohne erkennbare Ironie, die meisten zeigten sich jedoch unverhohlen begeistert. Der Verleger, mit dem ich am Samstag telefoniert hatte, bat mich, ihn vorerst nicht wieder anzurufen. Einige Medien fragten nach Interviews, allesamt aus der zweiten oder dritten Liga, darunter auch der Brunner Bote, dessen Redakteur mich allerdings nur porträtieren wollte. Tim Novak bat mich dringend, seine Vorschläge ernsthaft zu prüfen. Mein Steuerberater und eine Dame von der Bank wollten mich sprechen. Die Nachrichtenflut hatte am Freitag und Samstag ihren Höhepunkt erreicht, um dann bis Montag auf ein Viertel des Maximums abzufallen. So schnell war eine solche Angelegenheit wieder vergessen. Und dann stutzte ich. Kevin-Louis Krüger alias Josh Clab hatte mir geschrieben.

Lieber Kollege, begann die Nachricht mit dem Betreff «Mein Beileid». *Obwohl wir uns häufiger getroffen haben, hatten wir nie die Gelegenheit, uns näher kennenzulernen. Natürlich ist mir noch gut in Erinnerung, was Sie über mich in Ihren Kolumnen zu sagen hatten, und ich möchte anmerken, dass mich das damals zwar getroffen hat, es aber auch stimmte. Anyway, ich möchte zur Kenntnis geben, dass ich Ihre Arbeit bewundert habe und dass Sie mir tatsächlich ein Vorbild sind. Ich hoffe, diese Krise erweist sich für Sie als Chance. LG, Josh Clab. P.S.: Vielleicht interessiert Sie dieser Text.*

Das Wort «dieser» war ein Link. Ich klicke ihn an und landete auf seinem Clabbing-Blog.

Die Überschrift lautete: *Warum wir gute Journalisten brauchen*

> Ich bin kein Journalist, ich bin ein Blogger. Vielen von euch ist der Unterschied nicht klar oder sogar egal, aber es gibt ihn – und er ist wichtig. Er besteht darin, dass ich nie gelernt habe, was ich hier zu tun vorgebe.

Ich kann ein wenig mit Sprache umgehen und meine
Meinung in Worte gießen. Aber schon die Frage,
was eine Reportage von einem Feature unterscheidet,
könnte ich ohne Wikipedia nicht beantworten. Ich
recherchiere fast ausschließlich online, und meine
Sicht auf die Ereignisse, die ich hier wiedergebe, ist
eine persönliche – und manchmal, zugegeben, auch
ziemlich oberflächliche. Das ist keine journalistische
Arbeit. Richtige Journalisten arbeiten anders.

Seit vergangener Woche gibt es ein Printmedium
weniger in der Großstadt. Okay, Printmedien sind
anachronistisch, viel zu langsam, teuer und nicht
immer gut gemacht. Aber das ist nicht alles: Quali-
tätsjournalismus ist vorläufig nur in diesem Kontext
möglich. Wenn alle Blätter sterben, bleiben Leute
wie ich übrig – Meinungsbildner zwar, die aber auf
einem Fundament arbeiten, das – wie vieles im Netz –
Gerüchte, Halbwahrheiten, Tendenzen und Vorurteile
kolportiert. Mit Hintergründen befassen
wir uns höchstens ausnahmsweise, weil wir oft einfach nicht wissen, wie man das macht. Wir sind ein
Spiegel der Netzwelt und zugleich ihr Bestandteil; Das
ist ein Vorteil, aber auch eine Verfälschung der gesellschaftlichen Situation.

Seit ich zum ersten Mal Texte von ihm gelesen habe,
war Sebastian Kunze ein Vorbild für mich. Ich weiß,
viele Leute in der Stadt mögen ihn nicht, hassen ihn
sogar, aber er hat nie die Unwahrheit geschrieben,
sondern ganz im Gegenteil wunde Punkte präzise
ausgemacht und wortgewaltig angeprangert. Seine
Kritiken waren jederzeit fundiert und blickten weit

171

unter die Oberfläche. Es ist schade, dass mit der
Bernd & Susi, an der man vieles hätte verbessern
können, auch Kunze von der Bildfläche verschwunden
ist. Es wäre ein Verlust, wenn es dabei bliebe.

Ich konnte mich nicht entscheiden, ob ich gerührt sein oder mich
veralbert fühlen sollte, ließ den Rechner wieder herunterfahren
und holte mir neuen Kaffee.

Mit dem Kaffeetopf in der Hand ging ich nach draußen und
klingelte an der Praxistür. Eine ältere Dame, die ein graues Kostüm trug, öffnete mir.

«Sprechzeiten nur nach Vereinbarung», schnarrte sie.

«Ich bin der Gatte. Der Ehemann von Frau Kunze.»

«Ach so», sagte sie und ließ mich ein.

«Basti!», rief Lara, die auf dem Fußboden des Vorraums mit
Plastikfiguren spielte.

«Sag doch Papi», bat ich.

«Basti.»

«Papi.»

«Bastipapi», schlug sie vor – ein Kompromiss, mit dem ich
leben könnte. Ich lächelte sie an und streichelte ihr Haar.

«Bastipapi», wiederholte ich.

«Ich bin Gertrud Bohnenzwiebel», erklärte die Frau im grauen
Kostüm und hielt mir die rechte Hand entgegen.

«Sebastian Kunze», erwiderte ich und ließ das Händeschütteln über mich ergehen. *Bohnenzwiebel?* Meines Wissens waren
Bohnenpflanzen keine Zwiebelgewächse.

«Ich komme aus Cottbus», sagte sie.

«Das ist ... nett», schlug ich vor.

«Und hilfreich. Die Patienten aus dem Einzugsgebiet kennen
mich nicht, und ich kenne sie nicht.»

«Verstehe.»

«Bastipapi», sagte Lara, die sich schnell an den neuen Terminus gewöhnt hatte. «Ich will einen Schatz suchen.»

«Ihre Frau hat einen Termin», sagte Gertrud Bohnenzwiebel.

«Ich habe sowieso keine Zeit», antwortete ich. «Ich gehe auf Schatzsuche.»

Lara war der festen Überzeugung, dass es einen versteckten Schatz geben müsse, also suchten wir ihn. Wir sahen hinter jeden Strauch und durchwühlten den Sandkasten, dann schauten wir unter die Terrassenmöbel. Ihre akribische Energie erstaunte mich. Meine Tochter kam auf die Idee, in der Garage nachzusehen. Ich war überrascht, dort drei neue Fahrräder zu finden – keine High-End-Straßenmaschinen, sondern einfache, praktische Fahrräder, aber auch an das hatte Melanie gedacht – das mit Stützrädern ausgestattete Vehikel für Lara war rosa und hatte winzige Reifen. Dort stand außerdem eine Werkbank, ansonsten war die Garage leer. Die Wandverkleidung aus Holzpaneelen wies darauf hin, dass man sie zuvor als Partyraum verwendet hatte. Als Abstellplatz für Fahrzeuge war sie schließlich unbrauchbar, weil es keine Zufahrt gab.

«Vielleicht im Keller», schlug ich vor.

«Au ja!», rief Lara. «Keller!»

Der Kellerschlüssel hing, mit einem entsprechenden Schildchen versehen, an einem Schlüsselbrett im Flur. Hinter einer schweren Stahltür lag ein neonbeleuchteter, geziegelter Flur, es roch nach dem üblichen Kellermuff. Der Gang führte in drei Räume, nämlich einen Heizungskeller, eine heruntergekommene Werkstatt, in der es ölig stank, und schließlich eine Sauna.

«Kein Schatz», sagte Lara enttäuscht, nachdem sie die Werkstatt durchsucht hatte.

«Aber eine Sauna», erwiderte ich. Allerdings eine ziemlich schäbige.

«Was ist eine Sauna?»

«Eine Kabine, in der es sehr heiß wird. Man schwitzt darin. Das ist gesund.»

«Das ist gesund.»

Unter dem Lichtschalter befand sich ein weiterer, den ich betätigte. Ein knallendes Klacken war zu hören, das Licht im Keller erlosch. Eine Sicherung war herausgeflogen. Ich schaltete wieder aus.

«Ui», machte Lara und kuschelte sich an mein Bein.

«Ui», wiederholte ich. Zum Glück kam durch die geöffnete Stahltür noch genug Licht, um den Sicherungskasten zu finden. Bis das Licht wieder anging, hielt das Mädchen mein Bein fest.

«Bastipapi», sagte sie stolz, als wir wieder im Hellen standen. Und dann forderte sie: «Noch mal!»

Die Schwitzkammer, in der vier, fünf Leute Platz gefunden hätten – ich dachte kurz an die Brünette mit den Plastikbrüsten –, hatte ihre besten Tage hinter sich. Der Ofen fehlte, ein paar dicke Kabel lagen herum, die abisolierten Enden berührten sich, daher der Ausfall. Das Holz war wellig, es roch nach Schimmel und Schweißfüßen.

Von draußen waren Rufe zu hören, die offenbar von Melanie stammten, aber nicht zu verstehen waren. Ich nahm Lara an der Hand und ging mit ihr zurück in den Garten, wobei sie wieder von ihrem Schatz plapperte, also beschloss ich, später irgendwo heimlich eine Kleinigkeit zu besorgen und im Haus zu verstecken.

Pocahontas stand neben dem Sandkasten und sah sich suchend um. Schon aus der Entfernung war ihr anzusehen, dass sie geschafft war. Melanie war immer und zu jeder Zeit schön – sogar morgens, gleich nach dem Aufwachen, wenn sie ungeschminkt, leicht zerknittert und schmaläugig im Bett hockte und für einen Moment die Orientierung suchte (was ich, zugegeben, nicht sehr oft miterlebt hatte in den vergangenen Jahren). Und natürlich erst recht, wenn sie sich fein gemacht hatte und allen Männern in Sichtweite hormonelle Ausnahmezustände verschaffte. Aber jetzt, in diesem Augenblick, war etwas an ihr, das ich noch nicht gesehen hatte, nicht einmal vorgestern, bei diesem haarigen Streit. Sie wirkte entkräftet. Ausgelaugt.

«Ach, da seid ihr.»

«Wir waren im Keller», verkündete Lara stolz. «Da ist kein Schatz», ergänzte sie etwas enttäuscht.

Melanie zwang sich ein Lächeln ins Gesicht.

«Vielleicht müsst ihr doller suchen, meine Süße.»

«Alles okay?», fragte ich und versuchte, es nicht besorgt klingen zu lassen. Zu meiner Überraschung *war* ich besorgt.

«Schon», gab sie zurück. «Und bei euch?»

«Im Keller ist eine Sauna.»

Pocahontas nickte. «Aber die ist hin. Lohnt sich nicht, sie instand zu setzen. Leider.»

Ich nickte auch und machte mir meine Gedanken. Gemeinsam beobachteten wir, wie ein hellblauer Kleinbus vorfuhr, dem der Pfarrer Albin und der Kahnfahrer Enno entstiegen. Auf der Seite des Busses stand in lila Versalien, die im Kontrast zur Wagenfarbe Augenschmerzen verursachten: ENNO'S KAHN-TOUREN. Darunter stand die entsprechende URL. Die beiden Männer sahen uns und betraten das Grundstück. Ich wollte sie vorstellen, als sie bei uns angekommen waren, aber Melanie sagte knapp: «Wir kennen uns schon.»

Enno betrachtete interessiert das Haus beziehungsweise dessen Rückseite, Albin ging in die Knie und lächelte Lara an, die ihrerseits, verschämt grinsend, zurückwich. Er zwinkerte und stand wieder auf.

«Wir dachten, Herr Kunze.»

«Ich denke, wir sollten uns duzen», schlug ich vor – hauptsächlich, um in sozialer Hinsicht zu Melanie aufzuschließen, wie ich feststellte.

«Enno», sagte Enno – etwas heftiger, als nötig gewesen wäre – und streckte mir eine Hand entgegen.

«Albin», sagte der Pfarrer und gestikulierte ähnlich.

Ich nahm die Hände und nannte meinen Vornamen. Was für ein albernes Ritual.

«Woher kennst du die beiden Herren?», fragte Melanie, aber nicht sonderlich interessiert.

«Sie repräsentieren die Autorengruppe ‹Prosa im Spreewald›, jedenfalls zwei Drittel davon.»

«Aha.»

«Wir dachten», begann Albin abermals. «Falls du nichts vorhast. Eine kleine Kahntour. Nichts Langes. Vielleicht mit der Kleinen.»

«Kahntour», wiederholte Lara und sah mich dabei fragend an.

«Das hört sich nett an», sagte Melanie und sah dabei zur Terrasse. Ihre Gedanken waren leicht zu erraten – sie wünschte sich eine Pause, den Feierabend. Möglicherweise noch einiges mehr.

Ich blickte zum Kleinbus und zog eine Augenbraue hoch. Enno beobachtete mich.

«Ich weiß, dass das falsch geschrieben ist. Vorher war es richtig, ohne Apostroph und Bindestrich, und die Leute haben mich darauf angesprochen. Kein Scheiß, vor allem Berliner. Ob das ein sorbisches Adjektiv wäre, *ennos*. Mit dem neuen Schriftzug habe ich meine Ruhe. Kein Scheiß.»

«Verstehe», sagte ich.

«Wir könnten Benjamin abholen, der hat heute keine Mucke», sagte der Kahnmann. «Und dann ein bisschen übers Schreiben plaudern. Was Sie gesagt … äh. Was du gesagt hast. Interessant.»

«Kein Scheiß», sagte ich lächelnd. Melanie zog tadelnd eine

Augenbraue hoch, aber Lara war vollauf damit beschäftigt, den Geistlichen skeptisch zu mustern.

«Genau», stellte der Pfarrer fest.

«Nimm etwas zu trinken für Lara mit», sagte Pocahontas. «Und Ersatzwäsche.»

«Selbstverständlich.»

«Viel Spaß», sagte sie müde und ging hinters Haus, zur Praxis.

«Machen wir eine Kahnfahrt», erklärte ich.

«Kahnfahrt», trällerte Lara, ohne zu wissen, wovon sie sprach. Möglicherweise. Sie rannte ins Haus, ich folgte ihr. Als ich eintraf, war sie bereits dabei, einen kleinen Teddy und eine Puppe in einen gelben Kinderrucksack zu stopfen. Dann taperte sie in die Küche, zog zielsicher eine Schranktür auf und beförderte eine Plastik-Trinkflasche zutage.

«Trinken», erklärte sie.

«Was möchtest du? Saft? Kakao?»

«Wasser.»

«*Wasser?*»

«Ja, Bastipapi.»

Also zapfte ich Leitungswasser. Anschließend nahm ich einen kleinen Stapel winziger Unterhöschen aus einem ihrer Schränke, dazu zwei Ersatzröckchen – und packte es zu Teddy und Puppe. Lara montierte die Trinkflasche seitlich am Rucksack, setzte sich das Ding auf den Rücken und verkündete: «Fertig.»

«Wow.» Ich war ehrlich beeindruckt.

Wir fuhren nach Krumm und lasen Benjamin auf, dann ging es ungefähr zwanzig unspektakuläre Kilometer weiter nach Blümmen, dem Zentrum der touristischen Pittoreske. Dem Ort war das auf den ersten bis fünften Blick allerdings kaum anzumerken. Am Rand wechselten sich die üblichen Filialen der Drogerie- und Supermarktketten ab, dann folgten ein paar Gewerbebauten, von denen gut die Hälfte leer zu stehen schien. Später gerieten aufgehübschte, vierstöckige Plattenbauten aus DDR-Zeiten ins Blickfeld, schließlich niedrige Ein- und Mehrfamilienhäuser. Dass wir das Zentrum erreicht hatten, erkannte ich vor allem daran, dass fast jedes Geschäft das Präfix «Spreewald» im Namen trug: Spreewald-Kiosk. Spreewald-Boutique. Spreewald-Kino. Es roch ein bisschen sumpfiger als vorher, zugleich deutlicher nach Kiefernnadeln, und war möglicherweise einen Tick wärmer als in Brunn. An fast jeder Ecke gab es Kahnfahrten- oder Hafen-Wegweiser für die Touristen, die in Scharen umherwanderten – ein krasser Kontrast zur Leere in Brunn oder gar Krumm. Jemand, der glänzende, schwarze oder tiefrote Dachziegel verkaufte, hatte hier kürzlich enorme Summen verdient. Enno fuhr auf einen sehr großen, zementierten Parkplatz, der zu zwei Dritteln gefüllt war, obwohl wir uns mitten in der Woche befanden. Er stellte den Bus auf einen von drei Stellplätzen, die für *Ennos Kahntouren* reserviert waren.

«Siehst du», sagte er lächelnd, als er bemerkte, dass ich die Schilder betrachtete.

«Ich sehe.»

Die Kähne waren verblüffend groß, mindestens acht, zehn Meter lang, flach und aus Metall. Sie waren über die Breite hinweg mit einfachen Sitzbänken versehen, jeweils paarweise einander zugewandt, dazwischen befanden sich Holz- oder Metalltischchen, einige davon mit bunten Samtdecken und ähnlichem Schnickschnack dekoriert. Es gab zwei oder drei Dutzend dieser flachen Schiffe, und nicht wenige Touristen waren damit beschäftigt, soeben ein- oder auszusteigen; der schmale, niedrige Kai am Ufer der kanalisierten Hauptspree war dicht bevölkert. Die meisten Menschen schienen im Rentenalter zu sein, es waren ziemlich viele Rollatoren und andere Gehhilfen zu sehen, aber auch Leute, die offensichtlich in ihrer Eigenschaft als Alten- oder Krankenpfleger anwesend waren. Ein verdammter Albtraum. In Berlin sah es am Funkturm, vor dem Roten Rathaus, auf der Museumsinsel, am Brandenburger Tor und sogar in der Oranienburger Straße ähnlich aus, weshalb ich solche Gegenden mied. Hier wie dort gab es neben den verrenteten Touristen außerdem kleine Gruppen schmerbäuchiger Männer in den späten Fünfzigern, die flache Stoffturnschuhe, bunte Shirts und Baseballkappen trugen, nicht wenige davon bereits zu dieser Uhrzeit mit Bierflaschen bewaffnet. Zwei Grüppchen etwas jüngerer Männer waren in T-Shirts gekleidet, die eine Gruppe mit dem Slogan «Scheiße, der Martin heiratet», die andere mit «Christian ist ab morgen vom Markt» auf den Kleidungsstücken. Die Herren tranken Bier aus Dosen und beäugten sich gegenseitig argwöhnisch. Vermutlich versuchten sie herauszufinden, welche der beiden Gruppen die lustigere war – und ob sie ihr angehörten.

«Wenn wir erst einmal auf dem Wasser sind, ist es ganz nett», sagte der Pfarrer.

«Wir werden sehen», erwiderte ich und kämpfte gegen die aufziehende schlechte Laune an. An diversen Verkaufsständen wurden Heißgetränke, Rostbratwürste, allerlei selbstdestillierte Liköre und die unvermeidlichen Gurken feilgeboten. Menschen, die dieses Zeug bei REWE für den halben Preis hätten kaufen können, stopften sich hier die Umhängetaschen damit voll – und die Wahrscheinlichkeit, dass sich eine Filiale der Supermarktkette in unmittelbarer Nähe befand, war nicht eben gering. Die einzige mir bekannte halbwegs akzeptable Verwendung für Salzgurken, wie man die pasteurisierten Kürbisgewächse in der Region auch nannte, bestand darin, sie als Dekoration am äußersten Rand eines Tellers unterzubringen, um sie dort bis zum Ende des Mahls zu belassen. Okay, Gewürzgurken schmeckten auf einem perfekten Hot Dog auch noch ganz gut, aber perfekte Hot Dogs waren rar.

«Willst du eine kosten?», fragte Enno und ging auf einen Stand zu, der offenbar einem Spezi gehörte.

«Heute nicht.» Sein Spezi schaute enttäuscht drein, als er erkannte, dass wir uns abwendeten.

Wir hatten einen von Ennos Kähnen exklusiv, was uns neidvolle Blicke der Kurzurlauber einbrachte, die, kaum dass sie die Boote geentert hatten, um die bereitgestellten Thermoskannen mit Kaffee zu kämpfen begannen, völlig ungeachtet der dadurch entstehenden Schaukelei. Unsere kleine Gruppe nahm an zwei Tischen im Heck Platz, Lara und ich direkt vor unserem Fährmann, der das Gefährt mit seinem *Rudel* abstieß, uns in die Mitte des hier vielleicht zwanzig Meter breiten Flusses steuerte und dort wartete, bis ich dem Mädchen die kleine Schwimmweste angelegt hatte. Ich war ein bisschen enttäuscht, dass die meisten der anderen Kähne mit Außenbordmotoren ausgestattet waren. Deren Summgeräusche wurden jedoch vom Geschnatter der Touristen übertönt.

«Gehen wir baden?», fragte Lara, während sie ihre Ärmchen in die dafür vorgesehenen Löcher des Rettungsmittels sortierte.

Ich schüttelte den Kopf. Sie beugte sich weit über die Bootskante, wobei ich sie an der Hüfte hielt.

«Fische!», rief sie kurz darauf. Ich glaubte nicht, dass Lara schon Fische in freier Natur gesehen hatte. Um ehrlich zu sein – auch für mich war es das erste Mal, und es gab recht viele davon. Während ich das dachte, bemerkte ich das Besondere der Situation. Lara war sich der möglichen Gefahr wahrscheinlich nicht bewusst, also dessen, was mit ihr geschähe, fiele sie ins Wasser, aber sie machte sich vor allem deshalb keine Gedanken darüber, weil *ich sie festhielt*. Sie vertraute mir. Dabei ging es längst nicht nur um dieses Urvertrauen, das Kinder besitzen und das wenig später der Erkenntnis weicht, dass die Welt ausschließlich aus verdammten Egoisten besteht. Sie fühlte sich sicher, weil *ich* da war. Ich musste trocken schlucken und gegen vergessene Gefühle ankämpfen. Zugleich erblühte eine merkwürdige Idee in meinem Kopf: Wenn sich meine Angetraute von einem anderem – Thorben, irgendwem – ein Kind machen ließ, dann stellte sich doch auch die Frage, ob Lara überhaupt von mir stammte. Ich bemerkte, dass ich schwitzte, was nicht an der Außentemperatur lag.

Enno steuerte das Boot ans Ende einer Armada aus anderen Kähnen, die die gleiche Richtung einschlugen. Die alten Menschen auf den Schiffen besaßen zu einem Gutteil noch analoge Fotoapparate, aber ob digital oder mit Rollfilmen – Dutzende Geräte wurden in durchschnittlich einer Armlänge Abstand mehr oder weniger vors Gesicht gehalten, um mäßig schöne Motive aufzunehmen, die an den Tagen, Wochen und Monaten zuvor bereits aufgenommen worden waren und mit denen das in den kommenden Quartalen und Jahren in fast genau gleicher Weise geschehen würde. Hier und da ging eine Plastiktasse über Bord, die Rentner schwatzten und lachten, nicht wenige steckten sich Zigaretten an, während andere die ersten Kippen ins Wasser schnippten, was die Fährleute kaum zu stören schien. Ich verspürte ein großes, schmerzhaftes Heimweh. Ich wollte hier nicht sein, nicht im Spreewald, nicht in diesem verkehrten Haus, bei dem sich Pocahontas so viel Mühe gegeben hatte, die mir auf tragische Weise vergebens vorkam. In diesem Augenblick war ich mir völlig sicher, mich am falschen Platz zu befinden und etwas unternehmen zu müssen, um diesen Umstand wieder zu ändern. Nur was? Der einzige Trost bestand darin, dass ich mich wenigstens am richtigen Fluss befand, aber leider einige Dutzend Kilometer zu weit flussaufwärts. Das Wasser unter uns war mir gegenüber im Vorteil: In drei, vier Tagen – die Spree floss nicht sehr schnell – wäre es in der Hauptstadt, aber ich wäre immer noch hier, im Gurkenland, zusammen mit meinen neuen Freunden, den Hobbyautoren, während meine Frau die örtlichen Geisteskranken therapierte.

Nach ein paar Minuten lösten wir uns von der Kolonne. Enno lenkte das flache graublaue Ungetüm sehr geschickt in einen schmalen, dicht bewachsenen Kanal, der nach rechts abging.

181

Schon nach wenigen Augenblicken waren die Geräusche der geriatrischen Touristen nicht mehr zu hören, dafür Vogelstimmen, das leise Plätschern, das der Kahn verursachte, und das leichte, gleichmäßige Schnaufen unseres Bootsführers, der in bedächtigen, routinierten Bewegungen die Stocherstange aus dem Grund zog, um sie ein paar Meter weiter wieder in den moorigen Boden zu schieben – ein kontemplativer Vorgang, der im Boot selbst kaum zu spüren war. Lara betrachtete die Umgebung mit offenem Mund, Pfarrer Albin hatte sich im Sitz zurückgelehnt und hielt die Augen geschlossen, und Benjamin, der DJ mit den grazilen Händen, spielte Skat auf seinem Mobiltelefon. Es wurde etwas kühler, was mir immerhin ein angenehmes Gefühl verschaffte.

«Schau!», rief die Kleine plötzlich.

Ich schaute. Ein blau schillernder, sehr flinker Vogel kreuzte den Kurs des Kahns knapp über der Wasseroberfläche.

«Das ist ein Eisvogel», sagte ich.

«Ist der Vogel aus Eis?», fragte sie.

«Nein, der heißt nur so. Weil seine Federn bläulich schimmern, wie Eis manchmal.»

Sie sah mich an, und ich konnte erkennen, worüber sie nachdachte. Das Eis, das sie kannte, war nicht bläulich. Aber sie sagte nichts. Jedenfalls zunächst.

«Schlumpfeis», erklärte sie nach einigen Augenblicken und nickte dabei.

«Schlumpfeis», bestätigte ich. Worum auch immer es sich dabei handelte. Dann fiel mir ein, dass diese Comicfiguren tatsächlich blau waren, weshalb es also vermutlich eine Eissorte für Kinder gab, die wahrscheinlich nach Zucker und den seltsamsten Labor-Aromen schmeckte, sich aber durch diese besondere Farbe auszeichnete. «*Genau* wie Schlumpfeis», sagte ich deshalb.

Der Reiz, den die Natur auf meine kleine Tochter ausübte, verflog allerdings fast so schnell, wie sich der Eisvogel aus unserem

Blickfeld verabschiedet hatte. Nach einer weiteren Viertelstunde war sie aus purer Langeweile eingeschlafen. Ihr Oberkörper lag quer über meinem Schoß, den rechten Arm hatte sie über die Bootskante hinweg ausgestreckt, und sie schnarchte. Es handelte sich natürlich nicht um klassisches Schnarchen, also jene rasselnden, knarrenden Geräusche, die alte, von Polypen geplagte Männer verursachten, sondern um eine sehr leise, nachgerade liebenswürdige Variante davon.

Das Boot schaukelte ein wenig. Pfarrer Albin kam zu uns geklettert, setzte sich auf die Bank mir gegenüber und lächelte freundlich. Lara schlief weiter. Wir passierten birkenbestandene Wiesen, sumpfige Weiden, auf denen gelangweilte Kühe grasten, verfallende und verfallene Gehöfte, Stege und kurze Anleger aus morschem Holz. Hin und wieder befand sich sogar ein Gurken-Verkaufsstand am Ufer, aber da wir uns offenbar abseits der stärker befahrenen Touristenwege befanden, wartete hinter ihnen niemand auf ambulante Kundschaft. Wahrscheinlich war hier nur an den Wochenenden genug Betrieb.

«Ich habe ein wenig nachgelesen», sagte er nach einer Weile.

«Hast du.» Die Parasitennarben auf seiner Schädeldecke wirkten in diesem Licht fast ein wenig bedrohlich. Bei Regen sammelte sich vermutlich Wasser in den kleinen Vertiefungen.

«Ja.» Er blinzelte. «Ich nehme an, dass das nicht unbedingt deine Entscheidung war, dieser Umzug in den Spreewald.»

«Nicht unbedingt», gab ich zu.

«Man kann dir jedenfalls kaum Affinität zur Provinz unterstellen», sagte er. «Deine Vorliebe für die Großstadt wird mehr als deutlich.»

«Ich würde das nicht als Vorliebe bezeichnen», antwortete ich freundlich. Die Großstadt war für mich der richtige Ort. Das hieß nicht, dass sie aus jeder denkbaren Perspektive der beste oder bestmögliche Ort war.

Er nickte. «Einige deiner Kolumnen ... nun wohl.» Albin lächelte. «Du bist nicht gerade auf der Suche nach Freunden, oder?»

«Jedenfalls nicht auf diesem Weg.» Ich zwinkerte ihm zu.

«Nach den Kommentaren auf deiner Facebook-Seite zu urteilen, bist du sehr gut darin, das Gegenteil zu erreichen. Ich würde das nicht Feindschaft nennen, aber die Ablehnung ist deutlich.»

Jetzt lächelte ich. «Das sind nur Wichtigtuer. Leute, die krähen, weil man etwas kritisiert, das sie für lebenswichtig halten, obwohl es das definitiv nicht ist. Statt es besser zu machen oder der Angelegenheit mit der nötigen Entspanntheit zu begegnen, verteufeln sie denjenigen, der den Finger in die Wunde legt. Außerdem ist das längst eine Art Volkssport, diese Schmäherei in den sozialen Medien. Es geht nicht mehr um Themen, die Äußerung allein ist von Bedeutung.»

«Der Prophet also, der im eigenen Land nichts zählt?»

«Ich bin kein Prophet. Ich bin nur Journalist.»

«Ich habe da Dinge gelesen, die man selbst bei gutwilliger Betrachtung als Drohungen verstehen könnte. Wie geht man mit so etwas um?»

Ich zog Laras rechten Arm vorsichtig heran und legte ihn an ihre Seite. «Das ist doch harmlos», sagte ich. «Den Leuten, die das schreiben, werde ich nie begegnen.»

Der Pfarrer zog die Stirn kraus.

«Vor ein paar Monaten habe ich eine Serie über Extremernährung und entsprechende Trends geschrieben», erzählte ich. «Über Paleos, Instinktos, Peganer und Frutarier.»

«Du meinst Veganer», sagte Albin.

«Nein, Peganer. Das ist eine Mischung aus Paleos und Veganern.»

«Aha.» Er grinste.

Ich hob die Hände. «Diese Leute sind schlicht Wahnsinnige.

Es geht um Identitätsprojekte, nicht um Ernährung. Das Ganze hat etwas stark Religiöses.» Ich zwinkerte ihm zu. «Die Serie war nicht sehr spektakulär, letztlich habe ich ungern daran gearbeitet, weil sich der Witz wiederholte und irgendwann abschliff, andererseits schrieben sich die Beiträge wie von selbst. Aber die Reaktionen waren trotzdem deftig, um es vorsichtig zu sagen. Ich habe sogar Post bekommen, ganz klassische Briefe. Im nettesten davon kündigte man an, mich zu Mett verarbeiten und an die Ratten der Stadt verfüttern zu wollen.» Ich verschwieg, dass ich zwölf Jahre zuvor bereits einmal eine solche Serie verfasst und damals noch viel heftigere Reaktionen erhalten hatte. Mir wurde klar, wie dünn das Fundament war, auf dem meine soeben verebbte Karriere gefußt hatte. Die Leser wurden älter, aber es gab keinen Nachwuchs mehr, weil die Jüngeren nicht verstanden, warum man etwas bezahlen sollte, das man anderswo und in viel praktischerer Form umsonst bekam. Sie verstanden natürlich außerdem und vor allem nicht, dass es sich nicht um dasselbe handelte, oder es war ihnen schlicht einerlei. Insofern war relativ erstaunlich, dass man überhaupt noch so massiv auf mich reagierte, denn die Leserschaft der Bernd & Susi war längst über das Stadium – und das Alter – hinaus, in dem man sich so sehr über Meinungen echauffierte. Man nahm zur Kenntnis, trank ein Glas Rotwein, ging ins Bett und setzte sich am nächsten Morgen ins BMW-Cabrio, um die pubertierende Tochter außer Sichtweite ihres Gymnasiums abzusetzen, das man ausgewählt hatte, obwohl der Weg dorthin etwas länger war, dafür lag der Ausländeranteil weit unter dem städtischen Durchschnitt. «Ausländer» sagte man natürlich nicht öffentlich, verwendete den Begriff jedoch gedanklich.

«Und warum tut man das dann?», fragte der Pfarrer.

«Ich habe keine Ahnung, warum die Leute das machen. Kleingeister mit zu viel Freizeit.»

«Nein, ich meine dich. Was hat man davon, solche Texte zu verfassen?»

«Das ist meine Arbeit», erwiderte ich. «Journalisten reflektieren gesellschaftliche Entwicklungen, liefern Hintergründe und entflechten Zusammenhänge. Wir bilden die Leser.»

Er lachte. «Und ich», sagte er dann kichernd, «verkünde Gottes Wort.»

«Ist es nicht so?»

Er zuckte die Schultern. «Mein eigentlicher Job ist ein anderer.»

Wir saßen schweigend nebeneinander, während Enno das Gefährt durch weitere, immer enger werdende Kanäle steuerte, bis sich die Wasserläufe wieder etwas zu verbreitern begannen, während die Sonne den Zenit erreichte und ihr Licht immer häufiger durch die Baumkronen fiel. Lara erwachte, rieb sich intensiv die Augen und trank anschließend ihre Wasserflasche in einem Zug leer. Benjamin legte sein Smartphone beiseite.

«Gehen wir noch einen Kaffee zusammen trinken?», fragte der Kahnkapitän.

«Ich will ein Eis», sagte Lara.

«Ich auch», sagte ich.

Wenig später legten wir an, wieder am Kai in Blümmen. Enno machte fest, verscheuchte die protestierenden Touristen – einige davon trugen verdammte *Holzschuhe* –, die seinen vermeintlich freien Kahn entern wollten, und zeigte auf ein Café in der Nähe des großen Parkplatzes, das natürlich Spreewald-Café hieß. Lara rannte voran. Im Eingangsbereich drängten sich die Alten, aber auch hier gab es einen Bereich, den man für Ennos Kahntouren reserviert hatte. Mit der Speisekarte, die eine intensiv nach Schweiß riechende junge Frau quasi im Vorbeiflug auf dem Tisch ablegte, hätte diese Gaststätte in Berlin keine drei Tage überlebt, nicht einmal in Marzahn. Neben Kaffee, Kuchen («siehe Vitrine»), zwei Saftsorten, Tafelwasser und Flaschenbier gab es Spaghetti bolognese und Schnitzel mit Pommes frites, beides vermutlich in der Mikrowelle aufgewärmt. Ein fotokopierter Zettel informierte darüber, dass saisonbedingt außerdem Eis «Fürst-Pückler-Art», entweder mit oder ohne Sahne, im Angebot wäre. Und dass ansonsten jede Kugel Eis – verschiedene Sorten, «siehe Vitrine» – achtzig Cent kosten würde.

«Was für ein Eis möchtest du, Kleines?», fragte ich.

«Schlumpfeis», sagte sie bestimmt.

Wir gingen zur Vitrine, während Kahnfahrttouristen in die Gegenrichtung drängten, in der Hoffnung, die beiden Plätze, die wir soeben verlassen hatten, wären jetzt für sie frei. Selbstverständlich gab es kein Schlumpfeis, sondern solches mit Erdbeergeschmack, außerdem Schokoladen- und Vanilleeis. Und eine Sorte, die mit «Stratziatella» beschriftet war, was mich jedoch nur sehr kurz amüsierte. Lara bestellte Schokolade, ich schloss mich ihr an. Die drei Männer am Tisch tranken bereits Kaffee, als wir zurückkehrten, DJ Benjamin aß dazu Streuselkuchen. Der Gruppe haftete dabei eine enorme Selbstverständlichkeit an, als würden sie das täglich, mindestens wöchentlich tun. Keiner von ihnen beobachtete die anderen Gäste, obwohl dort Inspiration in großer Menge vorzufinden war, und sie redeten auch nicht miteinander. Ich nahm Platz, Lara setzte sich auf meinen Schoß, als wären wir ständig auf diese Weise unterwegs, ich sah zum Fenster. Draußen stand ein weißhaariger Mann in den Siebzigern, der sich gerade eine Zigarette angezündet hatte, diese nun zwischen Mittel- und Zeigefinger der rechten Hand hielt und für einen Moment konzentriert betrachtete. Dann atmete er erkennbar intensiv aus, wie man das macht, wenn man gleich großvolumig einatmen möchte, schob sich den Glimmstengel zwischen die Lippen, neigte den Kopf in den Nacken und nahm einen einzigen, sehr langen Zug. Es dauerte vielleicht zehn, fünfzehn Sekunden. Der Mann schnippte die durch seine Technik zu zwei Dritteln in Asche verwandelte Zigarette weg, behielt den Atem aber angehalten. Schließlich – ich vergaß beinahe, mein Eis zu essen – atmete er aus, entließ eine lange, sich um seinen Kopf herum ausbreitende Qualmwolke in die frühe Nachmittagsluft. Spektakulär.

«Habt ihr das gesehen?», fragte ich in die Runde.

«Was?», fragte Benjamin.

Am Nachbartisch mühte sich eine ältere Dame damit ab, das Tütchen zu öffnen, in dem sich der Zucker befand. Ein ähnliches Tütchen steckte auch auf unserem Tisch in einer Keramikdose. Ich nahm es, und es war tatsächlich nicht so einfach, an die zwei Gramm kristalliner Glukose zu kommen, die sich in seinem Inneren befanden – eine transparente Polymerschicht schmiegte sich so energisch an das Papier drum herum, dass man beides kaum aufreißen konnte. Schließlich gab die Frau auf und trank ihren Kaffee eben ohne Zucker. Neben ihr stand ein silberfarbener Rollator mit abgegriffenen roten Handpolstern, auf dem ein verblichener Aufkleber für die *Blutspendekampagne Bad Hersfeld 2004* warb.

«Wenn ihr Schriftsteller sein wollt», sagte ich zu den Herren am Tisch, deren Aufmerksamkeit ich sofort hatte, «dann müsst ihr beobachten. Überall sind Geschichten. Ihr müsst sie nur aufsammeln.»

«Um ehrlich zu sein», sagte Benjamin und sah seine beiden Kollegen kurz an, wie um ihre Genehmigung einzuholen. «Wir haben eine Geschichte.»

«Einen Regionalkrimi», sagte Enno.

«Einen guten», behauptete Albin, der Pfarrer, bevor ich etwas einwenden konnte. «Es fehlt noch ein wenig Rahmenhandlung, aber wir würden dir die Geschichte gerne zeigen.»

Etwas an der Situation war merkwürdig, und das lag nicht nur daran, dass die drei Männer soeben im Begriff waren, über ihren metaphorischen Schatten zu springen. Es gelang mir aber nicht, diese Merkwürdigkeit genauer auszumachen.

«Das wäre mir eine Ehre», behauptete ich.

«Und uns erst», sagte Enno. Er zog einen Stapel Papier aus der Jackentasche und legte ihn vor mir auf den Tisch. *Der Landarzt* stand auf dem obersten Blatt.

«Das ist nicht euer Ernst, oder?»

«Der Titel ist ein bisschen scheiße, stimmt», sagte Benjamin. «Aber der Inhalt ist ganz gut.»

«Okay», sagte ich. «Ich werde es lesen.»

7. Tagebuch von Melanie Kunze, Dienstag, 21. Juni, 17.00 Uhr

Alter Falter. Ich brauche Urlaub.

8. Baumarkt

Ich hatte zwar wieder allein im Arbeitszimmer geschlafen, aber wir frühstückten zusammen. Lara plapperte fröhlich von unserer Kahntour, die sie überwiegend verschlafen hatte, während Melanie etwas unkonzentriert an ihrem Kaffee nippte, der ihr vermutlich auch nicht sonderlich schmeckte, denn sie hatte vergessen, ihn zu zuckern. Das bemerkte sie erst nach dem dritten Schluck. Ich dachte an die alte Dame mit dem Blutspendeaktion-Rollator, die auf den Zucker verzichten musste, weil sie es einfach nicht geschafft hatte, das Tütchen zu öffnen.

«Verdammt», sagte sie, warf mir einen kurzen, merkwürdigen Blick zu, wie sie das immer tat, wenn sie mein Lieblingsadjektiv verwendete, nahm einen Löffel voll aus der Zuckerdose, rührte nachdenklich in der Tasse herum und musterte mich währenddessen. «Alles okay?», fragte sie dann. Sie stellte diese Frage nur, um die gleichlautende Gegenfrage zu hören, aber ich tat ihr den Gefallen nicht gleich.

«Alles bestens», behauptete ich. Und das stimmte sogar, jedenfalls bei oberflächlicher Betrachtung. Nach dem gestrigen Ausflug hatten wir noch eine Weile im Garten gespielt, und Lara hatte schließlich sogar den kleinen Schatz gefunden, den ich beim Halt an der Tankstelle gekauft und rasch vor ihr versteckt hatte – ein Miniatur-Plüschkänguru in einem durchsichtigen Plastikei. Das Ding saß jetzt neben ihrem Müsliteller, und nach jedem Bissen nahm sie es in die Hand, streichelte es liebevoll und sagte stolz «Kängi». Möglich, dass sie ahnte, dass dieser Schatz etwas mit mir zu tun hatte, denn zwischen den Streicheleinheiten für ihr neues Plüschtier warf sie mir neugierig-fröhliche Blicke zu. Vielleicht dachte sie aber auch auf Lara-Art über unsere neuartige und interessante Beziehung nach, was ebenfalls nahelag. Dieses Thema beschäftigte auch mich.

«Wie läuft es in der Praxis?», fragte ich meine Gattin und köpfte gleichzeitig mein Frühstücksei. Ich aß selten Eier und zum Frühstück höchstens ein-, zweimal im Quartal, aber der neue Eierkocher, der sich in unserem neuen Haushalt befand, hatte tatsächlich exakt jene Konsistenz hergestellt, die ich von einem punktgenau zubereiteten Viereinhalb-Minuten-Ei erwartete.

Melanie antwortete nicht. Sie starrte auf ihr Nutella-Toastbrot und war offensichtlich mit ihren Gedanken weit weg. Dann sah sie mich plötzlich an, mit einem Blick, der mich sehr irritierte.

«Super», sagte sie – etwas lauter, als nötig gewesen wäre. «Spitze. Spitzenmäßig.» Sie betonte jede Silbe einzeln und zog das Wort in die Länge: spit-zen-mä-ßig. «Es könnte überhaupt nicht besser sein. Ein Träumchen. Ich bin richtig glücklich.»

Ich antwortete nicht, bemerkte aber, dass ich dabei war, das Ei zwischen Daumen und Zeigefinger zu zerdrücken.

«Und bei dir, *Liebling*?», fragte sie gegen, ein Wort verwendend, das in unserem Haushalt so neu wie der Eierkocher war. Auch diesen Begriff zog sie extrem in die Länge. «Was gibt's Neues bei der Karriereplanung?»

«Ich strecke meine Fühler aus», behauptete ich und musste mir ein Lachen verkneifen. Auch Melanie kämpfte dagegen an, und immerhin wurde ihr Gesichtsausdruck dadurch etwas fröhlicher. Laras Blicke huschten zwischen uns beiden vergnügt hin und her.

«Schön zu hören», erklärte sie. «Du hast auch bald wieder mehr Zeit.»

«Wie darf ich das verstehen?»

«Gabriele kommt morgen und wird dir ein bisschen bei Lara helfen.»

«Omami!», rief Lara begeistert. Aus Gründen, die ich niemals würde nachvollziehen können, mochte sie Melanies Mutter, die sie eben Omami nannte.

«Gut», log ich und salzte endlich mein Ei. Es war klar, dass das längst noch nicht alles sein konnte. Ich erwartete mindestens die Mitteilung, dass ein Möbelwagen auf dem Weg wäre, um meine Klamotten nach Berlin zurückzubringen.

«Sie bleibt übers Wochenende», verkündete Melanie und biss ein großflächiges Stück vom Toast ab.

«Okay.» Das Ei fiel beinahe vom Löffel.

«Und ich fahre zu Petra. Das ist doch in Ordnung für dich?» Sie grinste richtig fies.

«Super», sagte ich so lässig wie möglich und ahmte Melanies Wörterdehnung dabei nach. «Ich hoffe, sie stört sich nicht daran, dass Thorben auch übers Wochenende zu Besuch kommt.»

Ihre Reaktion darauf interessierte mich sehr – die Mitteilung schien sie tatsächlich nervös zu machen. Sie bekam sich zwar rasch wieder in den Griff, aber wenn etwas nötig gewesen wäre, um meinen Verdacht wieder zu erhärten, dann dieser Augenblick, in dem sie mich irritiert und fast schon ein bisschen verängstigt angesehen hatte.

«Kommt er?»

Ich nickte nur und nahm dabei endlich einen Bissen Ei. Es schmeckte wirklich vortrefflich. Ich hoffte, dass Thorben Kamprads neuer Job als Datenbankadministrator bei Zalando hergab, dass er schon wieder übers Wochenende in den Spreewald kommen könnte. Ein Wochenende allein mit Gabriele würde ich tatsächlich nicht aushalten.

Pocahontas machte sich für die Praxis fertig, ich ging in den Keller und fotografierte die Sauna. Als ich ins Haus zurückkehrte und Melanie sich von Lara verabschiedete, fiel mir ein, dass der rote Torpedo ja immer noch am Rand der Landstraße irgendwo zwischen Brunn und Krumm stand – jedenfalls hoffentlich. Immerhin war die polnische Grenze nicht allzu weit weg. Wenn selbst der Pfarrer sein kaum diebstahlswürdiges Pedalgefährt gegen Eigentumsdelikte absicherte, musste von erheblicher Kriminalität in der Region ausgegangen werden.

Melanie hatte vor ihrem ersten Behandlungstermin nicht mehr genug Zeit, also suchte ich per Computer nach Möglichkeiten, um die vier, fünf Kilometer bis zu meinem Auto zu überwinden. Die Fahrräder konnten wir nicht nehmen, weil es im Z4 keine Möglichkeit gab, sie zu verstauen – ich hätte vielleicht einen einzelnen Reifen von Laras Kinderfahrrad darin unterbringen können. Also rief ich zunächst das einzige Taxiunternehmen an, das es in Brunn gab. Schon nach ungefähr dem dreißigsten Klingeln ging ein müde klingender, offensichtlich älterer Herr ans Telefon, der mir erklärte, dass ich am frühen Nachmittag einen Wagen haben könne, aber auch nicht ganz sicher. Für morgen Vormittag könne er mir etwas definitiv zusagen, für das Wochenende sowieso. Mit Krankentransporten sei es allerdings einfacher, die habe er auch im Portfolio. Er schlug mir vor, doch ein Taxi in Cottbus zu bestellen, das komme vielleicht schneller. Ich lehnte dankend ab.

Eine regionale Busgesellschaft betrieb neben anderen eine Linie, die von Brunn über Krumm nach Cottbus führte, von dort wieder zurück und so weiter, zehnmal am Tag, jeweils ungefähr alle anderthalb Stunden. Wer allerdings zwischen neun am Abend und halb sechs am Morgen irgendwo hinwollte, war aufgeschmissen. Immerhin befand sich die örtliche Haltestelle keine dreihundert Meter vom Haus entfernt, der nächste Bus käme in vierzig Minuten.

«Wollen wir mit dem Bus fahren?», fragte ich Lara.

«Ist dein Auto kaputt?», fragte sie zurück, nickte aber gleichzeitig.

Ich schnappte mir das Kind, den gelben Rucksack und den etwas unhandlichen Zweitkindersitz, der in der Garage bereitstand. Ich erwartete, auf dem Weg zur Haltestelle wiederum keiner Menschenseele zu begegnen, aber schon zwei Grundstücke von unserem entfernt fuhr mir ein gehöriger Schreck in die Glieder, als plötzlich links von mir eine ältere weibliche Stimme auf sehr gruselige Weise «Hallo» hauchte. Ich blieb stehen, Lara drückte sich an mein Bein.

Die Frau ähnelte nicht nur einer Statue, weil sie sich nicht bewegte – sie hatte auch die Oberflächentextur einer Gipsfigur. Ihre Schminke musste ihr Körpergewicht verdoppeln. Und dann dieses Grinsen. Die Frau stand bewegungslos neben dem Eingangstor ihres Grundstücks, und keine Dekoration einer Kirmes-Geisterbahn hätte abschreckender aussehen können. Ich spürte, wie Lara den Druck auf mein Bein intensivierte.

«Hallo», erwiderte ich.

«Hallo», wiederholte die Frau. Die Bewegungen ihres Mundes waren kaum wahrzunehmen.

«Hallo», piepste Lara, schaute aber woanders hin.

«Hallo», machte die Frau abermals.

«Bis bald», sagte ich und versuchte, es freundlich klingen zu lassen.

«Bis bald», drohte die Statue grinsend.

Im Wartehäuschen saßen bereits drei Personen – eine ältere Dame in Kittelschürze und Sandalen, ein Mann in meinem Alter, der einen durchaus ansehnlichen Anzug trug und eine Laptoptasche auf den Knien zu liegen hatte, und ein Mädchen kurz vor der Volljährigkeit in Sneakers, Jeans und Shirt. Öffentliche Nahverkehrsmittel benutzte ich in Berlin selbstverständlich nie, hatte sie aber mehrfach in Kolumnen thematisiert. Meine letzte Fahrt mit einem BVG-Bus hatte vermutlich kurz nach der Exmatrikulation stattgefunden. Jedenfalls gab es nur eine relevante Verhaltensmaßregel für Haltestellen und Bahnhöfe in Berlin: *ignorieren*. Was auch immer um einen herum geschah, man hatte so zu tun, als geschähe es nicht. Als wäre da einfach niemand. Alles andere war zu riskant.

Diese Regel schien hier nicht zu gelten. Als wir eintrafen, gab es zunächst ein größeres Hallo, wobei die vermeintliche Abiturientin anmerkte, dass ich doch wohl der Gatte der neuen Psychiaterin sei, was ich dieses Mal nicht korrigierte. Ich nickte höflich. Lara ließ sich bewundern. Dann setzten die drei ein Gespräch fort, das sie offenbar zuvor geführt hatten und in dem es um Politik, Sport und die Vorbereitungen zum diesjährigen Gurkenfest ging – das alles ohne jede Ironie, sehr höflich und aufmerksam. Ich schaute mich vorsichtig nach versteckten Kameras um. Ein-, zweimal wurde ich etwas gefragt, als würden wir uns seit Jahren kennen.

Als ich im Bus bezahlen wollte, nickte der Fahrer nur, während er offensichtlich eine Frikadelle mampfte. «Die erste Fahrt geht aufs Haus», nuschelte er schließlich am Hackfleisch vorbei, wobei er zu lächeln versuchte. Ich bedankte mich, und wir waren schon auf der Suche nach Plätzen, als er mich zurückrief.

«Sie wollen vermutlich zu Ihrem Auto, oder?», fragte er.

«Ja.»

«Da ist eigentlich keine Haltestelle, aber weil Sie es sind», sagte er. Und tatsächlich stoppte er den Bus ein paar Minuten später direkt neben meinem Auto. Als wir ausstiegen, riefen die anderen Fahrgäste «Auf Wiedersehen», und Lara winkte.

Das Auto war unversehrt.

Allerdings mühte ich mich eine gute Viertelstunde damit ab, den Kindersitz zu montieren. Letztlich musste das ganz einfach sein – Melanie brauchte nie länger als ein paar Sekunden dafür. Ich aber hatte das noch nie getan, und die Piktogramme auf der Rückseite des merkwürdig wackeligen Kunststoffungetüms schienen irgendwas zu erklären, nicht jedoch die Montage des Sitzes in einem Auto, bevorzugt in *meinem* Auto. Zwischendrin traf Thorbens Antwort auf meine Kurznachricht vom Morgen ein: «Okay, Kumpel, aber erst am Samstag. So gegen Mittag.»

Ich begriff schließlich, dass die Anleitung den Zusammenbau des Sitzes zeigte, und der war ja längst erledigt. Man musste ihn nur auf den Autositz stellen und den Gurt durch zwei Schlaufen fädeln – genau genommen war es Lara, die den entscheidenden Hinweis gab. Sie zeigte auf die signalrote Kunststoffhalterung, die den Gurt aufnehmen würde, und sagte: «Da, Bastipapi.»

Kurz darauf saßen wir erstmals zusammen in meinem Auto.

«Soll ich das Dach aufmachen, Kleines?», fragte ich.

«Ja, Bastipapi», sagte sie strahlend und nickte dabei heftig. Dann legte sie den Kopf in den Nacken und sah staunend zu, wie das Dach des Roadsters nach hinten aus ihrem Blickfeld verschwand. Der gelbe Kinderrucksack, der neben der Wechselwäsche, Puppe und Teddy heute außerdem Kängi enthielt, lag auf ihrem Schoß, von beiden Ärmchen umklammert. Als hätten wir mindestens eine abenteuerliche Weltreise vor uns. Okay, für eine knapp vier Jahre alte Erdenbürgerin war *alles* eine abenteuerliche Weltreise.

Nach Auskunft meines Smartphones befand sich der nächste Baumarkt am Rand von Cottbus, dort allerdings gab es gleich mehrere davon. Ich wählte den nächstgelegenen; mit Baumärkten kannte ich mich nicht aus und wollte das auch nicht, weil ich es für gefährlich hielt, wenn Leute an Heizungen, Gasleitungen, Dachrinnen und Elektroinstallationen herumbastelten, ohne dafür qualifiziert zu sein. Ich konnte einen Hammer benutzen und einen Kreuzschlitzschraubendreher von einem einfachen Schlitzschraubendreher unterscheiden, aber die Do-it-yourself-

Kultur fand aus meiner Perspektive in einem Paralleluniversum statt, in dem sie nach meinem Dafürhalten auch bleiben konnte. Andererseits gefiel mir die Idee, mich mit dieser halbverrotteten Sauna auseinanderzusetzen und möglicherweise sogar eine kleine Überraschung für Melanie vorzubereiten. Letztlich war es vermutlich nichts weiter als Beschäftigungstherapie; der Unterhaltungswert von Lara war zwar erheblich, aber auch intellektuell begrenzt, und die Jungs aus *meiner* Autorengruppe würden zwischendrin hin und wieder arbeiten müssen. Mit alldem, was ansonsten auf mich wartete und um das ich mich hätte kümmern müssen, wollte ich vorläufig nichts zu tun haben.

Es war ein Katzensprung, keine fünfundzwanzig Kilometer, die ich in einer knappen Viertelstunde hinter uns brachte, auf dem Beifahrersitz ein begeistertes kleines Mädchen, das die rechte Hand in den Fahrtwind hielt und «Schneller, Bastipapi!» brüllte. Ich überholte alles, was die Bundesstraße benutzte, und hoffte darauf, dass in der Gegend keine stationären Radarkontrollgeräte installiert waren. Und dass Polizist Hartmut nicht hinter irgendeinem Busch lauerte.

Der riesige Baumarkt teilte sich einen gewaltigen Parkplatz mit einem Billig-Möbelhaus, der Filiale einer Kette für Haustierbedarf und einem Getränkemarkt. Am Rand der Stellplätze gab es einen Imbiss, ein Stehcafé und einen kleinen Stand, an dem man – was sonst? – Spreewaldgurken kaufen konnte. Solche Ensembles existierten, vielleicht vom Gurkenstand abgesehen, überall in der Republik, sogar in und um Berlin herum, und ich schämte mich ein wenig dafür, diese Unkultur dadurch zu befördern, dass ich in diesem Moment an ihr teilnahm.

Eine rothaarige Frau mit sehr großen Brüsten, die mit energischer Handwerkermiene hinter einem Auskunftscounter lehnte, hörte mir geduldig zu und erklärte mir dann, dass es sogar eine Abteilung für Saunen und Saunabedarf gebe, ab Gang 74. Mit

Lara an der Hand durchschritt ich die gigantische klimatisierte Hallenkonstruktion, unter deren Decke, auf den stählernen Querträgern, Vogelnester zu sehen waren, zwischen denen Sperlinge hin und her flatterten. Bis Gang 74 mussten wir zwei Dutzend andere passieren, und meine Tochter fragte alle paar Sekunden, wozu die Geräte nötig wären, die man hier sehen konnte: Trennschleifer, Hochdruckreiniger, Heißklebepistolen. Ich hatte nicht immer eine Antwort, aber die für einen Mittwochvormittag beeindruckend zahlreiche Kundschaft wusste offenbar ganz genau, wonach sie suchte. Überwiegend Männer überwiegend in den späten Vierzigern griffen zielsicher in Regale, um anschließend Baumaterial, Werkzeug und allerlei Zubehör in die monströs großen Einkaufswagen zu stapeln.

«Ach, Sie», sagte plötzlich eine Frauenstimme zu mir. Ich drehte mich zur Seite – Jeanette Jakubeit stand neben uns und lächelte. Die Sieben, die mich am Montagabend sozusagen aus dem Auto gezogen hatte, die Jahrgangsbeste aus der Polizeischule und ehemalige Drogenfahnderin in Venezuela oder Chile oder so. Bei Tageslicht kam sie mir etwas älter vor, vielleicht sogar schon über dreißig. Sie trug Freizeitkluft und die brünetten Haare zu einem Pferdeschwanz gebunden. Die Polizistin war wirklich hübsch; mein leicht alkoholvernebeltes Hirn hatte mich nicht getäuscht. Selbst ohne viel Kosmetik lag sie dichter an der Acht als an der nächstkleineren Note: Sie sah großartig aus.

«Hallo», sagte ich.

«Hallo», sagte Lara.

«Und? Das Auto schon abgeholt?» Sie grinste, aber eher freundlich als hämisch.

«Gerade eben.»

«Mutig. Wir tun zwar unser Bestes, aber einen so teuren Wagen würde ich in dieser Region nicht zwei Nächte lang an der Landstraße stehen lassen. In null Komma nix ist der in Weißrussland. Quasi als Beifang. Die meisten Pkw werden ja in Berlin gestohlen.»

«Ich habe es einfach vergessen.» Ich musste überlegen, wann ich zuletzt die Abkürzung Pkw in einem gesprochenen Satz gehört hatte. Genau: vom livrierten Bediensteten, der mich vor dem Hotel Alte Wäscherei darüber informiert hatte, dass man den roten Torpedo zum Parkplatz geschleppt hatte.

«Hallo», wiederholte Lara und ging auf die Zehenspitzen, um auf sich aufmerksam zu machen.

«Das ist Lara, meine Tochter», sagte ich. Die Kleine streckte der Polizistin die Hand entgegen.

«Hallo, Lara», sagte Jeanette Jakubeit und ging in die Knie. «Ich bin Jeanette.»

«Du bist schön», erklärte Lara.

«Du auch», sagte die Polizistin.

«Sie haben ein Boot?», fragte ich. Wir befanden uns am Gang mit Bootszubehör, und in Jeanette Jakubeits Einkaufswagen lagen ein paar Beschläge, zwei aufgerollte Taue und einige Töpfe mit Spezialfarben.

Sie nickte. «Ein kleines Motorboot. Wenn Sie und die Kleine mal Lust haben …»

«Und meine Frau?», fragte ich amüsiert. Die Polizistin errötete, aber nur sehr kurz, als ob sie es steuern konnte.

«Und Ihre Frau», korrigierte sie sich.

«Gerne. Aber jetzt müssen wir erst einmal nach Saunaheizungen schauen.»

«Zwei Gänge weiter», erklärte sie, nickte mir und Lara noch kurz zu und verschwand winkend. Sie hatte mich angeflirtet. In Berlin und unter normalen Umständen hätte ich das einfach zur Kenntnis genommen, aber hier und unter diesen Bedingungen fand ich das außerordentlich bemerkenswert. Meine Laune verbesserte sich drastisch.

Bis ich Michael Swoboda kennenlernte. So hieß gemäß Schildchen an der Brust der junge, hellhaarige, breithüftige und sommersprossige Mann, der kurzärmeliges Hemd und kurze Hose in den Markenfarben des Baumarkts – Gelb-Braun – trug und kopfschüttelnd die Fotos betrachtete, die ich im Keller aufgenommen hatte.

«Das kriegen Sie nicht hin», sagte er. «Die muss komplett saniert werden. Nur ein neuer Saunaofen reicht da nicht.»

«Schade.»

Er sah sich in alle Richtungen um und zog dann eine Visitenkarte aus der Hosentasche.

«Ich dürfte das eigentlich nicht», sagte er verschwörerisch. «Aber es gibt da jemanden in Brunn, das ist nicht weit von hier.»

«Ich weiß, wo Brunn ist.»

«*Saunen-Schuster*», sagte Michael Swoboda.

«Das Geschäft gehört nicht zufällig einem Mike Schuster?», fragte ich.

«Sie kennen Mike?»

«Ein wenig.»

«Saunen-Schuster gehört seinem Bruder.»

Ich zog die Stirn kraus. «Ich dachte, Mike wäre aus Aalen hergezogen, wegen der Liebe.»

Michael Swoboda nickte anerkennend. «Das stimmt. Und sein Bruder Frank auch.» Er sagte Frennk. «Zwillinge, Sie wissen.»

«Wer? Mike und Frennk oder die jeweils Auserkorenen?»

«Sowohl als auch.»

«Und Frank kennt sich mit Saunen aus?»

Der junge Baumarktmitarbeiter sah sich abermals um. «Sie finden keinen Besseren», flüsterte er dann.

Obwohl wir uns anschließend lange in der Haustierabteilung aufhielten, wo Lara jedem einzelnen Süßwasserfisch einen Namen gab, um kurz darauf vor den Garnelen-Aquarien zu knien und energisch «Böse! Böse! Böse!» zu rufen, wenn sich eines der Krebstiere aus seiner Behausung hervorwagte, trafen wir Jeanette Jakubeit an der Kasse wieder. Da sich nichts mehr in ihrem Wagen befand, was sich noch eine Viertelstunde vorher darin befunden hatte, war klar, dass sie auf uns – auf *mich* – gewartet hatte.

«Was für ein Zufall», sagte ich lächelnd und ärgerte mich ein wenig darüber, dass ich Lara im Schlepptau hatte.

«Nein, kein Zufall», antwortete sie. «Ich habe auf Sie gewartet.»

«Habe ich etwas Strafbares getan?»

Sie verzog das Gesicht. «Wenn ich für jeden faden Polizistenwitz zehn Cent bekäme ...»

Ich hob die Hände, fraglos war ich außer Form – sie hatte recht. «Okay, also warum?»

Sie sah mich sehr selbstbewusst an. «Ich habe mir unsere Begegnung von vorhin noch einmal durch den Kopf gehen lassen.» Sie zwinkerte, als sie mich grinsen sah, aber es war eher ein ermahnendes Zwinkern. «Sie hatten vielleicht den Eindruck, ich hätte Sie angemacht. Mit Ihnen geflirtet.» Es schien ihr verblüffenderweise nicht einmal unangenehm zu sein, so offen mit mir zu reden. «Ich wollte nur klargestellt haben, dass das nicht der Fall war. Ich wollte lediglich freundlich sein. Das wird Ihnen hier, in der Region, noch häufiger begegnen. Ich weiß, dass das in der Großstadt anders ist.»

«Aha.»

«Was ich sagen will: Als ich Sie und Ihre Tochter eingeladen habe, ging es mir nicht darum, mit Ihnen *allein* zu sein, verstehen Sie?»

«Ich bin nicht sicher», gab ich zu. Es gelang mir zwar mühelos, meine Enttäuschung zu verbergen, weil das zu meinen Fähigkeiten gehörte, aber tatsächlich *war* ich enttäuscht.

«Ich käme nicht im Traum auf die Idee, einen verheirateten Mann anzubaggern. In Berlin mag das üblich sein, hier nicht.»

Ich wollte etwas erwidern, doch in diesem Augenblick traf etwas Feuchtes, Klebriges meine Stirn. Ich strich reflexartig mit der rechten Hand darüber – es handelte sich um weißgrauen Schleim. Jeanette Jakubeit zog ein Papiertaschentuch aus der Hosentasche.

«Das soll Glück bringen», sagte sie lächelnd.

Ich sah zur Decke. Zwei Spatzen hockten in acht Metern Höhe direkt über uns am Rand eines Querträgers, einer davon hatte mir ins Gesicht geschissen. Die Polizistin zwinkerte uns noch kurz zu und reihte sich dann in eine Bezahlschlange ein.

«Das war lustig», sagte Lara.

«Findest du?», fragte ich zurück, weil ich anderer Meinung war. Gewissermaßen zum Ausgleich betrachtete ich Jeanette Jakubeits nahezu perfekt apfelförmigen Hintern, während wir darauf warteten, an die Reihe zu kommen. Sie drehte sich jedoch nicht mehr zu uns um.

Frank Schuster hatte Zeit; wir vereinbarten telefonisch eine kurze Besichtigung am frühen Nachmittag, wenn Melanie sicher in der Praxis wäre. Im Haus angekommen, fand ich wieder eine Haftnotiz vor, dieses Mal am Kühlschrank: «Gieß doch bitte den Garten. Schlauch -> Garage. M.»

Der Wasseranschluss befand sich neben der Terrasse. Lara taperte mit einer winzigen Plastikgießkanne los, um Blumen zu gießen, und kam alle zwei Minuten zurück, um das kleine Gefäß aufzufüllen. Zwischendrin stand ich auf der Wiese und ließ den breit gefächerten Strahl über Gras, Büsche und Bäume wandern. Das Gras zeigte tatsächlich bereits hier und da leichte Verbrennungssymptome. Wann hatte es geregnet? Vorgestern? Ich war nicht sicher; seltsamerweise schien hier eine verlangsamte Wahrnehmung einzusetzen, wie im Urlaub. Und auch das Rasensprengen, eine Tätigkeit, der ich meiner Erinnerung nach erstmals in diesem Leben nachging, hatte eine ganz ähnliche, fast schon hypnotische Wirkung. Obwohl sich meine dunkel gelockte Tochter alle naselang neben mich stellte, woraufhin ich den Druck des Brausekopfes absenkte, um die kleine grüne Gießkanne zu füllen, hatte die Tätigkeit etwas angenehm Kontinuierliches. Das Rauschen des Wassers, das Plattern, wenn es auf Blätter und Stämme traf, der fast gleichmäßige dunkelgrüne Feuchtigkeitsüberzug, der sich auf Wiese und Büsche legte – ich hatte keine Ahnung, wie viel Zeit verging, aber zum ersten Mal seit fast einer Woche fühlte ich mich frei von Druck, nachgerade entspannt, und als ich schließlich im nach hinten gelegenen Vorgarten angekommen war und auch diesen bewässert hatte, breitete sich eine leichte Enttäuschung aus. Ich hätte gerne noch weitergemacht.

«Herr Kunze?», rief jemand.

«Bastipapi, Besuch», schrie auch Lara.

Frank Schuster sah seinem Zwillingsbruder tatsächlich mehr als verblüffend ähnlich, von der marginal geringeren Körperfülle abgesehen. Hätte er keinen Blaumann getragen, sondern, wie sein Verwandter am Samstag, einen Konfektionsanzug, hätte ich auf den ersten bis dritten Blick keinen Unterschied feststellen können. Sogar die Frisuren glichen sich, insofern von solchen die Rede sein konnte. *Trimmungen* traf es eher.

«Und Sie sind auch wegen der Liebe hierhergezogen?», fragte ich zur Begrüßung.

Er grinste schief. «Kaum zu glauben, oder? Jedenfalls, wenn man die Geschichte nicht kennt.»

«Und die wäre?»

Wir gingen, ohne das verabredet zu haben, auf die Terrasse. Ich bereitete zwei Tassen Caffè Crema zu und fand sogar eine Tüte

Cantuccini. Melanie liebte das Mandelgebäck, und ich mochte es, zugegeben, auch ganz gern. Frank Schuster griff beherzt zu.

«Wir haben gezielt nach Zwillingsschwestern gesucht», erzählte er beim Kaffee. «Über eine Partnervermittlung.»

«Partnervermittlung», wiederholte ich und verdeutlichte mimisch, was ich von derlei hielt. Aber Frank Schuster lächelte nur.

«Letztlich ist völlig egal, wo man jemanden kennenlernt. Unter welchen Bedingungen.»

«Na ja, die Situation ist schon etwas anders als bei der Anbahnung in der, wie soll ich sagen, freien Natur.»

«Wenn man dazu bereit ist, eine Beziehung aufzubauen, kann man das unter vielen Voraussetzungen schaffen. Man muss sich darauf einlassen wollen, das ist das Wichtigste.»

Ich verkniff mir entsprechende Anmerkungen.

«Und natürlich war das schon ein irrer Zufall. Dass da zwei Damen auch auf der Suche waren und dass es dann auch noch gefunkt hat.»

«Eineiige Zwillinge?»

Frank Schuster nickte.

«Ich habe die Frau Ihres Bruders gesehen. Alle Achtung.»

Frank grinste und zog gleichzeitig eine Augenbraue hoch. «Sie meinen, eigentlich zu attraktiv für uns?» Er musterte mich, langsam nickend, während ich über eine Antwort nachdachte.

«Ist schon okay», sagte er nach einem Schluck Kaffee. «Selbst unsere Freunde waren ein bisschen überrascht. Aber ob Sie's glauben oder nicht, es ging Silke und Sybille um andere Dinge.»

«Aha», erwiderte ich nur, weil ich das schlicht für unglaubwürdig hielt.

«Aber wir haben uns ja nicht getroffen, um über meine Beziehung zu sprechen.» Er pausierte kurz, als würde er über etwas nachdenken. «Oder über diejenige meines Bruders», ergänzte der Zwilling anschließend. Die Ähnlichkeit war wirklich überaus verblüffend.

«Nein.» Ich sah zum Buddelkasten, wo Lara einen pyramidenförmigen Turm aus Sand errichtete. Das kleine Plüschkänguru saß auf dem Sandkastenrand. «Wir haben eine Sauna im Keller, die etwas ramponiert aussieht.»

Frank Schuster nickte. «Ich kenne die Sauna. Ist in den frühen Neunzigern gebaut und leider etwas vernachlässigt worden.»

«Und?», fragte ich. «Wie viel?»

Er hob wieder die Augenbraue. «Der Saunaofen ist noch das kleinste Problem. Die Dämmung muss erneuert werden, ein Gutteil des Holzes auch. Und Sie brauchen eine neue Steuerung.»

«Wie viel?», wiederholte ich.

«Zwei, vielleicht zweieinhalb.»

«Können Sie heimlich bauen? Zum Beispiel am kommenden Wochenende?»

Er lachte. «Meinetwegen sogar nachts. Es ist ja nicht so, dass hier die Leute anstehen würden, um sich Saunen in ihre Millionenvillen einbauen zu lassen.» Frank Schuster sah auf die Uhr. «Wenn wir uns gleich einig werden und Sie, sagen wir, hundertfünfzig als Eilbonus drauflegen, baue ich Ihnen das Ding bis Sonntagnacht fertig.»

9. Tagebuch von Melanie Kunze,
Mittwoch, 22. Juni, 18.30 Uhr

So habe ich mir das echt nicht vorgestellt. Ich habe mit einigen gepflegt Depressiven gerechnet, einem Bipolaren vielleicht, hier und da einer dezenten Angststörung, möglicherweise ein, zwei Suchtkranken (das mit dem Alkohol in der Provinz dürfte ein zutreffendes Klischee sein) und maximal einer PTBS, aber schon nach drei Tagen habe ich das Gefühl, dass die hier alle ganz mächtig einen an der Waffel haben. Ja, es sind auch Depressionspatienten darunter, aber keineswegs leichte Fälle. Dann ist da noch meine spezielle Freundin, die Erzieherin, aber die ist längst nicht die Spitze des Eisbergs. Selbst die ausgewachsene Schizophrenie, mit der ich heute Morgen konfrontiert wurde (Gedankennotiz: mit dem überweisenden Arzt sprechen – der hat doch wohl eine Macke!), markiert noch nicht das obere Ende der Skala (aber, unter uns: Der Mann gehört in die Geschlossene!). Der Patient am Nachmittag ... verflucht. Ich muss aufpassen, was ich hier schreibe. Mein feines MacBook will sich nämlich ständig mit der «Wolke» verbinden, obwohl ich schon ein Dutzend Mal angeklickt habe, dass ich nichts in der *iCloud* speichern will. Wenn irgendwer in die Finger bekommt, was ich hier ablasse, bin ich meine Approbation los. Andererseits: Wenn ich für mich behalte, was ich von diesem Mann erfahren habe, passiert das vielleicht auch.

Aber der Hammer war die Maskenfrau. Ich habe sie ja schon vor zwei Wochen kurz gesprochen – meine bisher einzige Privatpatientin. Sie ist so stark geschminkt, dass man ihr Alter nicht erraten könnte (aber ich kenne es natürlich aus dem Anamnesegespräch, sie ist vierundvierzig). Sie erinnert mich an diese Figur aus einem Batman-Film. Der Joker. Dieses artifizielle, unaufhörliche Grinsen, wie festgemeißelt unter fünfzig Kilo Make-up. Und sie verrät mir nicht, warum sie therapiert werden will oder mit welchem Behandlungsziel. Sie will einfach nur reden. Sie spricht schnell und tonlos. Es ist wirklich wie in einem Film – in einem Horrorfilm. Das Schlimmste jedoch: Sie ist unsere Nachbarin. Die Frau wohnt drei Häuser weiter, läuft aber fast zwei Kilometer, um in die Praxis zu gelangen und dabei nicht gesehen zu werden. Ich stelle mir vor, wie Lara an ihrem Grundstück vorbeigeht und diese gruselige Dame sieht, die hinter der Hecke steht und sie auf diese Weise angrinst. Trauma quasi vorprogrammiert. Ich will nicht meine eigene Tochter behandeln müssen.

So habe ich mir das wirklich nicht vorgestellt.

Immerhin, auf der Positivseite: Frau Bohnenzwiebel (dieser Name!) macht sich gut, sie ist sehr pragmatisch und unaufgeregt, schafft ihre Arbeit wirklich an einem halben Tag. Allerdings habe ich auch bei ihr das Gefühl, dass irgendwas nicht stimmt. Möglicherweise bin ich durch die Eindrücke der ersten paar Tage etwas übersensibilisiert.

Und, vor allem: Ich habe Thorben endlich erreicht, und er will die Klappe halten. Vorerst. Dieser dumme, große Junge. Sie sind ja alle dumme, große Jungs. Mal weniger dumm, mal weniger groß, aber immer beides. Frauen werden erwachsen, Männer werden nur älter. Und, leider, meistens auch noch attraktiver, während wir uns ab Mitte zwanzig die Fältchen wegspachteln müssen.

Aber Basti verblüfft mich. Entweder er ist ein besserer Schauspieler, als ich gedacht habe, oder er arrangiert sich tatsächlich. Oder er blendet aus – das ist meine Sorge. Mit Lara geht er wirklich rührend um, er kümmert sich um alles Mögliche, und er muckt nicht auf. Fast ein bisschen beängstigend. Aber längst nicht so sehr wie diese Freakshow, die sich in meiner Praxis die Klinke in die Hand gibt.

Unsere Nachbarn. Unsere Nachbarn! Ich fasse es nicht. Und ich bin schon nach drei Tagen völlig durch. Ich werde am Wochenende zu Petra fahren – und ich muss einen Termin mit meinem Supervisor machen. Ich brauche Hilfe. Zum Glück kommt Mama morgen.

10. Playmobil

Gabriele Kerber-Granfeld hatte so viel Ähnlichkeit mit ihrer Tochter wie eine Erdbeere mit einer Aprikose: Die Formen ähnelten sich zwar, aber das war es auch schon. Sie war deutlich kleiner als Pocahontas, hatte einen sehr viel helleren Teint, dunkelblonde Haare und ein eckiges, fast klobiges Gesicht. Die gleichsam indianische Eleganz, mit der Melanie durch die Welt schritt, fehlte ihr vollständig, und obwohl die Zahnärztin sicher keine dumme Frau war, wirkte sie beim Erstkontakt gewissermaßen bäurisch und auch ein wenig tollpatschig – und zumindest dieser Eindruck täuschte nicht. Sie war vermutlich eine der zehn schlechtesten Autofahrerinnen auf dem Planeten – Gabriele Kerber-Granfeld kaufte sich alle zwei, drei Jahre ein neues Auto und ließ den jeweiligen Vorgänger verschrotten, weil er einfach nichts mehr wert war. Sie nahm jeden Pfeiler, jeden Schilderpfahl, jede Bordsteinkante, jeden Poller und mindestens jedes zweite geparkte Auto mit, das sich in ihrer Nähe befand. Ihre jährlichen Versicherungsprämien mussten fünfstellig sein, wenn es denn überhaupt noch ein Unternehmen gab, das bereit war, das Risiko ihres Schutzes zu übernehmen, und dass sie noch nicht zur medizinisch-psychologischen Untersuchung aufgefordert worden war, um dort ihre Fahrtüchtigkeit zu beweisen, kam einem Wunder gleich – immerhin zeigte sie jeden Schaden, den sie verursachte, sofort an und war meines Wissens noch nie in ein Verfahren wegen Fahrerflucht geraten. Umso erstaunlicher, dass sie als Doktorin der Zahnmedizin sehr gute Arbeit zu leisten schien und sogar einen exzellenten Ruf hatte. Allerdings hatte sie sich auf Angstpatienten spezialisiert, die sie größtenteils vor der Behandlung hypnotisierte. Möglicherweise bemerkten die Kunden nicht, dass sie den einen oder anderen Nachbarzahn versehentlich mitextrahierte oder knietiefe Löcher ins Zahnfleisch bohrte.

Vor allem aber war meine Schwiegermutter eine ganz enorme Nervensäge. Das lag weniger daran, dass sie sich – wie vermutlich viele Schwiegermütter – in Beziehung und Erziehung einmischte, was sie zwar auch versuchte, womit sie aber schon an Melanies Widerstand scheiterte, die sich in dieser Hinsicht nicht beeinflussen ließ. Nicht einmal von mir, der das bislang allerdings auch noch nie probiert hatte. Nein, Pocahontas' Mutter hörte einfach nicht zu. Sie schien die Fähigkeit zur bidirektionalen Kommunikation schlicht nicht zu besitzen. Sie saß einem beim Gespräch gegenüber, es wirkte, als würde sie aufmerksam lauschen und beobachten, und dann erzählte sie etwas völlig Abseitiges, sprach über Themen, die bis zu diesem Moment keine Rolle gespielt hatten, und beantwortete Fragen, die keiner gestellt hatte. Es war wie das sprichwörtliche Gegen-die-Wand-Reden. Wobei in diese spezielle Wand ein Lautsprecher eingebaut worden war, der nach dem Zufallsprinzip auf akustische Reize reagierte. Möglich, dass sich Melanies leiblicher Erzeuger deshalb kurz nach dem Akt aus beider Leben verabschiedet hatte, und wahrscheinlich sogar, dass sämtliche vier Ehen, die Gabriele Kerber-Granfeld bislang zu führen versucht hatte, aus ebendiesen Gründen gescheitert waren. Es war nicht auszuhalten, mehr als ein paar Stunden am Stück mit ihr zu verbringen. *Minuten.*

Sie kündigte ihr Eintreffen mit einem dreifachen kurzen Hupton an, auch eine ihrer Eigenarten. Dann erwartete sie, dass man ihr entgegenkam, was in Berlin sehr selten glückte, weil ihr Hupen im vierten Stockwerk einfach nicht zu hören war – und erst recht nicht von einem Stellplatz zwei Querstraßen weiter. Nach einer gewissen Wartezeit rief sie dann an. Hier allerdings funktionierte ihre Methode.

«Omami!», rief Lara.

Ich hob sie aus dem Kinderstuhl. Auch Melanie stand vom Frühstückstisch auf; sie wirkte immer noch müde, aber deutlich entspannter als gestern. Ich ging vor allem deshalb mit den beiden nach draußen, um zu prüfen, ob Gabriele eine Schramme in meinem Z4 hinterlassen hatte, der ja auch vor dem Grundstück stand. Diese Gefahr hatte es in Berlin nicht gegeben, weil es dort nur äußerst selten Parkplätze in Wohnungsnähe gab.

Derzeit fuhr Gabriele ein schnittiges zitronengelbes Coupé von Daimler, aus der C-Klasse, wenn ich mich nicht irrte. Als wir eintrafen, stand sie neben dem vor zwei oder drei Monaten angeschafften Auto, dessen Beifahrertür eine senkrechte Delle in Form eines schmalen, länglichen Zylinders aufwies. Das gehörte zu ihren Spezialitäten: die Türen gegen Pfähle knallen. Sie tat das sogar, wenn sie außen vor dem Auto stand und beispielsweise etwas auf dem Beifahrersitz verstauen wollte – und das fragliche Hindernis eigentlich nicht übersehen konnte. Melanies Mama stieg aber auch gerne über die Beifahrerseite aus, nachdem sie festgestellt hatte, dass sie das Auto zu dicht am Nachbarn auf der linken Seite geparkt hatte, also auch nach energischem Die-Tür-gegen-das-andere-Fahrzeug-Dreschen dort keine ausreichend große Spalte vorzufinden war, durch die sie sich nach draußen drängen konnte.

Außerdem war eine hintere Seitenscheibe durch Plastikfolie ersetzt, auf der Motorhaube prangte eine armlange, seltsamerweise tiefrote Schramme – und das Autodach sah aus, als hätte es eine Ladung Kieselsteine abbekommen, die man aus einem Flugzeug abgeworfen hatte. Es war allerdings überflüssig, Melanies

Mutter nach den Ursachen dieser Schäden zu fragen: Sie vergaß derlei sofort wieder.

«Kinder!», rief sie, als wir zum Tor kamen. Sie stand neben ihrem lädierten Auto, hätte inzwischen längst im Haus sein können, aber es gehörte eben zu ihren speziellen Ritualen, sich abholen zu lassen. Gabriele lächelte und hatte die Hände vor dem Bauch verschränkt; tatsächlich ähnelte sie der Bundeskanzlerin mehr als nur ein bisschen.

«Omami!», rief Lara wieder.

«Mutter», sagte Melanie, aber auf freundliche Art.

Die Frauen umarmten sich.

«Bleibst du bis Sonntag oder Montag?», fragte Pocahontas.

«Der Verkehr auf der A13 war die Hölle», antwortete die Angesprochene.

«Hast du mir was mitgebracht, Omami?», fragte Lara.

«Ein frischer Kaffee wäre jetzt genau richtig», erwiderte sie.

Ich deutete eine Umarmung an, sie zwinkerte mir zu. Tatsächlich hatte ich das Gefühl, dass sie mich mochte, obwohl sie wissen musste, dass die Ehe zwischen Melanie und mir nicht den üblichen Idealen entsprach, um es äußerst vorsichtig auszudrücken. In dieser Hinsicht verfügte sie allerdings über deutlich mehr Erfahrungen als ich. Sie nickte kurz in Richtung ihres Gepäcks – ein Trolley, zwei sehr große KaDeWe-Tüten –, was bedeutete, dass ich mich darum zu kümmern hätte, und hakte sich bei Melanie ein.

«Ist noch was im Auto, Mutter?»

«Am Sonntag soll es regnen.»

Keine Ahnung, wie es die beiden geschafft hatten, plus/minus achtzehn Jahre zusammen in einem Haushalt zu leben. Vielleicht hatten sie der Einfachheit halber zwei Haushalte geführt.

«Hast du mir etwas mitgebracht, Omami?», wiederholte Lara.

«Ihr solltet Gemüse im Garten anbauen, Schätzchen.» Dann beugte sie sich zur Enkelin hinunter, strich ihr mit einer Hand über die Haare und sagte: «In der Tüte hier ist eine Kleinigkeit für dich.»

In Laras Gesicht entflammte ein Strahlen, und sie klemmte sich an Omamis Oberschenkel.

Wenig später saß ich allein mit ihr in der Küche, während Melanie noch kurz das Gästezimmer vorbereitete und sich für die Arbeit fertig machte. Lara spielte mit der «Kleinigkeit» im Wohnzimmer, einem Playmobil-Puppenhaus von der Größe einer Hundehütte, das allerdings noch auf den Zusammenbau wartete. Gabriele nippte am Espresso. Die Maschine, die Pocahontas neu gekauft hatte, vermutlich teilweise mit dem Geld ihrer Mutter, fabrizierte wirklich großartigen Kaffee. Ich mochte normalerweise den Duft von Kaffee etwas mehr als dann den Geschmack, aber hier, bei diesem faszinierenden Gerät, kam es fast aufs Gleiche hinaus.

«Und? Wie läuft die Zahnzieherei in Frohnau so?», fragte ich. Ich hätte sie auch fragen können, was sie von der Flora in Zentralkamerun hielt.

Zu meiner Überraschung hob sie den Blick von der Espressotasse und musterte mich mit ernstem Gesichtsausdruck. «Du hast keine Ahnung, was du für ein Glück hast. Wie groß das Risiko ist, das du mit deinen Spielchen eingehst. Oder, Sebastian?»

Sie beugte sich leicht zur Seite, lauschte ins Haus, auf den Klang von Füßen auf einer Treppe. Ich war so verblüfft, dass mir nicht gleich eine angemessene Erwiderung einfiel. Die einzigen Geräusche, die zu hören waren, stammten vom Plastikgeklapper im Wohnbereich.

«Aus Gründen, die ich, von einer gewissen Attraktivität abgesehen, nicht verstehen kann, liebt dich Melanie. Dich, das stadtbekannte Arschloch, dessen zweifelhafter Ruf sogar bis nach Frohnau vorgedrungen ist. Und dir scheint das nichts zu bedeuten.»

Ich erwog kurz, ihre Art zu kopieren und sinnfrei etwas wie «Am Sonntag soll es regnen» zu antworten, aber sie kam mir zuvor.

Gabriele hob die Hände, die Handflächen nach oben.

«Das alles hier. Sie hat das alles auch für dich gemacht. Es ist ein Angebot, eine Chance. Aber es ist auch die letzte Chance. Das solltest du wissen.»

«Ist für irgendwen von Belang, ob ich dieses Angebot überhaupt möchte?»

Ein sehr, sehr leichtes Lächeln huschte über ihr Gesicht.

«Wo ist hier eigentlich die nächste Tankstelle?», fragte sie, als hätten wir die ganze Zeit über genau dieses Thema gesprochen. «Ich glaube, weit komme ich mit der Füllung nicht mehr.»

«Bastipapi», erklang es neben mir, mit forderndem Unterton. «Du musst helfen.»

Die Anleitung für das mehrstöckige Kunststoffgebäude umfasste einige Dutzend Seiten. Während Gabriele auf der Terrasse saß und bei noch mehr Espresso in einem Liebesroman schmökerte, Pocahontas den einheimischen Irren dabei half, mit der jeweiligen Klatsche zurechtzukommen, und sich Berlin viel zu schnell daran gewöhnte, ohne die Bernd & Susi und Sebastian Kunze zu überleben, saß dieser auf dem geölten Holzboden eines Hauses in Brunn im Spreewald und versuchte, Acrylnitril-Butadien-Styrol-Copolymerisat-Bauteile so zusammenzusetzen, dass sich daraus ein mehrstöckiges, dezent viktorianisches Idyll für etwa fünfzehn Figuren ergab, welche entfernt Menschen ähnelten, die sich um die Farbauswahl bei ihrer Kleidung nicht sonderlich scherten. Zunächst hatte ich Schwierigkeiten damit, die in der schriftfreien Anleitung bezeichneten Bauteile zu finden und von ähnlichen zu unterscheiden, vom grundlegenden Widerwillen ganz zu schweigen, mich überhaupt mit solchem Zeug zu befassen, aber als ich irgendwann aufstehen musste, weil meine Knie schmerzten, hatte ich, wie ein Blick zur Designer-Küchenuhr verriet, bereits über eine Stunde damit verbracht, das bunte ABS-Gebäude zu montieren. Lara war längst nach draußen verschwunden und spielte mit Gabriele im Garten. Ich drückte die Schultern nach hinten durch und verspürte eine irritierende, kindliche Befriedigung darüber, schon ein Stockwerk geschafft zu haben. Unter normalen Umständen wäre diese Betätigung nicht einmal als Thema für eine Kolumne in Frage gekommen. Ich machte mir Kaffee und konnte es kaum abwarten, weiter am Gebäude zu arbeiten.

«Hier ist übrigens noch mehr», sagte Gabriele und stellte ein paar Kisten ab, als ich wieder neben dem Puppenhaus kniete. «Ich habe erst an der Kasse erfahren, dass man die Möbel extra kaufen muss.»

«Großartig», erklärte ich und musste feststellen, dass ich mich tatsächlich freute. «Was macht ihr?»

«Dein Auto müsste mal gewaschen werden.»

«Das glaubt mir niemand», sagte Melanie.

Ich sah auf, wobei einige Gelenke und Muskeln auf sich aufmerksam zu machen versuchten. Inzwischen war ich beim Dach angekommen und hatte mehrere Zimmer mit Möbeln ausgestattet. Vermutlich saß ich bereits in der dritten Stunde am Projekt. Noch zehn, zwanzig Minuten, und ich wäre fertig, was ich ein wenig bedauerlich fand.

«Es macht sogar Spaß», gab ich etwas widerwillig zu. Tatsächlich machte es großen Spaß. Und es war eine Tätigkeit, die meine volle Aufmerksamkeit beanspruchte. Ich hatte nicht nur die Zeit vergessen, sondern auch alles andere.

«Wenn ich davon ein Foto mache und das bei Facebook poste,

habe ich morgen zehntausend *Likes*», erklärte sie. «Vielleicht würde ich sogar die Abdruckrechte verkaufen können.» Wie schon am Morgen wirkte Pocahontas heute etwas entspannter, fast befreit. Vermutlich freute sie sich einfach auf das Wochenende mit ihrer Freundin Petra.

«Das bleibt bitte unter uns», bat ich.

«Das muss ich mir noch überlegen.»

Unser erstes richtiges Gespräch seit Sonntag, wie ich feststellte.

«Was gibt's zum Mittagessen?», fragte sie.

Ich hob ein paar Bauteile hoch. «Die Küche ist leider noch nicht fertig.»

«Brote und etwas Tee tun's auch», erklärte Melanie.

Als sie zum Essen rief, setzte ich soeben das Bett ins elterliche Schlafzimmer im ersten Stock. Ich ging von den Knien in die Hocke, streckte meinen Oberkörper und betrachtete das Werk, erfüllt mit gewissem Stolz, der mir zugleich vor mir selbst peinlich war. Solche Dinger hatten schon Tausende Familienväter und -mütter montiert, große Brüder oder Schwestern, Onkel oder Tanten, Cousins oder Cousinen, Omas und Opas. Es war keine besondere Leistung, genau genommen sogar das exakte Gegenteil einer besonderen Leistung, und dennoch blieb dieses ungewohnte Gefühl, diese merkwürdige Befriedigung darüber, etwas Materielles geschaffen zu haben, einen Gegenstand gewissermaßen hergestellt zu haben, mit dem eine andere Person – nämlich meine Tochter – etwas würde anfangen können. Sie kam in diesem Moment ins Wohnzimmer, blieb wie angewurzelt stehen und lachte vor freudiger Überraschung.

«Das ist schön!», rief sie.

«Hast du schon danke gesagt?», fragte Melanie.

«Danke, Omami!»

«Und deinem Papi?» Es klang seltsam, sie dieses Wort aussprechen zu hören. Besonders häufig hatte sie es noch nicht in meiner Gegenwart verwendet.

Lara kam zu mir, schlang die Arme um meinen Hals, legte das Gesicht gegen meines und gab mir einen nassen Kuss aufs Ohr. «Danke, Bastipapi», erklärte sie dabei, was an meinem Ohr kitzelte.

«Gerne, Kleines», sagte ich und musste mich wegdrehen.

Nach dem Essen saß ich mit Gabriele auf der Terrasse. Ein Empfangsgerät für das Babyphon stand zwischen uns auf dem Tisch, daneben unsere Tassen und die restlichen Biscotti von gestern. Durch das Funkgerät war zu hören, wie sich die Kleine selbst in den Mittagsschlaf zu singen versuchte, während sie vermutlich das riesige Puppenhaus betrachtete, das ich vorhin noch in ihr Zimmer gehievt hatte.

«Es ist eigentlich nicht schwer, ein guter Vater zu sein», sagte sie.

«Wenn ich jetzt darauf antworte, um mit dir zu reden, erzählst du mir doch sowieso, dass gestern Vollmond war oder dergleichen. Oder du sagst etwas über die Milchpreise oder den Zweiten Weltkrieg.»

«Mmh», machte sie unbestimmt.

«Oder dass in Hinterasien mehrere Dutzend Reissäcke umgefallen sind.»

Sie reagierte weiter nicht.

«Es war nie mein Wunsch, Vater zu werden, erst recht kein guter», sagte ich. «Was auch immer das bedeutet.»

«Ich habe dich vorhin beobachtet», sagte sie ungewohnt leise. «Als dich Lara umarmt hat.»

«Besondere Umstände», behauptete ich.

«Die Umstände sind überhaupt nicht besonders. Alle anderen Menschen durchstehen auch Krisen in ihrem Arbeitsumfeld, müssen sich neu orientieren und liebgewonnene Gewohnheiten prüfen. Das gehört zu diesem seltsamen Vorgang dazu, den wir Leben nennen. Veränderung gehört dazu, macht es sogar aus.»

«Ich glaube nicht, dass das, was mir passiert ist, mit den Krisen zu vergleichen wäre, die andere in ihren lahmen Jobs und sonstigen Beziehungen erleben.» Noch während ich das sagte, merkte ich, wie fadenscheinig es sich anhörte. Und, ja, arrogant.

«Machen die Kahnfahrten eigentlich Spaß, die man hier unternehmen kann?», fragte sie unvermittelt, wartete aber meine Antwort nicht ab, sondern stand auf, ging die Stufen zum Garten hinunter und machte es sich auf einer Liege bequem. Laras autosuggestiver Gesang war verklungen. Ich trank meinen Kaffee aus, räumte das Geschirr in die Küche, sortierte den Inhalt des Geschirrspülgeräts so um, dass er meinem Verständnis von Ordnung entsprach, ging in mein Arbeitszimmer und setzte mich in den herrlichen braunen Ledersessel, den mir Pocahontas geschenkt hatte. Er war ungeheuer bequem und roch nur noch sehr dezent nach Leder. Auf meinem Schreibtisch lagen in einer Klarsichtfolie die fünfzig, sechzig ausgedruckten Seiten mit dem Titel *Der Landarzt*, den mir die Mitglieder der Autorengruppe *Prosa im Spreewald* vorgestern feierlich überreicht hatten. Ich nahm den Stapel, ließ das Papier zwischen meinen Fingern hindurchrattern – ich selbst hatte noch nie einen so langen Text verfasst, zwanzig- oder dreißigtausend Wörter, wie ich annahm, also ungefähr ein Drittel Roman, Fensterkreuz mal Pi. Ich war einerseits ein bisschen neidisch und andererseits ziemlich sicher, dass dieser Regionalkrimientwurf einfach nichts sein konnte.

11. Tagebuch von Melanie Kunze,
Donnerstag, 23. Juni, 13.30 Uhr

Heute geht es mir ein bisschen besser als gestern. Wenn ich diesen Satz von Patienten höre, warte ich einen Moment und frage dann mit möglichst neutraler Stimme: «Und was ist heute anders als gestern?»

Es geht mir heute ein bisschen besser als gestern. Nicht jede kleine Krise ist sofort ein Symptom, und die Umstände wechseln. Gestern hätte ich das Angebot, dieses Projekt (und alle anderen Projekte – zum Beispiel und nicht zuletzt das *Projekt SK*) sofort einzustellen, ohne viel darüber nachzudenken angenommen, aber heute sieht es schon wieder etwas anders aus.

Obwohl. Am Vormittag bin ich mit Frau Bohnenzwiebel kurz «in der Stadt» gewesen, also beim Getränkeshop in der Nähe vom Markt. Wir hatten kein Wasser und keinen Tee mehr. Wenigstens Wasser muss ausreichend vorhanden sein, nicht nur für mich, und ich kann den Patienten kein versprudeltes Leitungswasser anbieten, so gerne ich das auch täte (weil es einfach gutes Wasser ist). Nicht jeder Mensch mit einer psychischen Störung verkraftet es, ein Lebensmittel angeboten zu bekommen, das eine andere Person zubereitet oder, schlimmer noch, bereits geöffnet hat. Im kleinen Kühlschrank im Behandlungsraum müssen sich deshalb immer gekaufte, verschlossene Flaschen mit Mineralwasser befinden. Die Maskenfrau prüft sogar, ob der Sprengverschluss (heißt das so?) noch im Originalzustand ist.

Jedenfalls. Auf dem kurzen Weg zum Getränkeshop sind wir drei Patienten begegnet. Und das, obwohl hier fast niemand auf der

Straße ist – insgesamt waren es sechs Leute. Wenn ich das hochrechne, liegt der Anteil von Menschen mit Störungen in dieser Region bei über fünfzig Prozent. Kann es sein, dass Brunn im Spreewald eine Irren-Hochburg ist? Dass alle das wussten, nur ich nicht? Dass der Kassensitz deshalb so problemlos zu bekommen war? Immerhin haben alle drei ganz ordentlich so getan, als würden wir uns nicht näher kennen.

So viel zum Obwohl.

Eine der Grundregeln beim Umgang mit Medikamenten – der mir untersagt ist – lautet, dass oft nicht der Wirkstoff das Problem ist, sondern die Dosierung: Die hohe Kunst besteht in der korrekten Einstellung. Ich lasse mir diesen Gedanken seit gestern Nachmittag durch den Kopf gehen. Ich bin nach wie vor sicher, dass der Umzug hierher die Lösung (also den Wirkstoff) für die Problematik darstellt, dass aber die Dosierung für den Anfang einfach zu hoch ist. Deshalb habe ich Petras Angebot, übers Wochenende zu ihr zu kommen, auch mit Freude angenommen, obwohl ich mich im Haus sehr wohlfühle und sozusagen privat einfach gerne hier bin. Leider ist das Drumherum noch längst nicht optimal. Ich kann doch nicht jedes Mal ins Auto steigen und nach Vetschau fahren, wenn ich eine Flasche Wasser kaufen will.

Warum es mir dennoch besser als gestern geht? Ganz einfach: Weil mir heute Morgen übel war. Nur sehr kurz, vielleicht für zwanzig Minuten. Auch bei Lara ging es mir damals meistens sehr gut. Ich habe von der Schwangerschaft während der ersten drei, vier Monate fast nichts bemerkt, weshalb es paradoxerweise ein schönes Gefühl war, wenn mir schlecht wurde. So auch heute. Der Gedanke daran, dass da ein zweites Kind heranwächst, dass Lara in einem Dreivierteljahr ein Geschwisterchen bekommen wird, der war während der letzten Tage ein bisschen ins Hintertreffen geraten. Und durch den Streit mit Basti sowieso. Ich war richtig glücklich, als mir heute Morgen zum Kotzen war. Ich muss allerdings ein bisschen aufpassen, dass der Hormonscheiß meinen Umgang mit den Patienten nicht beeinflusst.

12. Ausritt

Auch schon vor meinem Austritt aus der evangelischen Kirche, der inzwischen über fünfundzwanzig Jahre zurücklag, hatte ich Sakralbauten nur ausnahmsweise betreten. Ich erinnerte mich an die zweite Eheschließung meiner Mutter, die tatsächlich von einer kirchlichen – protestantischen – Trauung begleitet worden war, und natürlich an meine Konfirmationszeit, ungefähr drei Jahre später. Ich hatte Einsegnung samt vorbereitender Bibelschulung nur absolviert, weil mein damaliger Stiefvater auf energische Weise darauf bestanden hatte. Den verdammten Psalm 23 konnte ich heute noch auswendig, und mit diesem Schicksal war ich sicher nicht allein. *Der Herr ist mein Hirte. Am Arsch hängt der Hammer.* Im Gegenzug trat ich quasi am Tag meiner Volljährigkeit aus dem Laden aus, ließ mich dabei von einem anderen Ketzer fotografieren und schickte meinem inzwischen Ex-Stiefvater einen Abzug. Wie er darauf reagiert hatte, erfuhr ich nie. Nach dem Tod meiner Mutter gab es keinen Kontakt mehr mit ihm; er hatte mich nicht adoptiert, wofür ich im Nachhinein sehr dankbar war.

Daran musste ich denken, als ich jetzt die schwere dunkelbraune Flügeltür aufzog, die ins Innere der Brunner Dorfkirche führte. Schon mit dem ersten Schritt in den großen, erstaunlich hellen Raum wurde es deutlich kühler als draußen, wo an diesem Freitagvormittag im letzten Juniviertel bereits fast fünfundzwanzig Grad Celsius herrschten. Der Ort kam mir deutlich angenehmer vor als seine Pendants in meiner Erinnerung. Tatsächlich sah ich in diesem Moment das Gesicht meiner Mutter während ihrer Eheschließung vor mir oder das, was meine Erinnerung daraus gemacht hatte, denn wahrscheinlich war sie damals noch jünger gewesen und hatte nicht ganz so traurig gelächelt.

Ich schnüffelte, aber es roch nach nicht viel. Ein bisschen kühle Feuchtigkeit, etwas Schmutz, eine Nuance Schweiß, ein Hauch von Flieder, möglicherweise von einem Duftspray, denn die Fliedersaison war ja längst vorbei. Nachdem die hohe Tür hinter mir wieder ins Schloss gefallen war, wurde die Stille in diesem unverhältnismäßigen Gebäude nachgerade spürbar. Ich musste lächeln. Es war schwer, sich der beabsichtigten, einschüchternden Wirkung dieser Bauten zu entziehen und dieser Machtdemonstration ausreichend Selbstbewusstsein entgegenzusetzen.

«Juhu!», rief ich, lauter als nötig. «Ist jemand anwesend? Ein Sterblicher?»

Ich erwartete eigentlich keine Antwort, denn das Kirchenschiff war leer. Die Wand hinter dem Altarraum wurde von einem mehrfach überlebensgroßen Gekreuzigten beherrscht, der, vom Eingang aus betrachtet, ein wenig dem früheren Mick Jagger zu ähneln schien. Je näher ich kam, umso unspektakulärer und gleichsam normaler wirkte die riesige, glänzend hellbraune Holzstatue. Aus dem traurigen, aber entspannten Lächeln der fleischigen Lippen wurde ein bedauernder, mitleidiger Gesichtsausdruck, der die gleiche Wirkung haben sollte wie das gesamte Ensemble drum herum, was bei mir allerdings nicht funktionierte. Andererseits. Ich musste kurz an das Prager Kruzifix denken, an die Minuten im Wartezimmer, unter Aufsicht des lokalen Gekreuzigten quasi.

«Der Herr Journalist, wie nett», kam eine Stimme von oben.

Pfarrer Albins Kopf erschien über der weiß getünchten Mauer, die die Kanzel umgab, in etwa dreieinhalb Metern Höhe. Er blinzelte. Hatte er da oben geschlafen?

«Juhu», wiederholte ich.

«Warte, ich komme sofort.»

«Dürfte ich vielleicht hochkommen? Es würde mich interessieren, wie es von dort wirkt.»

«Klar, gerne.»

Ich umrundete einen Pfeiler per Wendeltreppe und stand schließlich neben ihm. Er trug Jeans, Sweater und Turnschuhe, auf dem gekachelten Boden der Kanzel lag eine rote Isomatte. Daneben standen eine Thermoskanne und ein großer Kaffeetopf aus Keramik. Mit dem Buchrücken nach oben lag auf der Matte ein aktueller Roman – irgendein Thriller aus der Massenproduktion, der Titel bestehend aus einem Artikel und einem Substantiv.

«Es ist so schön ruhig hier oben und angenehm kühl», erklärte er lächelnd. «Die Kanzel ist größer als üblich, deshalb kann ich mich sogar hinlegen.» Er deutete auf die Isomatte.

«Ich verstehe», sagte ich und beugte mich über das Geländer.

Es war anders als auf einer Bühne; auf Bühnen hatte ich schon gesessen, auch vor großem Publikum, bei Diskussionen, Pressekonferenzen und ähnlichen Veranstaltungen. Einige Male hatte ich Laudationes bei Buchpremieren gehalten, allerdings eher in der Anfangszeit, als man auf meine Präsenz noch mehr gab als auf meine Meinung und mich überwiegend auf kluge Weise amüsant fand. Die Wirkung hier war aber eine ganz andere, selbst ohne Gläubige. Bühnen baute man so, dass die Menschen im Auditorium möglichst gut sehen konnten, wenigstens diejenigen auf den teuren Plätzen. Hier ging es darum, zu verdeutlichen, dass man sich auf der Bühne in jeder Hinsicht über dem Publikum befand. Die Gläubigen mussten aufschauen und sich anstrengen, dabei jederzeit den angenagelten Gottessohn im Blick.

«Die etwas subtilere Manipulation wurde erst später erfunden», sagte der Pfarrer und stützte sich neben mir aufs Geländer. Seine Menschenkenntnis war beeindruckend.

«Und trotzdem fallen die Leute immer noch darauf herein.»

«Das stimmt nach meinem Dafürhalten so nicht mehr. Die Zeiten der devoten Kirchgänger, die sich von der Kanzel aus zurechtstutzen lassen, neigen sich dem Ende entgegen.»

«Auch hier? In der Provinz?»

Er drehte sich um und lehnte sich mit dem Hintern gegen das Geländer, wodurch er den Kopf des Gekreuzigten ansah.

«Am ehesten hier. Hier ist die soziale Position der Kirche viel stärker. Es ist partnerschaftlicher, weniger mystisch, wenn man so will.» Er grinste. «Aber du bist nicht hergekommen, um mit mir über die Psychologie des Glaubens zu sprechen, oder?»

Pfarrer Albin wirkte in diesem Umfeld stärker, selbstbewusster als am Montag in der Kneipe oder am nächsten Tag bei unserer Kahntour. Heimvorteil.

«Nein», antwortete ich.

«Sondern?»

«Zwei Dinge. Erstens habe ich euer Manuskript gelesen.»

Die Färbung seines braun gebrannten Gesichts änderte sich, wurde einen Tick dunkler.

«Und?», fragte er.

«Das würde ich euch gerne in größerer Runde erzählen. Deshalb zweitens.»

«Ja?»

«Wie wäre es mit einem Trip nach Berlin? Wir vier zusammen? Heute Abend? Richtig gutes Essen, ein paar gute Bars und vielleicht ein, zwei Clubs? Damit ihr mal versteht, was das bedeutet?»

«Ich war schon in Berlin.»

Ich lachte. «Lass mich raten. Französischer Dom. Pergamon-Museum. Brandenburger Tor. Vielleicht noch Ku'damm. Fernsehturm. Checkpoint Charlie.»

«Ziemlich genau in dieser Reihenfolge.»

«Also, wie sieht es aus?»

«Mmh.» Er musterte mich, zugleich interessiert und erkennbar ein wenig skeptisch. «Ich habe morgen eine Taufe, allerdings erst nachmittags. Wir müssten natürlich noch die anderen fragen, aber was mich beträfe – meinetwegen.»

Ich sah auf die Uhr, es war kurz nach elf.

«Ich würde vorschlagen, wir machen uns so gegen halb neun, neun ...»

«Am *Abend*?», unterbrach er.

Ich nickte.

«Dann wären wir gegen zehn, halb elf in Berlin.»

«Zu früh?»

Er kicherte. «Gut möglich, dass Enno schon schläft, wenn wir dort sind.»

«Es hat vorher keinen Sinn. Wirklich nicht.»

«Gib mir deine Telefonnummer. Ich kläre das mit den Herren.»

Ich stimmte zu, aber der Vorgang erwies sich als kompliziert. Pfarrer Albin besaß ein Mobiltelefon aus der zweiten, höchstens dritten Generation, also eines, mit dem man wirklich nur telefonieren und, wenn man sich viel Mühe gab, Kurznachrichten austauschen konnte. Ich musste meine Nummer in meinem eigenen Smartphone suchen und auf einen Zettel schreiben. Den Zettel steckte Albin in seine Jackentasche. So lief das hier.

Um zwei Minuten nach neun bestiegen wir nach einer originellen, aber schweigsamen Fahrt in Ennos Kahntourenbus zu viert einen schmuddeligen Regionalexpress (in der Schreibung der Deutschen Bahn mit Binnenversalie: RegionalExpress), der uns von Cottbus nach Berlin bringen würde, wofür er eine Stunde und zwanzig Minuten benötigen und wobei er eine erkleckliche Anzahl Zwischenstopps einlegen würde. Ich hatte in diesem Leben noch keinen Regionalexpress betreten, weder mit noch ohne Binnenversalie, aber die Menge solcher Ersterlebnisse während der vergangenen fünf bis sieben Tage war inzwischen so hoch, dass ich langsam den Überblick verlor. Immerhin hatten sich meine Begleiter verhältnismäßig ordentlich eingekleidet, trugen dezent einfarbige Hemden unter solide-saloppen Sakkos, dazu dunkle Hosen und, dem Herrgott sei Dank, *keine* Sandalen – vor dieser Möglichkeit hatte ich mich ernsthaft gefürchtet.

Als wir auf den irritierend lila-blau gemusterten und sehr unbequemen Sitzen Platz nahmen, natürlich in der zweiten Klasse, sahen wir vermutlich wie eine Gruppe Vertreter aus, die sich auf den Weg zu einer Verkaufsmesse machten, etwa für Tierfutter oder Handwerkerbedarf. Es war noch hell und würde auch nicht ganz dunkel sein, wenn wir in der Hauptstadt ankämen, aber ich war so froh darüber, wenigstens ein paar Stunden in meinem Berlin verbringen zu dürfen, dass mir selbst das völlig egal war.

Benjamin gähnte, obwohl er qua Job nach mir eigentlich derjenige sein musste, dem lange Nächte am wenigsten ausmachten. Enno studierte das Faltblatt mit dem Fahrplan, als wäre es sein eigener für den Kahn. Albin lehnte sich in den Sitz, schloss die Augen und lächelte; er tat das so oft und so demonstrativ, dass ich es inzwischen wenigstens zum Teil für Attitüde hielt. Ich prüfte die Termine der letzten Wochen und Monate, die in meinem Telefon gespeichert waren, um einen Plan für den Abend zu entwickeln. Ich wollte die drei nicht überfordern und entschied mich deshalb für das *Filip* als erste Station, einen Italiener in Prenzlauer Berg, der vor zweieinhalb Monaten eröffnet worden war und von mir in der Gastrokritik zwei von fünf möglichen Schlemmersusis bekommen hatte (Kurt Jungadler verteilte in seinen Kinokritiken Kamerabernds). Eigentlich hätte der Laden eine bessere Bewertung verdient gehabt, weil man die modernen Klassiker der einfachen italienischen Küche wirklich ambitioniert und sehr wohlschmeckend variierte, dazu frische Saisonware verwendete und auch was fürs Auge bot – die beiden aus dem Piemont stammenden Kellnerinnen sahen wirklich lecker aus, mindestens Achten –, aber an jenem Abend, an den ich mich sogar noch ein wenig erinnerte, hatte ich so schlechte Laune gehabt, dass selbst eine Speise, die mir stundenlange multiple Orgasmen verschafft hätte, mit höchstens drei Schlemmersusis davongekommen wäre. Ich erinnerte mich allerdings nicht daran, warum meine Laune so schlecht gewesen war. Doch, jetzt fiel es mir wieder ein: Der CvD hatte in meiner damals aktuellen Kolumne ein grammatisch zweifelhaftes, aber sinngebendes Komma in letzter Sekunde gestrichen und auf diese Weise den gesamten Beitrag entwertet, jedenfalls in meinen Augen, was ich an diesem Tag als persönlichen Angriff verstand, während es mir an vielen anderen Tagen völlig egal gewesen wäre, weil ich meistens sowieso nicht mehr las, was unter meinem Namen veröffentlicht wurde. Der kleine, freundliche Mann aus Turin, der seit dreißig Jahren in Berlin lebte und dem das Filip gehörte, machte den Fehler, mir die Bernd & Susi auf den Tisch zu legen, um mir sozusagen indirekt mitzuteilen, dass er mich zwar erkannt hatte, aber mein Inkognito respektierte, und während ich auf den Aperitif wartete, schlug ich das Magazin eben auf.

Shit happens.

Als der Zug in Vetschau hielt, rief ich im Filip an und bestellte einen Tisch, was überraschenderweise problemlos möglich war, obwohl die Sommerferien – die einzige nachvollziehbare Erklärung für das Wunder, an einem Freitagabend in einem guten Restaurant kurzfristig einen Tisch zu bekommen – meines Wissens erst in ein paar Wochen beginnen würden. Ich veranschlagte anderthalb Stunden für das Essen, sodass es im nächsten Schritt darum ging, eine Bar zu wählen, die noch vor Mitternacht interessant wäre. Ich notierte gedanklich vier, fünf Optionen. Als ich aufsah, bemerkte ich, dass ich von den drei Männern beobachtet wurde.

«Wir reden beim Essen», erklärte ich.

«Eine Andeutung?», bat Albin. «Ein Zeichen? Eine Geste? Irgendwas?»

«Okay», sagte ich, drehte mich zur Fensterscheibe, hauchte gegen das Glas und malte mit dem Zeigefinger einen Smiley ins Kondensat. Es dauerte keine fünf Sekunden, da war das Gesicht nicht mehr zu sehen. Ich betrachtete meine Fingerkuppe und überlegte, welche infektiösen Keime dort wohl jetzt darauf lauerten, eine meiner Körperöffnungen zu erreichen.

«Der hat gelächelt», sagte Enno.

«Aber auch ein bisschen skeptisch», meinte Benjamin.

«Er war jedenfalls nicht traurig», erklärte Albin.

Am Hauptbahnhof nahmen wir ein Taxi und strapazierten die Geduld des Fahrers sehr, weil Enno und Benjamin auf dem Vorplatz stehen blieben und nicht damit aufhören konnten, mit in den Nacken gelegten Köpfen das gläserne Bahnhofsgebäude zu betrachten. Für beide war es der erste Besuch in der Stadt. Ich hatte die Glashalle nie als besonders spektakulär empfunden, denn sie war zwar groß – das aber vor allem anderen, etwa Ästhetik oder Originalität. Aber wenn man aus Gegenden kam, in denen Bahnhöfe aus leicht erhöhten Gehsteigen bestanden, waren solche Gebäude natürlich beeindruckend.

Die zweite Geduldsprobe für den Taxifahrer stand an, als Enno versuchte, den Fahrpreis zu bezahlen. Der Spreewälder Fährmann sprach erstklassiges Hochdeutsch, konnte die Taxiuhr von seinem Platz aus ablesen und hielt einen Geldschein bereit, der für die Zahlung des Fahrpreises ausreichend war, aber es gelang ihm nicht, dem Taxifahrer zu vermitteln, dass er einen Euro Trinkgeld geben wollte. Er wollte nicht aufrunden, erst recht nicht zum übernächsten vollen Euro oder zur nächsten Zehnerpotenz; er wollte einfach *einen* Euro Trinkgeld geben. Der Taxifahrer hielt uns für Touristen und wollte wohl mit seiner vorgetäuschten Dummheit weitermachen, bis wir das Wechselgeld aufgaben.

«Okay, dann zahlen wir per EC-Karte, und ich brauche eine Quittung mit genauen Angaben von Abfahrtsort und Fahrtziel», sagte ich bestimmt.

Ein paar Mikrosekunden später hatte Enno das korrekt abgezählte Wechselgeld in der Hand.

«Also, der Titel ist natürlich scheiße», sagte ich, als wir auf die Speisekarten warteten.

«Scheiße», wiederholte Enno leise.

«Ist es nötig, solche brachialen Begriffe zu verwenden? Du kannst dir vorstellen, dass wir da sensibel sind», sagte Albin und hob die Hände dabei.

«Niemand, mit dem ihr in der Branche Kontakt aufnehmen wollt, wird auf Befindlichkeiten Rücksicht nehmen. Entweder etwas ist sehr gut, und man kauft es. Oder es ist scheiße. Dazwischen gibt es nichts. Dafür ist das Angebot zu groß.»

«Mmh», machte Albin.

Ich sah mich um. Das Filip war ziemlich leer für einen Freitagabend, zu leer. Irgendwas stimmte hier nicht. Ambiente, Interieur, Lage, Speisenangebot und Personal waren eigentlich perfekt für die Gegend – eine Querstraße gleich hinter der Danziger, Einzugsgebiet für betuchte mittelalte Anwohner und Touristen, die alle paar Minuten in Gruppen an der Fensterfront vorbeiflanierten.

«Aber Titel sind nicht so wichtig, außerdem haben da die Verlage das letzte Wort.»

«Echt?», fragte Benjamin.

Ich nickte. «Aber das ist nicht euer Hauptproblem. Ihr könnt erzählen. Die sechs Kapitel lesen sich wirklich gut.» Zwei der drei Männer strahlten; Albin war rhetorisch geschult und wusste, dass ein Aber folgen würde. «Allerdings. Es gibt in Brunn einen Allgemeinmediziner mit dem Namen Seiler, Alfred Seiler. Euer Arzt heißt Alfons Seiter.» Es hatte keine zwei Minuten gebraucht, um diese Zusammenhänge zu ermitteln. «Der Arzt in eurem Text hat eine Behinderung am rechten Bein, Dr. Alfred Seiler am linken», fuhr ich fort. Tatsächlich handelte es sich um den Patienten von Melanie, den ich am Dienstagmorgen vom Arbeitszimmerfenster aus gesehen hatte. «Die drei Mordopfer sind ein katholischer Pfarrer, ein Hochzeitsplaner, der außerdem als Plattenaufleger arbeitet, und ein Taxichauffeur, der manchmal Boote vermietet. Ich bitte euch.»

Sie grinsten verschämt. Benjamin schob Bierdeckel auf der karierten Tischdecke hin und her.

«Der Geschichte fehlt der komplette Überbau. Es gibt keinen Ermittler, keine handelnden Hauptfiguren, vom Landarzt selbst und seinen Opfern abgesehen. Ihr habt die Taten und die drei Toten, aber damit hat es sich auch. Keine Liebesgeschichte, keine Nebenfiguren, nichts.»

«Wir haben keine Ideen für diesen Bereich», gestand Benjamin.

«Weil das einfach alles authentisch ist?», riet ich. «Von den Morden abgesehen, die ihr ja auch nicht schildert?»

Die drei sahen sich nacheinander an, zwei von ihnen nickten dann etwas betreten. Pfarrer Albin wollte sich zu keinem gestischen Geständnis hinreißen lassen.

«Mit anderen Worten: Es gibt in Brunn im Spreewald tatsächlich einen praktizierenden Allgemeinmediziner, der nie Medizin studiert hat und *Patienten behandelt*? Und ihr drei wisst davon?»

«Der Landarzt» handelte von einem Mann, der von Kindheit an davon geträumt hatte, Mediziner zu werden, aber zu schlechte schulische Leistungen aufwies, um das zu erreichen. Er schaffte es, Krankenpfleger zu werden, las viel medizinische Fachliteratur und fand schließlich einen Fälscher, der die nötigen Unterlagen herstellte, die er hier und da benötigte, wobei letztlich nie wirklich geprüft wurde, was der Mann vorgab – ein Phänomen, das es auf allen gesellschaftlichen Ebenen gab: Je selbstbewusster man etwas behauptete, umso geringer fiel die Wahrscheinlichkeit aus, dass jemand die Behauptung in Frage stellte. Der falsche Doktor ließ sich in der Provinz nieder, in einem Ort namens «Brugg im Spreewald», um dort fortan Antirheumatika und Augensalben zu verschreiben und hin und wieder eine Tetanusspritze zu setzen. Das Wissen und die Tat selbst belasteten den Mann jedoch, sodass es zu insgesamt drei schwachen Momenten kam, in denen er sich offenbarte: in der Beichte, am Ende einer bierseligen Hochzeitsfeier, auf die er eingeladen wurde, und schließlich, nachdem er vor dem Ertrinken gerettet wurde. Um seine vorgetäuschte Existenz nicht zu gefährden, brachte der Mann die drei Zeugen anschließend einfach um – sogar denjenigen, der ihm das Leben gerettet hatte.

«Bitte schön», sagte jemand neben mir. «Verlassen Sie sofort mein Restaurant.»

Ich drehte mich zur Seite, da stand der kleine Mann aus Turin, dem das Filip gehörte. Er sah müde und überanstrengt aus. Der Kragen seines hellblauen Hemdes war verschmutzt; ein Detail, das natürlich in einer Restaurantkritik erwähnt worden wäre. Die beiden leckeren Damen aus dem Piemont waren weit und breit nicht zu sehen.

«Hallo», sagte ich möglichst neutral.

«Sie haben hier Hausverbot. Gehen Sie sofort, oder ich rufe die Polizei.» Er sah sehr wütend aus.

«Ist das Ihr Ernst? Weil ich das Restaurant kritisiert habe? Vor zwei oder drei *Monaten*?»

Er kniff die Augen zusammen. «*Gelegentlich mag ein Spiel der Amateurliga ja interessant sein, aber auf Dauer ist das nur etwas für die hartgesottenen Spielerfrauen*», zitierte er aus dem Gedächtnis. «Diese Kritik ist überall wiederholt worden. Und sie stimmte nicht. Doch sie wird uns das Genick brechen.»

«Sie wollen doch nicht behaupten, dass diese eine Besprechung …»

«Zwei internationale Reiseführer wollten uns aufnehmen», unterbrach er. «Sie haben Rückzieher gemacht. Und das war lange noch nicht alles. Ein Restaurantführer hat auf Basis Ihrer Bewertung eine *Warnung* ausgesprochen.»

«Tut mir leid», sagte ich und merkte, dass es stimmte – ich bedauerte es wirklich, dass ich dem kleinen, freundlichen Mann und seinem winzigen, gemütlichen und etwas anachronistischen – dafür aber gewissermaßen ehrlichen – Restaurant auf diese Weise eingeschenkt hatte. Ich hatte einen Fehler gemacht. Einen, der sich nicht bereinigen ließ. Ich war einen Mikrometer davon entfernt, mich tatsächlich zu schämen.

«Raus», sagte der Mann leise zur Antwort, und es war ihm deutlich anzumerken, dass er sich nicht gerne so verhielt. «Verlassen Sie einfach schnell mein Geschäft. Und kommen Sie nicht wieder. Sonst werde ich handgreiflich.»

«Ich musste vorhin an das Sprichwort von der Hand, die einen füttert und in die man deshalb nicht beißen sollte, denken», sagte Enno, als wir die Danziger Straße entlanggingen, vorbei am inzwischen vierten, gut gefüllten Restaurant, in dem es keinen Tisch am Freitagabend gab, weil eben Freitagabend war, ein Zeitpunkt, zu dem alle Berliner, die nicht ans Bett gefesselt waren, in Restaurants gingen, dazu alle Touristen, die Freitagabend-Spaßvögel aus dem Speckgürtel und die versammelten Fremdarbeiter, beispielsweise aus Schwaben. Wenn das Filip an einem Freitag gegen zehn abends also so leer war, wie es sich vorhin präsentiert hatte, dann gab es an den anderen Werktagen wahrscheinlich überhaupt keine Gäste.

«Mein Arbeitgeber war das Magazin, lieber Enno», erwiderte ich. «Nicht der Restaurantbesitzer.»

«Ach so», antwortete Albin für ihn und zog dabei etwas energischer, als eigentlich nötig, die Stirn in Falten. Es war nicht schwer zu erraten, was er dabei dachte, und ich stimmte ihm – ebenfalls gedanklich – zu. Natürlich waren Berufsethos und journalistische Neutralität längst zu banalen Worthülsen verkommen, während die redaktionelle Arbeit als Gegenleistung für Werbeanzeigen bereits seit Jahrzehnten einen Gutteil der Magazine füllte, aber ich hatte etwas Schlimmeres als das getan. Und nicht nur hier, in diesem Fall. Wir überquerten die Schönhauser Allee, wanderten ein Stück die Eberswalder Straße entlang, bogen schließlich nach links ab, parallel zur Kastanienallee, in die ich auf keinen Fall wollte, weil die Touristengruppen dort Garnisonsstärke hatten. Aber es war überall das Gleiche. Schließlich zog ich, wie der allerletzte Airbnb-Wochenendausflugs-Depp, mein Telefon aus der Tasche und googelte nach Restaurants in der Umgebung. Wir landeten bei einem Inder, der aufgrund einer kurzfristigen Absage noch einen zu klein geratenen Vierertisch neben der Toilettentür frei hatte.

«Im Krummer Nest ist es gemütlicher», sagte Benjamin und gähnte.

«Chicken tikka», zitierte Enno aus der Speisekarte. «Das klingt wie: Bombe in einem Huhn.»

«Das ist ein Currygericht. Eigentlich handelt es sich um gegrillte marinierte Hähnchenstücke, meistens Filet», dozierte ich. «Aber in Europa wird häufig die Variante Chicken tikka masala serviert, wobei zum Hähnchen eine gewürzte Tomatensauce gereicht wird, oft ergänzt um gedünstete Zwiebeln und gebratene

Paprika. Diese Variante ist in England entstanden, weil die Briten einfach zu allem Sauce essen wollen. In diesem Fall eine gute Idee. Dazu gibt es Reis. Es ist ein bisschen wie mit dem Gyros beim Griechen. Die domestizierte Variante schmeckt gut, aber vor Ort bereitet man das etwas anders zu.»

«Verstehe», sagte Enno grinsend.

«Es gibt indische Restaurants im Spreewald», sagte Albin. «Meine ich», ergänzte er dann, etwas leiser.

«Du hast wirklich Ahnung von dem, worüber du schreibst, oder?», fragte Benjamin rhetorisch.

«Im Gegensatz zu anderen, die das auch versuchen – ein wenig schon.»

Ich dachte an Josh Clab alias Kevin-Louis Krüger. Plötzlich hatte ich eine Idee. Zum dritten Mal an diesem Abend, der eher ein später Nachmittag war, konsultierte ich mein Telefon. Clab verzeichnete in seinem *Clabbing*-Blog unter anderem, welche Läden er wann aufsuchen würde, führte also quasi seinen Terminkalender online. Heute Abend sei er zuerst zum Essen verabredet (ohne Ortsangabe), dann in einer Bar ohne Namen, wobei mich die Ortsangabe verblüffte, und nach Mitternacht wollte er zu einer Clubereöffnung in der Leipziger Straße, ein Laden namens *Roofie*, der die Dachetage eines Plattenbaus einnahm.

Der junge indische Kellner brachte unser indisches Flaschenbier, das wir als Aperitifs bestellt hatten, in meinem Fall, weil ich wusste, dass es sinnlos war, in einem indischen Restaurant nach gutem Wein zu fragen. Beim ersten Schluck bemerkte ich, dass ich sehr durstig war, trank das Glas hastig aus und bestellte gleich ein weiteres. Meine Reisegenossen sahen mich merkwürdig an, während ich feststellte, dass ich mich heute genau genommen als Tourist in meiner eigenen Stadt aufhielt. Ich zwinkerte ihnen zu und schrieb eine Kurznachricht an Josh Clab.

«Also, Freunde der Kunst», sagte ich, als wir unsere mittelwohlschmeckenden Hauptgänge beendet hatten. Von mir abgesehen hatten alle Männer am Tisch *Chicken tikka* gegessen. «Wie war das mit dem Landarzt?»

Ich unterbrach die drei dabei, das Publikum zu betrachten, das weitgehend auf eine repräsentative Stichprobe der örtlichen Bevölkerung hinauslief – einige Paare mit spät geborenen Kindern, gutaussehende Besserverdiener, die unmittelbar vor der Entscheidung standen, in den Speckgürtel umzuziehen, dazu Studenten, die in von ihren Eltern finanzierten Miniwohnungen hockten, alles ergänzt um die unvermeidlichen Touristen. Zu denen wir auch gehörten. Was für ein erschütternder Gedanke.

Pfarrer Albin hob die Hände. «Es war ein Fehler, dir dieses Manuskript zu geben.»

Ich nickte langsam. «Möglich. Aber es ist nun einmal passiert. Also, raus mit der Sprache.»

«Er ist seit anderthalb Jahren in Brunn», sagte Benjamin. «Vor allem die älteren Leute mögen ihn. Er hört lange zu und ist sehr geduldig. Er verschreibt bevorzugt homöopathische Medikamente, Schüßler-Salze und dieses Zeug. Patienten mit ernsthaften Erkrankungen überweist er schnell an Fachärzte und Kliniken, wobei er dafür sorgt, dass es umgehend Termine gibt. Und er sagt wohl gerne ‹Das wird schon wieder›.»

Enno lachte, aber es klang nicht fröhlich. «Wir wissen natürlich, warum er das sagt.»

«Und wie habt ihr davon erfahren?», fragte ich. Ich nickte in Richtung des Seelsorgers. «Bei ihm kann ich's verstehen. Obwohl. Die klassische Beichte gibt es bei Protestanten doch überhaupt nicht?»

Albin deutete ein Kopfschütteln an.

«Wir haben zwar keine Beichtstühle in den Kirchen, aber die Einzelbeichte steht protestantischen Gläubigen ebenso offen wie römisch-katholischen. Sie wird nur viel seltener in Anspruch genommen, und sie hatte eine Weile einen schlechten Ruf. Wir erteilen keine Absolution. Deshalb wird sie auch oft einfach nicht Beichte genannt. Es sind seelsorgerische Gespräche.» Er warf mir einen seltsamen Blick zu. «Diskretion gehört für uns natürlich auch dazu. Und das Zeugnisverweigerungsrecht gilt für alle Seelsorger.»

«Ich habe auf einem Polterabend aufgelegt, auf dem er eingeladen war», sagte Benjamin. «Seiler hat ziemlich viel getrunken und blieb bis zum Schluss. Da hat er mir die Geschichte dann erzählt, während ich die Rausschmeißer gespielt und mit ihm gepichelt habe. Also, mehr oder weniger. Den Rest konnte ich mir aber leicht zusammenreimen.»

«Bei mir war's etwas dramatischer», sagte Enno.

«Ich nehme an, dass die Geschichte einfach stimmt, die du in deinen beiden Kapiteln geschrieben hast.»

Er nickte. Der Fährmann hatte dem falschen Arzt also tatsächlich das Leben gerettet.

«Ich glaube aber nicht, dass er tatsächlich ertrunken wäre. Die Spree war an der Stelle, an der er hineingefallen ist, keinen Meter tief. Aber er war irgendwie ... verkrampft. Keine Ahnung. Jedenfalls kam er aus eigener Kraft nicht mehr raus.»

«Euch ist schon klar, dass es eine Straftat ist, von so etwas zu wissen, ohne es anzuzeigen? Der Einzige, der aus dieser Sache raus ist, ist der Pfarrer mit seinem Beichtgeheimnis.»

«Ups», sagte Benjamin.

«Aber es ist eine gute Geschichte. Und ich finde die Idee prima, daraus einen Regionalkrimi zu machen.»

«Hier soll irgendwo eine Gaststätte sein?», fragte Benjamin verunsichert. «Wirklich?»

«Ja, hier ist eine Bar, sogar eine recht gute. Es lohnt sich», behauptete ich.

Wie vor ziemlich genau acht Tagen suchte ich zwischen Gewerberuinen, vergessenen Absperrungen und gefährlichen Altmetallresten den Weg zu jener Bar, die nach wie vor nicht auf sich aufmerksam zu machen versuchte. Die drei Männer folgten mir im Gänsemarsch. Es fehlte nur noch, dass sie sich gegenseitig die Hände auf die Schultern legten.

«Da vorne ist es.»

Allerdings hatte sich etwas verändert – es gab einen unscheinbaren Klingelknopf neben der Tür, vor der an diesem Abend niemand wartete.

«Das sieht aus wie der Eingang zu einem Bunker», meinte Enno.

«Drinnen ist es angenehmer. Und bei Bunkern gibt es keine Klingelknöpfe.»

Der Hardbody ließ uns nach schon vier, fünf Minuten hinein, aber ohne uns groß zur Kenntnis zu nehmen. Weder gab es ein Wiedererkennen noch eine irgendwie geartete Prüfung der Gästetauglichkeit. Und auch keinen Türsteher mehr. Inzwischen kämpften in der Stadt so viele abgefahrene, hippe, coole und verteufelt originelle Läden um das Publikum, dass übermäßige Gesichtskontrolle wirtschaftlich riskant war, zumal es kaum noch Szenen innerhalb der Szene gab, die übermäßig viel darauf gaben, unter sich zu bleiben. Aber als wir jetzt das Gewölbe betraten, war ich doch überrascht, wie leer es war – kein Dutzend Gäste. Ich sah auf die Uhr. Noch vor Mitternacht. Meine Begleiter legten, wie am Frühabend am Hauptbahnhof, die Köpfe in den Nacken und betrachteten die glasscherbenbesetzte Gewölbedecke.

«Das war sicher eine Menge Arbeit», sagte Enno.

«Sieht ein bisschen albern aus, finde ich», bemerkte Benjamin, aber sein Gesichtsausdruck strafte ihn Lügen. Wahrscheinlich dachte er darüber nach, die Erlebniswelten seiner Kartäuserkatzen ähnlich auszustatten.

Die Bilder von Alex Nimtz waren durch auf Leinwand gedruckte Schwarzweißfotografien ersetzt worden. Im DJ-Kabuff war niemand – noch niemand, nahm ich an. Dafür standen Keyboard und Mikrophonständer an der gleichen Stelle wie vor gut einer Woche, als hätte man das Equipment dort vergessen.

Wir setzten uns an die Bar. Es gab auch weniger Personal als vor acht Tagen – der Zeitmaschinenkonfigurator war da, dazu eine Vier bis Fünf in den späten Zwanzigern, vermutlich mit abgebrochener Ausbildung zur Hotelfachangestellten oder Ähnlichem. Sie trug Jeans und Bluse. Nach dem, was ich von ihr sehen konnte, wären Neoprenshorts auch kontraproduktiv gewesen.

«Es gibt hier exzellente Cocktails», sagte ich.

«Ich trinke ein Bier», sagte Enno.

«Ich auch», erklärte Benjamin.

«Apfelschorle», sagte der Pfarrer.

«*Leute*», bat ich. «Das hier ist ein brandneuer, extrem trendiger Laden in einer der großartigsten Städte der Welt. Bier und Apfelschorle könnt ihr im Krummer Nest bestellen.» Ich war, davon abgesehen, ziemlich sicher, dass man dieses Getränk nicht servieren würde.

Albin legte mir eine Hand auf die Schulter, nahm sie aber gleich wieder herunter, als er meinen Gesichtsausdruck bemerkte. «Sebastian, das hier ist eine Kneipe. Nicht mehr und nicht weniger. Es ist ein Ort, an dem man etwas trinkt und miteinander redet. Es mag ja sein, dass hier Prominente verkehren oder dass es andere Besonderheiten gibt, aber unterm Strich ist es» – er sah zu Benjamin – «einfach nur eine Gaststätte.»

«Du verstehst das nicht», sagte ich schwach.

«Das stimmt», antwortete er, milde grinsend.

«Natürlich kann man einen Tresen bauen, ein Fass darunter montieren und dann Gläser unter einen Zapfhahn halten, und man hat eine Kneipe», sagte ich. «Eine Bar. Aber du willst mir doch nicht erzählen, dass eine Bahnhofstrinkhalle und eine wirklich gute Cocktailbar auf dasselbe hinauslaufen?»

«Unterm Strich schon. Man kann Dingen zu viel Bedeutung beimessen. Das heißt nicht, dass sie diese Bedeutung auch besitzen.»

«Man kann es auch untertreiben», widersprach ich, wobei ich mich ärgerte, denn der Pfarrer hatte zwar im Detail unrecht, im Prinzip aber lag er richtig.

«Neue Freunde?», fragte jemand links von mir. Kevin-Louis Krüger.

«Zweimal in so kurzer Zeit im selben Laden?», fragte ich zurück, obwohl ich ja gewusst hatte, dass er herkommen würde.

«Ich wollte Melanie Packer noch einmal live hören, bevor sie zurückfliegt», sagte er lächelnd. Er schien sich ehrlich zu freuen, mich zu sehen.

«Danke für den Blog-Beitrag», sagte ich. Was hatte er mir eben mitgeteilt? Melanie Packer noch einmal live hören? *Meleny?*

«Keine Ursache. Ich finde wirklich schade, was passiert ist.»

«Bei dieser Gelegenheit. Ich würde gerne einen Gastbeitrag verfassen. Nur ein einziges Mal und wirklich ausnahmsweise. Ich muss eine Gastrokritik revidieren.»

«Revidieren?» Er verzog das Gesicht, wofür ich ihn hätte umarmen können. Nein, man revidierte nicht. Es hätte die eigene Urteilsfähigkeit relativiert, wenn man so verfahren wäre, selbst wenn man tastsächlich einen Fehler gemacht hatte. Aber ich hatte nichts zu verlieren.

Hinter uns wurde es unruhig, wir drehten uns zum Gang. Ein nicht enden wollender Strom junger Menschen ergoss sich ins Gewölbe, mindestens dreißig, vierzig Leute, die sich alle in gewisser, aber schwer auszumachender Hinsicht ähnelten, gleichzeitig um Nuancen von dem abwichen, was man gesehen hätte, wären all diese Leute aus der Gegend, aus dieser Stadt. Sie waren herausgeputzt, wollten aber nicht herausgeputzt wirken. Sie trotteten hintereinander in den Laden wie Vieh auf einem Verladebahnhof. Innerhalb kurzer Zeit wurde es ganz schön voll. Nach einer kleinen Pause folgt ein zweiter Strom, noch einmal ein Dutzend Menschen. Keiner der Neuankömmlinge interessierte sich in besonderer Weise für die Gestaltung der Bar, man sah sich kaum oder höchstens kurz um, sondern setzte sich irgendwo hin und schwatzte miteinander. Touristen. Nach dem zu urteilen, was ich an Lauten wahrnehmen konnte, Touristen aus dem osteuropäischen Raum. So schnell ging das. Keine vierzehn Tage nach der Neueröffnung gab es schon organisierte Touren, bei denen dieser Schuppen berücksichtigt wurde. Was umgekehrt bedeutete, dass es in einer Woche schon wieder ganz anders aussehen könnte. Wie aus dem Nichts tauchten hinter der Bar zwei weitere weibliche Hotelfach-Azubis auf. Die Neopren-Neun von neulich schaffte vermutlich heute bei einer weiteren Neueröffnung an, um dann auch dort von durchschnittlicher aussehenden Damen abgelöst zu werden.

«Klar, es wäre mir eine Ehre», antwortete Krüger auf meine Frage, wobei er selbstverständlich lächelte.

«Danke, *Kollege*», sagte ich. «Du bekommst den Text am Sonntag.»

«Wir könnten auch regelmäßig zusammenarbeiten», schlug er vor. «Es ist kein Magazin, es ist nur online, aber man verdient tatsächlich mehr Geld. Würde ich mal behaupten.»

Ich nickte möglichst freundlich. «Danke für das Angebot. Aber ich bin aus Berlin weggezogen.» Außerdem würde ich in diesem Leben mit niemandem zusammenarbeiten, der Formulierungen wie «Würde ich mal behaupten» verwendete.

«Was?» Er wirkte ehrlich verblüfft.

«Ich wohne jetzt im Spreewald.» Ich versuchte, es so zu betonen, dass es klang, als wäre ich stolz darauf.

«Im Spreewald», wiederholte er, erkennbar konsterniert.

«Es ist sehr schön dort.»

Jetzt lachte er. «Ich höre auch immer wieder, dass Mallorca eine sehr schöne Insel sein soll. Trotzdem käme ich nicht im Traum auf die Idee, dort hinzufahren. Oder sogar hinzuziehen.»

Ich zwinkerte ihm zu. «Der Text kommt am Sonntag.»

Dann wendete ich mich wieder meinen Begleitern zu, vor denen inzwischen zwei Flaschen Beck's und eine Apfelschorle standen. Sie unterhielten sich darüber, was sie am Plot von «Der Landarzt» ändern müssten, um die Story aufzupeppen und gleichzeitig etwas weniger direkt erkennbar zu gestalten. Gerade als ich mich in das Gespräch einmischen wollte, kam Meleny in die Bar. Sie wirkte sehr selbstbewusst, äußerst elegant, zugleich etwas müde und desinteressiert, sah in meine Richtung, sah mich an, an mir vorbei und schwenkte gleich wieder zu mir zurück. Sie lächelte, das Wiedererkennen veränderte ihre Gesichtszüge.

Von einer Sekunde zur nächsten war alles anders. Die vergangenen sieben Tage waren wie weggeblasen, wie aus dem Gedächtnis gelöscht. Ich sah zu den drei Spreewäldlern in ihren albernen Cordhosen, billigen Konfektionsjacketts und am Hals ausgeleierten Shirts, mit ihren «Die behalt ich gleich an»-Schuhen. Schlagartig fehlte mir jedes Verständnis dafür, warum ich mich mit diesen Leuten abgab, warum ich mich so sehr damit abmühte, Gefallen an der verdammten Gegend, an diesem verkehrten Haus, an der Situation und den Leuten vor Ort zu finden, wie ich auch nur im Traum in Erwägung ziehen konnte, mich produktiv mit diesen Gegebenheiten auseinanderzusetzen und möglicherweise sogar einen Weg zu finden, um mich langfristig, wenigstens mittelfristig damit zu arrangieren. Oder gar zu akzeptieren, dass Melanie *ein Kind von einem anderen* erwartete. Wie ungeheuer albern und abwegig. Ich gehörte nicht dorthin, nicht in diese Konstellation und nicht in diese Rolle. Ich gehörte hierher. An einen

Ort wie diesen, in diese Stadt, wo es Leute wie diese pantherhafte Neunkommaneun direkt vor mir gab, wo Arroganz ordentlich honoriert und Kompetenzen anerkannt wurden – und man erfolgreich so tat, als wäre man eine andere Person, wenn man Bekannten an so absurden Plätzen wie Baumärkten begegnete.

Ich drehte mich kurz zur Bar und nahm den White Russian, den die Auszubildende soeben vor Josh Clab abgestellt hatte, holte mimisch dessen Einverständnis ein, drehte mich zur Sängerin zurück und kippte den Drink dann möglichst elegant herunter. Es schmeckte eklig, und für einen Augenblick fühlte ich mich auch so: eklig. Meine provinziellen Begleiter beobachteten mich wie eine Kirmesattraktion, Pfarrer Albin schien kurz davor, eine Ad-hoc-Predigt zu halten. Sie hatten offenbar erkannt, dass sich bei mir etwas tat, aber ich deutete ein Kopfschütteln an und wandte mich der Klassefrau aus New Hampshire zu.

«Hi», sagte sie, berührte mit beiden Händen sanft meine Schultern, beugte sich vor und legte ihre linke Wange kurz an meine. Zum Glück konnte sie meine Gänsehaut nicht sehen.

Ich glitt vom Hocker und um sie herum, sie setzte sich, ich stellte mich vor sie, beinahe zwischen ihre Beine. Es fehlte nicht viel. Zentimeter. Was für hinreißende Knie. Verdammt.

«Hallo», sagte Josh Clab und wedelte sogar ein bisschen mit der rechten Hand herum.

Die Singer-Songwriterin aus Manchester, New Hampshire, ignorierte ihn einfach. Sie sah mich an, direkt und auffordernd, und es war so völlig ohne Zweifel klar, was sie von mir wollte, dass ich für die Dauer eines Lidschlags sogar in Erwägung zog, sie genau deshalb abblitzen zu lassen. Doch das war mir unter den gegebenen Umständen unmöglich. Ich brauchte sie. Sie war meine Chance, der Schlüssel für meine Rückkehr in diese Welt, in die *richtige* Welt, weit weg von diesem miefigen Gurken-Biotop irgendwo in Brandenburg, weg von Arbeitslosigkeit und Grüppchen aus Verlierern, die sich an Montagabenden in stinkenden Kneipen trafen, um sich mit Walser, Kafka und Werner Waldt zu vergleichen. Ein Gedanke an Pocahontas huschte durch meinen Kopf, dann sah ich Lara kurz vor meinem geistigen Auge, auf dem Rand des Sandkästchens sitzend und auf ihr Plüschkänguru einredend. Ich blinzelte und konzentrierte mich wieder auf die Frau vor mir, auf diesen grandiosen Fang.

Sie nahm mein Handgelenk.

«Hier ist es scheiße. Und ich brauche diesen Auftritt nicht mehr, ich komme sowieso nicht zurück. Lass uns gehen.»

«Okay», sagte ich. Ich spürte alle Blicke auf mir und kam mir vor, als würde ich einer Münze zusehen, die trieselnd durch die Luft fliegt, gemächlich um die eigene Achse rotierend, um bei der Landung ein Schicksal zu entscheiden: Kopf oder Zahl. Meine Zweifel verblüfften mich, andererseits war etwas in mir mehr als sicher, dass es nur ein einziges Leben für Sebastian Kunze geben könnte, nämlich genau dieses hier.

Wir ließen sie alle grußlos hinter uns. Die Hotelfachfrauen, den Zeitmaschinenmann, die Touristen aus Weißrussland, die Autorengruppe «Prosa im Spreewald» und Kevin-Louis Krüger. Es war ein herrliches Gefühl.

Und gleichzeitig dachte ich: Verdammte Scheiße, jetzt ist alles vorbei.

13. Tagebuch von Melanie Kunze, Samstag, 25. Juni, 2.30 Uhr

Wir sind gerade in Petras Wohnung zurückgekehrt. Wir waren im Krähennest, dieser Kneipe am Spreeufer, wo wie beim Après-Ski gefeiert wird. Eigentlich ist das nicht meins, weil ich diese Lustigkeit auf Bestellung (und mit viel Alkohol) ablehne, aber heute war's genau das Richtige für mich. Natürlich habe ich nichts getrunken, dafür hat Petra *Wottis* en masse in sich hineingeschüttet, während ich getanzt habe. Wann war ich zuletzt mit Basti tanzen? Keine Ahnung, das muss mehrere Jahre her sein. Er ist sowieso kein Tänzer, eigentlich eher das Gegenteil davon – bei solchen Tätigkeiten beobachtet er die Leute lieber, als Gefahr zu laufen, selbst beobachtet zu werden, sich peinlich zu zeigen. Dabei ist – *war* – er ständig in Clubs und Bars unterwegs, in denen Musik gespielt und auch getanzt wird. Ich musste oft an ihn denken, als wir an der Bar gesessen haben. Diese vielen Menschen, diese ausgelassene Anonymität. Das gibt es auf dem Land natürlich nicht. Dort wäre ich wahrscheinlich auch nicht so oft angequatscht worden wie heute Abend. Eher kein einziges Mal, weil von Cottbus bis sonstwo längst jeder weiß, wer ich bin und was ich mache, zu wem ich gehöre und diese Dinge.

Aber – heilige Scheiße, um es mal drastisch zu sagen. Das waren Dutzende. Ich glaube, Petra hat das ganz schön deprimiert, denn mit ihr wollte kein Einziger tanzen – und sie ist bei den drei oder vier mäßig attraktiven (und auch noch betrunkenen) Männern, die sie angesprochen hat, gnadenlos abgeblitzt. Okay, sie hat auch wieder wie ein Paradiesvogel ausgesehen, der eine schreckliche Wette verloren hat. Ich habe vorher versucht, sie von einem anderen Outfit zu überzeugen, aber sie hat ja keins. Ich muss wirklich mal mit ihr einkaufen gehen. Irgendein abgefahrener Laden wird schon was haben, das sie ein *bisschen* besser aussehen lässt. Sie ist gerade auf der Toilette und kotzt die Schüssel voll, schon seit über einer halben Stunde. Petra hat mindestens dreißig *Wottis* getankt. Und ein paar Proseccos. Und was weiß ich sonst noch. Sie tut mir leid, aber sie muss auch einfach lernen, dass Selbstbewusstsein nicht nur daher kommt, dass einen möglichst viele andere attraktiv finden. Sie ist so ein feiner Kerl. Vielleicht schade ich ihr sogar.

Zwei oder drei Typen waren darunter, da habe ich gedacht: Holla. Gut aussehend, aber keine tumben Muskeldodos. Recht jung (auf jeden Fall deutlich jünger als Basti) und trotzdem entspannt. Und ich habe wirklich gedacht: Warum nicht? Es wäre nur Sex. Ein bisschen Spaß, nur ein paar Minuten, länger halten die sowieso nicht durch (im Gegensatz zu Basti). Wieder dieses Gefühl bekommen, tatsächlich begehrt zu werden. Einen anderen Körper neu zu spüren. Klar, danach kämen Reue und Krokodilstränen. Aber ganz unter uns: Es gibt einfach keinen besseren Weg, um dem Selbstbewusstsein einen ordentlichen Schub zu verleihen (sorry, Petra). Eine richtig coole, versaute, total hemmungslose Nummer, da kannst du wochen- und monatelang zur Psychotherapie gehen, und es bringt nicht annähernd so viel. Züchotherapie, wie Thorben sagen würde.

Ich war wirklich kurz davor. Und dann habe ich gedacht: Nein, du wirst dich schämen. Du wirst dich sogar währenddessen schämen. Du wirst an dein Kind (an deine Kind*er*!) denken, an deine Verantwortung, auch an deinen Mann. An deine Versprechen. Die er, ja, ja, ja!, *nicht* einhält. Aber das ist seine Sache. Und es ist nicht das Gleiche.

Du weißt, wovon du redest.

Und jetzt ärgere ich mich. Ich hätte mir einen dieser Typen schnappen sollen. Je länger ich darüber nachdenke, umso sicherer bin ich mir. Niemand hätte das je erfahren. Es hätte also auch niemanden gegeben, der das als Untreue qualifiziert hätte. Dieser schlimme Begriff, mit dem versucht wird, Aspekte zu verbinden, die *keine* Einheit bilden: Sex und Emotionen. Planbarkeit und Spontaneität. Sicherheit und Lebensfreude. Wenn Menschen von Treue reden, meinen sie meistens das Sicherheitsversprechen, das sie mit Beziehungen verbinden, aber vordergründig thematisieren sie Sex, den sie in der Beziehung, die gerade durch Untreue gefährdet wird, eigentlich überhaupt nicht mehr haben, oft seit Jahren. Das ist schon schräg. Sie sehen sich als Teil von etwas, das nur teilweise existiert, weil selbst die energischsten Klammerer keine vierundzwanzig Stunden am Tag mit dem Partner verbringen können, weil das schlicht technisch unmöglich ist. Und trotzdem plappern und denken sie in solchen Kategorien, sehen sich als *Einheit*. Sie führen Verhöre, weil sie herausbekommen möchten, ob da etwas ist, und sie selbst denken beim Vögeln an andere Menschen. Genau das ist es: Untreue gibt es nur im Kopf, in den Gedanken. Wer sich dort vom Partner löst, der ist untreu. Wer sich von einem anderen Menschen ficken lässt, der fickt nur.

Großer Gott, was ist heute mit mir los? Ich sollte diesen Text löschen.

TEIL DREI
KONVALESZENZ

1. Selfie

Sie hatte es eilig, zog mich an der Hand geradezu hinter sich
her, während ich mich relativ entspannt fühlte, weil ich das
Gefühl hatte und genoss, wieder die Kontrolle zu haben, mich
in meinem Metier zu bewegen, *ich* zu sein: Sebastian Kunze. Das
war ein durchaus großartiges Gefühl. Vor dem Laden atmete ich
die originell aromatisierte Großstadt-Juniabendluft intensiv ein,
und es roch genau so, wie es zu riechen hatte: Abgase, blühendes
Unkraut, der dezente Restgestank von Haustierexkrementen, die
den Tag in der Sonne verbracht hatten, der Schadstoffmix aus
hastig vor Haustüren gerauchten Zigaretten, etwas latente Muf-
figkeit und zugleich und über allem diese bewegte Frische, dieses
sich täglich erneuernde Versprechen von Bewegung, Flexibilität
und Überraschung, diese geruchliche Metapher auf *Scheiß auf das,
was gestern war.* Sogar die Spree, die in ein paar hundert Metern
Entfernung vor sich hin floss, ohne von hier aus zu sehen zu sein,
war olfaktorisch zu erahnen, der Fluss, der hier, zwischen den
Ufern der Großstadt, endgültig entjungfert wurde, um ein ganz
anderer zu sein, wenn er die Stadt in Richtung Norden verließ.

Wir fanden ziemlich schnell ein Taxi. Das Hotel, das sie mir
nannte, als wir im Fond nebeneinander saßen, Meleny ziemlich
nahe an mich herangerückt, war allerdings inakzeptabel – eine
Zwei-Sterne-Hütte aus dem Portfolio einer weltumspannenden
Kette, schematisiertes Nächtigen in Billigmöbeln, ohne Concierge
und Rezeption, dafür Neonlampen und mit Ketten gesicherte

Fernseher-Fernbedienungen in den Zimmern und so weiter. Ich bat den Fahrer, der im Schießer-Unterhemd auf dem Bock hockte und zuletzt im vergangenen Jahr unter einer Dusche gestanden hatte (Wie herrlich! Willkommen zurück in Berlin!), sich auf den Weg ins Ritz Carlton zu machen, während ich dort anrief und ein Doppelzimmer reservierte, was völlig problemlos ablief.

Der rasselnde Diesel-Daimler, dem man, wenn ich richtig schätzte, innerhalb der ersten drei Lebensjahre fast dreihunderttausend Kilometer abgetrotzt hatte, glitt durch die Stadt, auf dem Weg zum Potsdamer Platz. Ich mochte die Gegend nicht, diese rasch unmodern gewordene, mäßig attraktive Künstlichkeit, aber wir fuhren ja auch nicht dorthin, um spazieren zu gehen und Sightseeing zu veranstalten, sondern um rasch einzuchecken, uns die Kleider von den Leibern zu reißen und zu vögeln. Um das Leben in der Großstadt zu feiern.

Meleny konnte es offenbar kaum abwarten. Sie presste sich an mich, berührte mit der Zungenspitze mein linkes Ohrläppchen. Ich fand das ein wenig aufdringlich, hätte von ihr mehr Stil erwartet.

«Nicht so hastig», sagte ich deshalb freundlich, legte ihr aber eine Hand auf den Oberschenkel, um zu zeigen, dass die Zurückweisung nur mit der Situation zu tun hatte. Ich war kurz irritiert, weil es sich anders anfühlte, als ich erwartet hatte. *Normaler.* «Wann fliegst du?»

«Morgen Nachmittag.» Sie grinste anzüglich: *Wir haben ziemlich viel Zeit,* bedeutete das. «Ich muss vorher noch meine Keyboards aus dem Club holen.» Sie runzelte kurz die Stirn, möglicherweise machte sie sich Sorgen, ob sie das Equipment zurückbekäme, obwohl sie den Gig hatte ausfallen lassen.

«Wie hat es dir in Berlin gefallen?», fragte ich, völlig unironisch.

Jetzt verzog sie das Gesicht.

«Ich hatte mehr erwartet. Ich bin ja nicht hier, weil ich das bisschen Geld brauche, das ich für die Auftritte in den lausigen Bars bekomme. Und diese hier» – sie wies mit einer Nickbewegung in die Richtung, aus der wir gekommen waren – «war besonders lausig. Das sollte eine Promo-Tour sein. Ich dachte, ich könnte in ein paar Radiostationen Interviews geben und meine Platte vorstellen.»

«Dachtest du», erwiderte ich lächelnd. Genau das dachten viele, die in die Stadt kamen. Sie glaubten, einfach nur hier zu sein wäre schon etwas wert. Weil das aber so viele glaubten und es umgekehrt nur äußerst wenige gab, die tatsächlich auf der Suche nach einer Perle in diesem Misthaufen waren, geschah meistens: überhaupt nichts.

«In New Hampshire sind die Karrierechancen nicht besonders», sagte sie.

Melanie Packer legte auch eine Hand auf meinen Oberschenkel, ließ sie nach oben gleiten, wie zufällig, strich kurz seitlich über meine Hüfte und beobachtete mich währenddessen.

«In Berlin versuchen es recht viele Musiker», sagte ich vorsichtig. «Ist Melanie Packer eigentlich ein Künstlername?»

Sie nickte lächelnd.

«Und wie heißt du mit bürgerlichem Namen?»

«Das verrate ich dir nicht. Noch nicht.»

Das Taxi bog in die Leipziger Straße ein. Links von mir konnte ich kurz die sich in Richtung Horizont verlierende Dachlinie der aneinandergereihten Plattenbauten sehen, rechts und einen Augenblick später in Fahrtrichtung schimmerten die Lichter, die von der überschaubaren Ansammlung nicht besonders aufregender Hochhäuser stammten, die auf der ehemaligen Brache mitten in der Stadt gebaut worden waren. Auf den Gehsteigen beiderseits der Straße drängten sich die Touristen, Männer in kurzen Hosen und Frauen in flattrigen Baumwollkleidern. Ich zwinkerte. Gut, es war nach Mitternacht, weshalb der Altersdurchschnitt eher zur Dreißig als zur Fünfzig tendierte, aber am Nachmittag hatte es hier vermutlich ganz genauso wie vor drei oder vier Tagen am Kahnhafen von Blümmen ausgesehen.

Der Wagen hielt, ich zahlte, und wir stiegen aus, während uns ein livrierter Page die Tür aufhielt. Melanie Packer, die möglicherweise Kristina oder Rita oder sogar Oksana hieß, legte den Kopf in den Nacken und blickte an der grauen Hotelfassade hinauf wie meine Spreewälder Begleiter vor ein paar Stunden am Bahnhof. Die Frau sah fraglos phantastisch aus, aber meine Euphorie hatte einen Dämpfer erlitten. Das Gefühl, dass hier etwas nicht stimmte (vom fundamentalen Umstand abgesehen, dass ich im Begriff war, meine Frau wieder einmal zu betrügen), verstärkte sich deutlich. Jemand tippte mich an.

«Könnten Sie ein Foto von uns machen?», fragte ein Typ in den frühen Zwanzigern, der ein Shirt trug, auf dem «Amtlich beglaubigter Tittentester» stand. Neben ihm hing eine mäßig attraktive, offenbar leicht alkoholderangierte Blondine etwas in den Seilen. Ihr Brustansatz war durch die labbrigen Achselöffnungen ihres viel zu großen Tops deutlich zu sehen. Er hielt mir sein verdammtes Smartphone entgegen, das Pärchen hatte sozusagen automatisch Handy-Fotografierstellung eingenommen, obwohl die Dame mit ihrer Konstitution kämpfte.

Ich neigte den Kopf leicht. Keine dreißig Meter von uns entfernt bot ein Typ – wahrscheinlich ein Exilhannoveraner, diese Leute kamen nie aus Berlin – allen möglichen Touristenbedarf an, darunter auch die grausigste Erfindung seit der Atombombe, nämlich *Selfiesticks*.

«Da vorne kannst du diese dämlichen Stangen kaufen», sagte ich. «Bleib mir vom Leib.»

«Arschloch», antwortete er.

Da musste ich lächeln. «Ja, stimmt. Danke.»

Und sofort wurde meine Laune wieder etwas besser. Ich hakte Meleny unter, zog sie in die Lobby des Fünf-Sterne-Hotels. Ein paar Wimpernschläge später waren wir im Zimmer im elften oder dreizehnten Stock, dessen raumhohe Fenster dann doch eine recht beeindruckende Aussicht auf die Stadt erlaubten.

«Du schreibst für ein großes Stadtmagazin?», fragte sie, die Pumps von den Füßen schnippend.

Ich öffnete die Minibar und entnahm ihr eine mittelgroße Flasche Champagner.

«Für die Bernd & Susi, ja», antwortete ich. Es war merkwürdig, den Namen des Magazins innerhalb eines englischen Satzes auszusprechen und sich dabei zu hören. Es war überhaupt merkwürdig, den Namen in den Mund zu nehmen, denn es gab das Magazin ja seit ziemlich genau einer Woche nicht mehr.

«Bernd & Susi», wiederholte sie. «Das klingt lustig.»

«Das Magazin ist aber eingestellt worden», antwortete ich, den Draht am Flaschenhals öffnend. «Vor einigen Tagen.»

Sie war im Begriff, sich auf die Bettkante zu setzen, und hielt inne. Der Korken ploppte, aber es klang nicht sehr beeindruckend.

«Und für wen schreibst du jetzt?», fragte sie skeptisch.

«Im Moment für niemanden.» Ich dekantierte den Schaumwein in zwei Gläser.

«Für niemanden?»

«Nein.»

«Nicht einmal für einen Blog?»

«Auch nicht.»

«Scheiße.»

Sie stand auf, schob mit dem rechten Fuß die Schuhe so zurecht, dass sie wieder hineinschlüpfen konnte. Melanie Packer war sehr geschickt darin, das zu tun.

«Was heißt das?», fragte ich, obwohl ich die Antwort kannte.

Sie grinste schmal. «Wie alt bist du? Vierzig? Fünfundvierzig?» Das letzte Wort betonte sie auf spöttische Weise. Sie hätte auch *uralt* sagen können.

Ich antwortete nicht. In meiner Bauchgegend breitete sich ein äußerst ungutes Gefühl aus.

«Ich bin achtundzwanzig», erklärte sie, was ich für eine dezente Beschönigung der Wahrheit hielt, obwohl sie hier, im Hotelzimmer, merkwürdigerweise jünger als in der Bar wirkte. Sie schob mich sanft, aber bestimmt aus dem Weg, sodass sie an den Spiegel kam. «Ich meine, du siehst okay aus. Aber wenn ich nur vögeln wollen würde, ich bitte dich. Da gibt es Jüngere und Hübschere – die Stadt ist groß. Zum Beispiel dieser Josh Clab.»

«Er heißt eigentlich Kevin.»

«Und ich Thelma.» Sie schob sich ein paar Haarsträhnen zurecht. «Wie heißt du überhaupt?»

Ich sagte nichts, stellte die Gläser ab, ging zur Tür, zum Fahrstuhl, fuhr in die Lobby, verließ das Hotel und stand wenig später, leicht orientierungslos wie ein verdammter Wochenendbesucher, auf dem Gehsteig. Die Luft war sehr mild, aber trotz des Großstadtlärms, der mich umgab wie eine Wurstpelle, war ein langgezogenes, entferntes, dumpfes Donnern zu hören. Ich schnupperte. In ein paar Minuten würde es ein Gewitter geben. Jemand berührte mich an der Schulter, ich drehte mich ruckartig um, bereit, dem nächsten dämlichen Touristen, der mich um Hilfe beim Fotografiertwerden mit seinem eigenen verdammten Handy bat, einfach kräftig aufs Maul zu hauen, und zwar so lange, bis von seinem Gesicht nur noch blutiges Hackepeter übrig wäre. Eine Erinnerung huschte durch mein Bewusstsein, die Erinnerung an das gleiche Gefühl, vor acht Tagen empfunden, als sich der vollbärtige Hipsterverschnitt gegen den roten Torpedo gelehnt hatte. Es kam mir vor, als wäre das in einem anderen Leben geschehen, in einem anderen Zeitalter, als stünde das in einem völlig anderen Geschichtsbuch.

256

Aber da war niemand, der mir ein Telefon mit Kamerafunktion entgegenhielt. Nur Melanie alias Thelma stand plötzlich neben mir. Ihr Anblick schien mich zu lähmen, jedenfalls fühlte ich mich für einen Moment bewegungsunfähig. Das war mir natürlich schon früher begegnet, die Option auf sexuelle Gefälligkeiten, wofür man im Gegenzug einen Kontakt herstellte oder hier und da etwas Namedropping veranstaltete, und so manches Mal hatte ich mich darauf eingelassen. Aber in diesem Fall hätte ich lebenswichtige Körperteile auf das Gegenteil verwettet.

Und verloren.

«Ich will zurück in die Bar, vielleicht schaffe ich den Gig noch», sagte sie. «Wollen wir uns ein Taxi teilen?», schlug sie lächelnd vor, zugleich sehr geschäftsmäßig. Ihr Lächeln sah genauso echt aus wie vorhin, als sie in die Bar gekommen war.

Die Fahrt verging schweigend, ich saß auf dem Beifahrersitz, die amerikanische Sängerin hinten, und ich ärgerte mich darüber, zugestimmt zu haben. Als wir an der Stelle hielten, von der aus man sich zwischen den Gewerberuinen hindurch den Weg zur Bar suchen musste, schnippte ich einen Zehn-Euro-Schein auf die Mittelkonsole, riss die Tür auf und ging rasch davon, ohne mich von der verdammten Thelma-Tusse zu verabschieden. Ich rannte im Zwielicht beinahe in eine kleine Männergruppe, die gerade um eine Ecke kam, offenbar nach einem Weg hinaus suchend.

«Mensch, Kunze. Wo warst du denn?», fragte Albin, der Pfarrer.

«In der Hölle», antwortete ich, zugleich überrascht, konsterniert und erfreut darüber, die drei zu sehen. Und dann, ein paar Augenblicke später, kamen mir die Tränen. Keine Ahnung, woher sie kamen und was *genau* ich in diesem Moment beweinte, aber es war unaufhaltsam, erfasste den gesamten Körper und versagte sich jedem Versuch, dagegen anzugehen. Etwas brach sich Bahn. Es war frustrierend und beängstigend und peinlich – und zugleich enorm befreiend. Während sich ein Teil von mir weit weg wünschte, sprichwörtlich im Boden versinken oder die Zeit in irgendeine Richtung drehen wollte, bevorzugt in die entgegengesetzte, begrüßte ein anderer, möglicherweise sogar größerer Teil die Reaktion, ließ sich auf die Tränen ein, atmete sie, schloss sich ihrem Rhythmus an.

«Großer Gott», murmelte Benjamin.

«Der nun gerade nicht», sagte der Pfarrer.

2. Missionar

Der Wärme, fast schon Hitze der letzten Tage war eine tendenziell kühle Milde gefolgt, die allerdings mit stürmischen Böen und rasch wechselnder Bewölkung einherging. Ich saß in der bequemen Jogginghose aus Funktionsgewebe (die ich ausschließlich für solche Zwecke anzog – ein Geschenk von Pocahontas, das ich seinerzeit ziemlich bissig kommentiert hatte) und langärmeligem Shirt auf der Terrasse, nippte am Crema und betrachtete die flink fluktuierenden Wolkenbilder, die sich über dem westlichen Spreewald bildeten, um gleich wieder zu zerfasern. Der Kaffee schmeckte ganz gut, alles andere war beschissen.

Weil längst keine Regionalzüge mehr gegangen wären und sich auch keiner von uns noch – vor allem ich nicht – die Anstrengung hatte geben wollen, zum Hauptbahnhof zu fahren, auf einen Zug zu warten, in diesem dann knapp anderthalb Stunden zwischen lauter Alkoholleichen nach Cottbus zu zuckeln und von dort aus irgendwie nach Brunn beziehungsweise Krumm zu gelangen, winkte ich kurzerhand ein Taxi herbei und handelte mit dem Fahrer, der bei der Begrüßung nur marginales, bei den Verhandlungen aber nahezu perfektes Deutsch sprach, eine angemessene Pauschale für die Fahrt in den Spreewald aus. Die knappe Stunde verbrachten wir schweigend, wobei ich auf dem Beifahrersitz saß und sich die drei von der Autorengruppe dicht an dicht auf der Rückbank drängten, während wir persische Folklore hörten, die vielen Geräte bewunderten, die an die Frontscheibe gepoppt waren, und dem Fahrer dabei lauschten, wie er mitten in der Nacht – es ging auf vier Uhr morgens zu, als wir in Richtung Vetschau von der A13 abbogen – mit ziemlich vielen Freunden, Verwandten und Bekannten telefonierte, die offenbar durch die Bank an massiven Schlafstörungen litten. Oder ihm dabei zusahen, wie er auf den Geräten Nachrichten beantwortete und geheimnisvolle Zwischenziele bestätigte. Kaum vorstellbar, wie es in diesem Taxi tagsüber zugehen musste, wenn sich tatsächlich viele Leute im Wachzustand befanden.

In Krumm hatten wir uns schweigend voneinander verabschiedet, aber Pfarrer Albin hatte mir zugezwinkert, vermutlich, um mich sozusagen seelsorgerisch aufzumuntern. In diesem Moment war ich mir ziemlich sicher gewesen, die drei nicht mehr wiederzusehen. Ich hatte mich in der vergangenen Nacht gegen all das hier entschieden, gegen Melanie, Lara, das Haus, den Spreewald, gegen diese Burschen hier und den ganzen Rest. Ich hatte es verkackt. Bei nächster Gelegenheit würde Pocahontas von meinem kleinen Ausflug erfahren, aber das wollte und würde ich nicht mehr miterleben.

Gabriele war mit Lara unterwegs – wo genau, wusste ich nicht. Eine sachliche Haftnotiz an der Kaffeemaschine hatte mich lediglich darüber informiert, dass sie am Nachmittag zurückkämen. Wann Melanie aus Berlin zurückkehren wollte, wusste ich ebenfalls nicht, aber ich nahm an, dass sie frühestens morgen käme, am Sonntagvormittag. Es war kurz nach elf. Ich sah zum vorderen Gartenzaun, also zum früher rückwärtigen, wo der FDP-gelbblaue Lieferwagen von *Saunen-Schuster* stand. Dass Frank Schuster und ein Helfer seit gestern im Keller rotierten, war hier nicht wahrzunehmen. Für die Instandsetzung einer Sauna brauchte man auch keine Presslufthämmer oder Betonmischmaschinen, höchstens vielleicht eine Elektro-Kreissäge und einen Akkuschrauber. Ich trank den Kaffee aus, ging in die Küche, bereitete zwei neue Tassen zu, suchte erfolglos nach Gebäck, das ich dazu servieren konnte, und trug die Pötte in den Keller. Frank Schuster kam mir im muffigen Gang entgegen. Er trug wieder den Blaumann, seine kurzen Haare waren schweißverklebt, merkwürdigerweise sah er seinem Bruder Mike in diesem Augenblick noch ähnlicher als ohnehin schon. Ich schnüffelte; es roch *nicht* nach Rauch, was mich kurz irritierte. Meines Wissens gab es in Berlin keinen einzigen Handwerker, der nicht rauchte, während die einzige Person, die ich in Brunn im Spreewald bisher mit einer Zigarette im Mund gesehen hatte, mein Spezi Thorben war.

«Wir müssen kurz den Strom abschalten», sagte er. «Um den neuen Ofen und die Steuerung zu testen.»

«Machen Sie einfach», erwiderte ich. Sein Helfer, ein junger, schmaler Bursche mit rotbraunen Haaren und flächigen Pigmentstörungen in Gesicht und an den Oberarmen, nahm mir die Tassen ab. Auf seinem Shirt klebten Sägespäne. Er sagte nichts, auch nicht «danke», sondern machte nur Geräusche.

«Wenn alles gutgeht, sind wir heute Nachmittag fertig», sagte Schuster. Dann klackte es, und das Licht ging aus, bis auf eine starke Batterielampe, die den Saunaraum beleuchtete.

«Prima», antwortete ich ins Halbdunkel, aber eigentlich war es mir egal. Meine Rolle hier war zu Ende gespielt. Ob nun heute noch, erst morgen oder vielleicht am Montag in der Frühe – der Fortgang stand fest, die Konsequenzen waren unausweichlich. Ich würde in dieser Sauna nicht mehr schwitzen. Das Recht darauf hatte ich verwirkt. Und auch vorher war es nur eine Illusion gewesen.

Ich zog mich um und wanderte anschließend durch den Ort. Das hatte ich vor ziemlich genau einer Woche schon einmal getan, allerdings in umgekehrter Richtung. Die Attraktivität von Brunn im Spreewald hatte in dieser Zeit nicht wirklich zugenommen; es war genauso langweilig und unspektakulär wie vor einer Woche, sogar noch ein wenig hässlicher, weil die Windböen restliches Laub aus dem letzten Herbst, Papiermüll und abgestorbene Blüten durch die Straßen und Gässchen wehten, was dem Ensemble eine leicht endzeitliche, mindestens aber etwas schmuddelige Note verlieh. Und dennoch empfand ich überraschendes Bedauern darüber, dass meine wenigen Tage im Spreewald innerhalb der nächsten zwei Dutzend Stunden gezählt wären, und das lag nicht nur daran, dass ich meine Familie – die mir vor kurzem noch recht wenig bedeutet hatte – verlieren würde und einer äußerst ungewissen Zukunft entgegenblickte.

Wie beim ersten Mal war so gut wie kein Mensch auf der Straße oder in den Gärten zu sehen. Ein schwarzhaariger Junge, der elf oder zwölf sein mochte, raste auf einem zu groß geratenen blauen Fahrrad an mir vorbei; er schien es sehr eilig zu haben, von hier wegzukommen. Zwei kittelbeschürzte Frauen in den Fünfzigern standen beiderseits eines Gartenzauns, der ihre Grundstücke trennte, und unterhielten sich, aber als ich an ihnen vorbeikam, pausierten sie, um mich zu begrüßen, nach dem Befinden meiner Frau zu fragen und mich anschließend freundlich zu mustern. Wir führten sogar einen kurzen Smalltalk über das Wetter, außerdem erfuhr ich, dass die Schmorgurken im Krummer Nest die besten wären, die man in der Region essen könnte. Den nagelneuen Volvo XC90, der kurz darauf in Schrittgeschwindigkeit neben mir fuhr, bemerkte ich erst, als der Fahrer kurz hupte, und ich bekam einen ordentlichen Schreck. Die Beifahrerin, eine hübsche Frau Ende dreißig, beugte sich aus dem Fenster und fragte mich, wo sie jetzt noch und für heute Nachmittag eine gute, traditionelle Kahntour buchen könnte. Ich empfahl den Nachwuchsautor aus Krumm und buchstabierte die Adresse seiner Website, die der Fahrer ins Kontrollzentrum seines großen Fahrzeugs eingab.

«Sagen Sie ihm, dass Sie auf Empfehlung von Sebastian anrufen», sagte ich, als das Freizeichen des Telefons bis zum Bürgersteig zu hören war. Die Frau nickte und bedankte sich, dann dieselte der Riesentrumm davon. Ich blieb noch eine Weile stehen, sehr verblüfft darüber, von mir selbst in der dritten Person gesprochen zu haben. Und außerdem vergessen zu haben, der ansehnlichen Dame noch während des Gesprächs eine Note zu verpassen. Selbst jetzt, als es mir auffiel, schien der Mechanismus nicht zu funktionieren. Eine Sechs? Vielleicht sogar eine Acht? Hatte ich überhaupt genau genug hingesehen?

Ein paar Momente später kam ich an den Redaktionsräumen des Brunner Boten vorbei. Der Aushang war zwar aktualisiert worden, aber auch heute arbeitete dort niemand. An Mike Schusters Bürotür hing ein Notizblock-Zettel in den Farben seines Arbeitgebers: «Ich bin auf einem Außentermin, Sie erreichen mich auf dem Handy», darunter die Nummer. Kein Mensch in Berlin hätte das getan – ein Foto dieses Aushangs hätte sich Sekunden später auf Facebook und per Twitter verbreitet, woraufhin Tausende damit angefangen hätten, Mike Schuster anzurufen und Kurznachrichten zu senden. Ich dachte zur Ablenkung von unmittelbareren Problemen über die Zwillinge nach, während ich weiterwanderte. Sogar ihre Handschriften waren kaum unterscheidbar.

Im Getränkeshop kaufte ich die drei erhältlichen Berliner Tageszeitungen. Es kam mir herrlich anachronistisch und zugleich wie ein sehr merkwürdiger, stiller Protest vor, Veröffentlichungen zu kaufen, die Nachrichten enthielten, die vor inzwischen zwölf, sechzehn Stunden aktuell gewesen sein mochten, aber ihre Aktualität war ja zum Glück nicht die einzige Qualität von Nachrichten und daraus entstandenen Zeitungsbeiträgen. Außerdem enthielten die Tageszeitungen durchaus noch ein wenig mehr als nur das. Ich klemmte mir die Blätter unter den Arm und ging in Richtung Marktplatz. Während ich das tat, kam ich mir gleichsam friedlich vor, fast schon entspannt, auf jeden Fall etwas entrückt. Es handelte sich fraglos um die sprichwörtliche Ruhe vor dem *sehr* großen Sturm, der sich um mich herum durch staubaufwirbelnde Böen ankündigte, auf den ich mich aber ohnehin nicht vorbereiten könnte. Also war es in Ordnung, die kurze, letzte Ruhe auch zu genießen.

Der Brunner Hof, wo ich vor einer Woche ein kleines Bier bestellt, aber nicht getrunken hatte, war zu dieser Tageszeit bereits geöffnet, obwohl die Zielgruppe hierfür ziemlich überschaubar war – die Gäste des Hotels, die ganz andere gastronomische Qualität gewöhnt waren, gehörten jedenfalls nicht dazu. Auf dem Gehsteig davor, also praktisch auf dem Marktplatz, standen ein paar weiß-rostige Metalltische und dazu passende Plastikstühle, und auf einen davon setzte ich mich. Ein junger blassblonder Mann mit starkem polnischen Akzent wollte mir die laminierte Speisekarte überreichen, aber ich lehnte dies ab und bestellte Kaffee und Mineralwasser. Das Gebäude, in dem sich die Gaststätte befand, stand mit der Rückseite gegen die Windrichtung, sodass es hier, vor dem Restaurant, vorläufig kaum wehte. Als der junge Mann gerade meine Getränke brachte, klappte ich den zusammengefalteten «Tagesspiegel» auf und überflog die Schlagzeilen der Titelseite. Wenig davon interessierte mich, weder die aktuelle Krise der Europäischen Union noch das Autorennen zwischen zwei Jugendlichen, das auf dem Kurfürstendamm in der Nacht zum Freitag ein Todesopfer gefordert hatte, aber keinen der Fahrer. Natürlich zeichnete eine regionale Tageszeitung mitnichten das Bild der Stadt, weder als Schnappschuss eines Tages noch im Allgemeinen, aber es war dennoch merkwürdig, wie wenig Bezug ich in diesem Moment zu den Mitteilungen empfand, beispielsweise derjenigen über eine Messerstecherei zwischen fünf Dealern in der Hasenheide. Tatsächlich betraf die Meldung vom Straßenrennen in erster Linie die Verwandten und Bekannten der Täter sowie des Opfers, also vielleicht vierzig, fünfzig Leute insgesamt – von mehr als dreieinhalb Millionen Menschen, die in der Stadt lebten. Hiervon abgesehen, bestand die einzige Beziehung zum einzelnen Berliner darin, dass es eben in seiner Stadt geschehen war, und vielleicht war die Wahrscheinlichkeit solcher Ereignisse in der Hauptstadt tatsächlich einen Hauch größer als sonstwo (wobei hier, in der Region, wahrscheinlich allnächtlich tödliche Rennen auf den Alleen stattfanden, doch mit geringeren Kollateralschäden), aber letztlich bestand unsere einzige Gemeinsamkeit darin, dass wir zufällig am gleichen Ort wohnten – vorausgesetzt, man verinnerlichte die willkürlichen Grenzen, die drum herum gezogen worden waren. Irgendwo in meinem Hinterkopf formte sich ganz sachte der Gedanke, dass diese Gemeinsamkeit letztlich auch das Einzige war, das uns irgendwie einte, wenn man überhaupt davon sprechen konnte, dass es eine – wie auch immer geartete – Einigkeit gab. Unterm Strich war «Berliner» ein ziemlich beliebiges Etikett. Der Unterschied zu Hamburgern und, großer Gott, *Stuttgartern* war letztlich gering.

Ein Stuhl wurde gerückt, Pfarrer Albin setzte sich zu mir. Er sah müde aus, lächelte aber. Ich freute mich, ihn zu sehen, trotz der Ereignisse der gestrigen Nacht.

«Es gibt Sturm, Herr Kunze», sagte er, legte den Kopf in den Nacken und schloss die Augen. Weil der junge Pole kam, um seine Bestellung aufzunehmen, öffnete er sie gleich wieder.

«Woher wusstest du, dass ich hier bin?», fragte ich.

«Erstens kann ich den Marktplatz vom Gemeindehaus aus sehen», antwortete er und zeigte in Richtung Kirche. «Und zweitens. In Brunn wissen wir solche Dinge übereinander.» Er sah sich um, wies mit dem rechten Zeigefinger auf ein Gebäude, möglicherweise zufällig – ein zweistöckiges Mehrfamilienhaus direkt am Platz. «Familie Möller, erster Stock links, ist heute im

‹Tropical Island›, weil Luka, der Sohn, sich das zum Geburtstag gewünscht hat. Meike und Wladi Ivanisevicz, erster Stock rechts, besuchen die Großeltern von Meike in Guben. Die Zippels, die gleich darunter wohnen, schauen sich bei Porta in Potsdam Schlafzimmermöbel an. Norbert Potschke, der in der Nachbarwohnung lebt, arbeitet heute auf einer Baustelle in Vetschau.»

«Du kannst mir viel erzählen.»

«Wir können ja darauf wetten, dass das stimmt. Beliebiger Einsatz. Glaub mir, es stimmt wirklich.»

«Das ist ja gruselig. Weißt du das aus den Seelsorgegesprächen?»

Er lächelte wieder. «Nein, das weiß hier *jeder*. Auch, dass deine Frau in Berlin bei einer Freundin oder Bekannten ist und dass ihre Mutter übers Wochenende bei euch wohnt. Interessante Frau übrigens. Zahnärztin, richtig?»

Ich nickte – *interessant* traf es durchaus.

Der Kellner brachte Tee für Albin, ich bestellte einen weiteren Kaffee, faltete die Zeitung so zusammen, dass ich später an der Stelle würde weiterlesen können, bei der ich vorhin damit aufgehört hatte. Eigentlich wollte ich zu einer Erwiderung, einer Gegenrede ansetzen, aber in diesem Augenblick sah, las und verstand ich die Überschrift einer Meldung:

Prozessbeginn gegen Prager Sterilisationsarzt

Ich hielt in der Bewegung inne, schlug die Seite wieder vollständig auf und las den Text, von dem ich schon vor dem ersten Wort sicher wusste, dass er mich betraf:

Prag, Tschechien (ČTK) Gestern begann vor einem Prager Strafgericht der Prozess gegen den Chirurgen Mikuláš P. (63), dem in mehr als hundert Fällen schwere vorsätzliche

Körperverletzung und Betrug vorgeworfen wird. Mikuláš P. hatte in der Zeit zwischen Sommer 2015 und Frühjahr 2016 mutmaßlich über hundert Sterilisationen durchgeführt und abgerechnet, an den betroffenen Männern jedoch tatsächlich keine Vasektomien vorgenommen, sodass sie zeugungsfähig blieben. Auf seiner Website und in einer Presseaussendung ließ der Arzt kurz nach seiner Verhaftung erklären, dass er «im Namen des Herrn» gehandelt habe, um der «gottlosen und widerwärtigen Lasterhaftigkeit» ein Ende zu setzen. Bei einer Verurteilung erwartet Mikuláš P. eine Gefängnisstrafe von bis zu acht Jahren. Die als Nebenkläger beim Strafprozess zugelassenen Geschädigten kündigten an, in einem späteren Zivilprozess Schadenersatz und Schmerzensgelder einzufordern. Mindestens fünfzehn Männer sind inzwischen unfreiwillig Väter geworden. Da Mikuláš P. international für seine Leistungen geworben hatte, gehen die tschechischen Ermittler davon aus, dass viele Männer im europäischen Ausland geschädigt wurden, deren Daten der Arzt jedoch kurz vor der Inhaftierung vernichtet hatte. Nach Angaben der ehemaligen Arzthelferin Romanka B. wurden im fraglichen Zeitraum täglich zuweilen mehr als zwanzig Patienten operiert. Betroffene Männer werden gebeten, sich bei den Prager Justizbehörden zu melden. Das Urteil wird im August erwartet.

Ich hörte Geräusche, konnte aber nichts mit ihnen anfangen. Jemand redete mit mir, aber ich verstand nicht, was er sagte. Ich konnte nur diese Zeitung anstarren und las den Text dabei dreimal nacheinander. Ich sprach die darin enthaltenen Namen leise aus, Mikuláš und Romanka, obwohl ich das nicht tun wollte, aber ich konnte nicht anders.

Und dann musste ich lachen. Es war ein rein körperliches Lachen, und irgendwie das ausgleichende Gegenteil zu meinem Heulanfall gestern Nacht. Ich war nicht fröhlich, mir war nicht nach Lachen zumute, aber ich konnte trotzdem nicht damit aufhören. Wurde ich langsam irre? Sollte ich mich bei Frau Psychotherapeutin Melanie Kunze um einen Termin bemühen?

Dieser verdammte Arzt hatte mich überhaupt nicht sterilisiert.

Verdammt, verdammt, verdammt. Das erklärte vieles. Aber längst noch nicht alles.

«Betrifft dich das irgendwie?», fragte der Pfarrer, der sich über die Zeitung gebeugt und mitgelesen hatte.

«Frag nicht so scheinheilig», antwortete ich, während ich mir die fehlplatzierten Lachtränen aus den Augen rieb. «Würde ich mich sonst so verhalten, wie ich das gerade getan habe?»

«Um ehrlich zu sein – ein solches Verhalten habe ich bislang noch nicht erlebt. Ich dachte, du stehst kurz vor einem epileptischen Anfall oder so was.»

«Kann sein, dass ich mich ganz ähnlich gefühlt habe.»

Ich starrte weiterhin den Text an. Vielleicht war das ein schräger, kompliziert vorbereiteter Ulk? Dagegen sprach, dass ich mit absolut niemandem über den eigentlichen Zweck meiner Prag-Reise geredet hatte, und dieser Einkauf heute Vormittag markierte meinen ersten Erwerb von Tageszeitungen seit mindestens drei Jahren. Ich hatte mich in der Praxis unter falschem Namen angemeldet, die Behandlung in bar bezahlt und auch bei der Anreise auf mein Inkognito geachtet. Dennoch zog ich jetzt mein Smartphone hervor und googelte die Stichwörter «Prag», «Arzt», «Sterilisation» und «Prozess». Gleich sechs der ersten zehn Treffer bestätigten die Zeitungsmeldung, der siebte betraf, etwas überraschend, Josef Mengele.

Ein verdammter fundamentalistischer Christenarzt hatte meine Sterilisation nur vorgetäuscht, um mich auf den Pfad der Tugend zurückzuführen.

Und er hatte es auch noch geschafft, irgendwie.

Heilige Scheiße. Wie teuflisch.

«Du hast dich heimlich sterilisieren lassen?», fragte Albin.

Eine weitere Person, die einen ziemlich langen Schatten warf, setzte sich an den Tisch. Es roch plötzlich nach kaltem Zigarettenrauch.

«Du hast *was?*», fragte Thorben.

3. Tagebuch von Melanie Kunze,
Samstag, 25. Juni, 14.00 Uhr

Petra ist einkaufen gegangen, ich sitze auf ihrem Balkon. In Lankwitz. Ich kann die Geräusche der vielbefahrenen Leonorenstraße hören, obwohl sie zwei Querstraßen entfernt ist. Es ist hier deutlich lauter als in Brunn, aber immer noch viel, viel leiser als in Berlin-Friedrichshain. Es kommt mir fast unglaublich vor, dass man diesen Lärmpegel einfach aushält und sich in einer Weise daran gewöhnt, dass es einem nichts mehr auszumachen scheint. Die menschliche Psyche verkraftet vieles, aber ihre Kraft ist endlich. Irgendwann wird der neuralgische Punkt überschritten, und nichts geht mehr. Deshalb sprechen viele auch vom *Point of no return*.

Okay, es ist laut, aber dafür laufen einem hier nicht andauernd die Irren vor die Füße, die man tagsüber zu therapieren versucht. Was allerdings nicht heißt, dass jeder Nachbar ein in psychischer Hinsicht kerngesunder Normalo ist. Der von Petra zum Beispiel. Ich hatte den Mann schon ein paar Male gesehen, aber gestern Nachmittag zum ersten Mal für etwas längere Zeit, weil er vor seiner Tür stand und ewig gebraucht hat, um das Schloss zu öffnen. Insofern ist er eigentlich ein guter Nachbar für die stark verlangsamte Petra (hoffentlich schafft sie es heute noch, vom Einkaufen zurückzukehren). Aber die murmelt wenigstens kein wirres Zeug oder redet, wie er, mit ihrem Schlüsselbund oder der Haustür. In der Nacht, während Petra weiter im Bad vor sich hin gebrochen hat, habe ich Geräusche aus seiner Wohnung gehört. So ein dumpfes Pochen, und er hat laut gekeucht. Keine Ahnung, was der Mann da veranstaltet hat, aber es war nicht schön anzuhören. In meiner Phantasie ... nein, das werde ich nicht aufschreiben.

Ich musste dabei an Lara denken, die noch so klein ist und von der Welt da draußen überhaupt nichts weiß. Für sie ist die schlimmste Katastrophe, die sie sich vorstellen kann, dass sie ihre Puppe vor dem Einschlafen nicht findet. Oder dass kein Paula-Pudding da ist, wenn sie Appetit auf welchen hat. Es ist erschütternd, sich vorzustellen, wie grausam sich die Welt für sie in ein paar Jahren präsentieren wird. Mit jedem Zentimeter, den sie an Körpergröße zulegt, wird auch die Brutalität anwachsen, die die Gesellschaft bereithält. Nicht einmal «nur» Mord und Totschlag, Hunger und Elend, Gewalt und Manipulation, sondern vor allem das Zwischenmenschliche: Lüge, Betrug, Untreue, Neid, Eifersucht, Intrige. Oder ganz simple, alltägliche Unehrlichkeit. Sie wird lernen und erfahren, dass man sich auf niemanden verlassen kann, dass die Gemeinschaft fast nur dem Zweck dient. Dass nicht einmal Freunde, Verwandte und Lebenspartner Leute sind, denen man zu hundert Prozent und in jeder Situation vertrauen kann. Ich möchte nicht dabei sein, wenn Lara zum ersten Mal diese Erfahrung macht. Andererseits möchte ich unbedingt dabei sein und sie beschützen, aber das ist natürlich eine Schnapsidee. Ich dachte eigentlich, dass der Umzug in den Spreewald wenigstens teilweise diesen Schutz bieten würde, aber ich fürchte, dass ich mich geirrt habe. Es sind überall nur *Menschen*, und es sind überall die gleichen. Vielleicht wird man es dort schneller bemerken, wenn etwas schiefläuft, aber nach dem zu urteilen, was ich während meiner ersten Praxiswoche erlebt habe, kann einem selbst in Brunn im Spreewald der Satan persönlich gegenübersitzen – und man glaubt trotzdem, es sei ein Engel. Ich muss an diesen einen Patienten denken. Ich bin mir eigentlich sicher, in diesem Fall offenbarungspflichtig zu sein, also meine Schweigepflicht verletzen zu müssen. Aber ich brauche eine Bestätigung. Und mein Supervisor ist im Urlaub.

Ich sollte abtreiben. Es ist die einzige sinnvolle Entscheidung.

Wie kann das sein? Vor etwas mehr als einer Woche war ich noch so euphorisch, und jetzt ist es, als stünde ich kurz vor einer depressiven Episode. Woran liegt das?

4. Gin Tonic

«Bist du komplett durchgeknallt?», brüllte Thorben, wobei ihm ein paar Speicheltropfen aus dem Mund flogen. «Ich sag's mal so: Wenn ich Melanie wäre und *das* von dir erfahren würde – von *dem* Arschtritt würdest du dich nie wieder erholen.» Er pausierte, schlug mir mit der Faust gegen die Schulter, aber alles andere als freundschaftlich. «Nie wieder.»

Thorben war so wütend, dass er vergaß, die Zigarette anzuzünden, die schon seit seinem Eintreffen im Brunner Hof in seinem rechten Mundwinkel steckte. Auch das Feuerzeug in seiner Hand blieb unbenutzt. Trotzdem roch der ganze Mann nach Zigarettenrauch, als hätte er deutlich zu viel von einem Parfüm aufgelegt, das auf diesem Aroma basierte.

«Wo steht dein Auto?», fragte ich in der haltlosen Hoffnung, ihn dadurch auf ein anderes Thema zu bringen. Wir befanden uns auf dem Weg zum Haus; Pfarrer Albin war am Tisch geblieben – ich meinte, seine Blicke im Rücken zu spüren. Thorben ignorierte meine Frage.

«Du hast sie doch nicht alle», schimpfte er weiter. «Ehrlich. Ich habe ja eine Menge mitgemacht und immer zu dir gehalten, aber, Junge, Junge, du bist doch nicht mehr ganz frisch. Heimliche Sterilisation. Alter Falter. Ich sag's mal so. Das ist schlimmer, als die eigene Mama zu beklauen. Die eigene kranke Mama. Die eigene kranke, *behinderte* Mama, die ans Bett gefesselt ist und nichts mehr sehen oder hören kann. Verfluchte Scheiße. Du Arschloch.»

«Es hat ja nicht geklappt», merkte ich vorsichtig zur Verteidigung an. «Der Arzt hat mich überhaupt nicht sterilisiert.»

«Scheißegal!», schrie Thorben, wobei er stehen blieb, und ich tänzelte an ihm vorbei. «Darum geht es nicht, verstehst du das nicht? Es ist völlig schnuppe, ob es klappt oder schiefgeht.» Er unterbrach sich selbst, indem er ziemlich brachial hustete. Es war irritierend, jemanden, der so vital, stark und *riesig* wirkte, bei einer solchen körperlichen Reaktion zu sehen. «Man baut Scheiße in dem Moment, in dem man sie *baut*.»

Ich antwortete nicht. Es gab keine vernünftige Antwort. Thorben ging wieder weiter.

«Außerdem und vor allem ist das ein so fetter Vertrauensbruch, dass er eigentlich ins Guinness-Buch gehört», fuhr er fort. «Das ist der Hammer. Dir haben sie wirklich ins Hirn geschissen. Und dann bei dieser Frau. Jeder, der halbwegs beisammen ist, würde dir all seine Kamelherden für Melanie geben. Wie hast du mal zu mir gesagt? *Sie ist die einzige Zehn, die du je getroffen hast.* Aber sie ist keine Zehn, sie ist eine Hundert. Eine Million. Und du behandelst sie wie ... ach, Scheiße. Gebrauchtes Klopapier.»

Ich antwortete wieder nicht. Er hatte ja recht.

«Außerdem ist dein Scheißzahlensystem total bescheuert. Und sexistisch.»

Ich nickte stumm.

«Wo habe ich eigentlich mein Scheißauto hingestellt?», fragte Thorben sich selbst, als wäre meine Frage erst jetzt in seinem Kortex angekommen.

«Auf den Hotelparkplatz?», schlug ich vor, fast kleinlaut.

«Ja, auf den Scheißhotelparkplatz», motzte er zurück, riss sich die durchweichte, verbogene Zigarette förmlich aus dem Mund, wobei einige kleine Fetzen Filterpapier an seiner Lippe hängen blieben, betrachtete den Glimmstengel kurz und schmiss ihn dann im hohen Bogen weg. «Scheißzeug», brummte er hinterher, fummelte sich die Papierfetzen leise fluchend von der Lippe, zog aber nur Sekunden später die Schachtel aus der Hemdtasche und zündete sich eine neue Fluppe an.

Es lenkte mich ein wenig ab, meinen meckernden Freund neben mir zu haben, aber nicht vollständig. Während der vergangenen Minuten hatte sich die Situation gedreht und völlig verändert. Ich dachte an den Prager Praxisbesuch im Frühjahr, an das Kruzifix an der Wand des Wartezimmers, an diesen eigenartigen Mario-Adorf-Verschnitt in Birkenstocks, der, wie sich jetzt herausgestellt hatte, die Operation lediglich vorgetäuscht hatte, und zwar längst nicht nur bei mir – um den Willen seines Gottes zu verwirklichen. Einen göttlichen Plan sozusagen, ausgerechnet bei mir. Deshalb der schnelle und unkomplizierte Eingriff, ganz ohne Rasieren und sonstige Vorbereitungen, ohne vorherige Spermaproben und spätere Kontrollen. Weil einfach nichts gemacht worden war, von einem kleinen, wirkungslosen, vermutlich auch nur oberflächlichen Schnitt abgesehen. *In einer Woche können Sie wieder kopulieren.* Ich erinnerte mich gut an diesen Satz, dessen eigentliche Botschaft gelautet hatte: Ich möchte, dass Sie schnellstmöglich wieder vögeln. Dass Sie Kinder in die Welt setzen, und zwar möglichst viele davon. Nein, nicht ich möchte das. Es ist der Wille des Herrn.

Was für ein Glück, dass ich Melanie im Streit nichts über den Eingriff gesagt, dass ich nicht idiotischerweise versucht hatte, die Tatsache, dass ich vermeintlich unfruchtbar war, als Argument oder sogar Druckmittel zu verwenden. Das Kind wäre also doch von mir. Und wahrscheinlich waren auch alle weitergehenden Vermutungen, die Pocahontas' Treue betrafen, völlig haltlos.

Das war das Gute an der neuen Situation.

Das Schlechte war die Selbsterkenntnis, die damit einherging – und längst nicht nur direkt damit, sondern sich sozusagen als Filtrat der letzten Jahre präsentierte. Die meisten meiner

Annahmen waren ganz offensichtlich verkehrt, aber das lag nicht daran, dass man mich getäuscht hatte, sondern daran, dass ich, wie Melanie erklärt hatte, ein egozentrisches, narzisstisches und selbstgerechtes Arschloch war, das von den meisten Menschen annahm, entweder auch ein solcher Typ – oder ein kompletter, leicht manipulierbarer Vollidiot zu sein. Dabei war ich der Suppenkasper. Derjenige, der glaubte, was er glauben *wollte*. Der von sich annahm, der Nabel der Welt zu sein, dabei hatte die überhaupt keinen. Der niemandem vertraute, weil er das für uncool hielt.

Ich konnte mich nicht entscheiden, ob ich wütend, erleichtert, irritiert, möglicherweise sogar verängstigt, panisch oder gar optimistisch sein sollte. Das stärkste Gefühl, der stärkste emotionale Gedanke betraf den Arzt selbst: Ich empfand in gewisser Weise Respekt für ihn. Wie cool, eine solche Idee zu haben, umzusetzen und auch noch ohne jede Gnade und Rücksicht auf sich selbst durchzuziehen. Wenn doch nur mehr Leute auf diese Weise für ihre Haltung eintreten würden.

Oder überhaupt jemand.

Andererseits war Selbstjustiz nicht unbedingt der optimale Weg, um die Welt zu verbessern. Die meisten Lösungsversuche auf dieser Basis waren in verheerender Weise gescheitert.

Während ich, um einen Halbschritt versetzt, hinter dem immer noch wütend brabbelnden Thorben hinterhertrottete – eine Anordnung, die mir in diesem Moment ganz natürlich vorkam –, erreichte mich die Tatsache, dass ich überhaupt nicht unfruchtbar war und demnächst zum zweiten Mal Vater werden würde, also sozusagen endgültig, eine Vorentscheidung, bezogen auf die gesamte Spielzeit quasi. Während der vergangenen Monate hatte ich mit der Gewissheit existiert, in diesem Leben keinen Nachwuchs mehr zeugen zu können, und obwohl das überwiegend meinen eigenen Wünschen entsprochen hatte, hatte es auch eine bedauerliche, melancholische Komponente gehabt. Dieser Aspekt war vorhin nicht nur sprichwörtlich vom Tisch gewischt worden; ich war zumindest in dieser Hinsicht wieder ganz der Alte, zurückgesetzt auf die Werkseinstellungen. Zu meinem eigenen Erstaunen fand ich das schön, fast beglückend – ich hatte eine Freiheit zurückgewonnen, und es spielte keine Rolle, ob ich diese überhaupt nutzen wollte oder nicht. Eine Last, die ich fast unbemerkt getragen hatte, war von mir genommen worden. Dem dadurch entstehenden Impuls folgend, legte ich Thorben eine Hand auf die Schulter und sagte: «Danke, mein Freund, dass du zum zweiten Mal in so kurzer Zeit hergekommen bist.»

Das war ganz und gar nicht Kunze-Art: Körperkontakt *und* Dankbarkeit – und tatsächlich so etwas wie Unterwürfigkeit.

Thorben blieb zum zweiten Mal stehen, und dieses Mal so abrupt, dass ich mit der Nase beinahe an seiner linken Schulter hängen blieb.

Er drehte sich um, seine Gesichtszüge veränderten sich so rasch wie vorhin die Wolken am Himmel. Aus dem Zorn wurde irritierenderweise Angst, vermischt mit einer Ahnung von Traurigkeit.

«Ich wollte sowieso herkommen, um mit dir zu reden.»

«Aha», behauptete ich. Ungute Vorahnungen manifestierten sich mitten zwischen meinen Ohren.

«Es gibt da etwas ziemlich Heftiges.» Er hob die Hand vors Gesicht, die die qualmende Zigarette hielt, und betrachtete sie für einen Moment nachdenklich, aber es ging mit Sicherheit nicht um mögliche Muster, die der wegwehende Rauch bildete. «Sagt dir die Abkürzung COPD etwas?», fragte er dann, beängstigend leise, doch wie zur dramatischen Unterstützung hustete er auch noch. Gleichzeitig nahm er den Spaziergang zum Hotel Alte Wäscherei wieder auf.

«Chronisch-obstruktive Lungenerkrankung», sagte ich langsam zu seinem Rücken. «Klar. Die berühmte Raucherlunge. Willst du sagen ...?»

Er nickte, ohne mich anzusehen.

«Welches Stadium?»

«Man spricht von Schweregraden, nicht von Stadien. Ich sag's mal so ...»

«Scheiße», unterbrach ich, eines seiner Lieblingsworte verwendend. «Hör auf mit dem Mist. Welcher Schweregrad?»

«Einsekundenkapazität bei knapp 30 Prozent», gestand er, wieder ziemlich leise. Ich wusste nicht, was mit dem merkwürdigen Begriff gemeint war, verstand aber sofort, was er bedeutete. «Eigentlich also schwer bis sehr schwer. Weil ich aber so groß bin und meine Bronchien einen überdurchschnittlichen Durchmesser haben, sind die Symptome nicht so stark. Ich huste nicht mit Auswurf, und ich habe keine akute Atemnot, auch nicht schubweise. Noch nicht. Wenn ich das richtig verstanden habe. Und mein Lungenvolumen ist ohnehin viel höher, als es sein müsste. Ich sag's mal so. Großer Mann, große Organe. Viel Platz für Bullshit.»

Er drehte sich zu mir, grinste schief, zog die Schachtel wieder aus der Hemdtasche und machte doch tatsächlich Anstalten, sich eine weitere Zigarette anzuzünden. Ohne darüber nachzudenken, schlug ich ihm Schachtel und Kippe aus der Hand. Beides flog anderthalb Meter weit und landete auf dem sandigen Fußweg direkt vor uns. Thorben machte einen großen Schritt, hob die Utensilien wieder auf, pustete die Zigarette vom Staub frei und steckte sie sich in den Mund. Dabei grinste er wieder, um die Würdelosigkeit der Situation zu überspielen.

«Erspar uns das, es macht sowieso keinen Unterschied», sagte er freundlich. «COPD ist chronisch, dafür steht das *C*. Man kriegt das nicht mehr weg. Man kann die Symptome ein bisschen behandeln, und natürlich würde es ein wenig helfen, wenn ich aufhören würde. Aber es ist nicht heilbar. Es geht um ein paar Tage oder

Wochen mehr oder weniger. Ein Großteil meiner Lunge ist zerstört.» Er zog die Augenbrauen hoch. «Die einzige Möglichkeit, es wirklich zu verbessern, wäre eine Lungentransplantation. Aber erstens bekomme ich die nicht, weil Leute, die achtzig Dinger am Tag weggequalmt haben, keine Spenderlungen kriegen. Und zweitens ...»

Er unterbrach sich selbst, nahm einen tiefen Zug, aber ohne zu husten. Ich versuchte derweil, mich daran zu erinnern, wie oft ich das Rauchen und dessen Folgen in meinen Kolumnen thematisiert hatte. Neben dem Ernährungsextremismus hatte es sozusagen zu meinen Steckenpferden gehört. Anders als die Extremernährung war es auch immer für mich persönlich von Bedeutung gewesen, aber warum das so war, das wurde mir erst in diesem Augenblick klar.

«Zweitens wirst du sterben», beendete ich seinen Satz. Plötzlich bekam ich unfassbar starke Angst. Ich wollte Thorben nicht verlieren. Nicht auch noch Thorben.

Wie verdammt egoistisch. Sogar in diesem Augenblick noch.

Er nickte. «Über kurz oder lang ja sowieso, aber wohl eher über kurz. Ich sag's mal so. Einen Ratenkredit mit mittlerer Laufzeit kriege ich nicht mehr. Vorgestern, kurz bevor deine Nachricht kam, wurden Gewebeproben aus den Bronchien entnommen.»

«Bronchoskopie», sagte ich.

«Exakt. Um Bronchialtumore zu suchen. Sagt dir der Begriff Komorbidität etwas?»

«Kannst du mal mit diesem Quatsch aufhören?», fragte ich, obwohl ich so erschüttert war, dass es mich überraschte, noch in ganzen Sätzen sprechen zu können. «Ich weiß, was Komorbidität ist. Wenn schwere, lebensbedrohliche Erkrankungen mit anderen einhergehen, die entstehen können, weil der Körper ohnehin geschwächt ist. Die Ursachen sind mehr oder weniger dieselben.»

«Einfach gesagt.»

«Einfach gesagt», bestätigte ich.

«Entscheidend ist der Begriff, der hinter dem Präfix *Ko* steht. Morbidität.»

Er hielt wieder an, aber dieses Mal war ich darauf vorbereitet.

«Ich werde sterben», sagte er. In seine Augen trat Feuchtigkeit, Nässe. «Ich werde sterben. Von dieser Scheiße hier.» Thorben hielt die Zigarette in die Höhe. Der inzwischen ziemlich starke Wind ließ das glimmende Ende kurz aufglühen, dann wurde es einfach weggepustet. Die Kippe war aus. Er sah mich traurig an, zuckte entschuldigend die Schultern, zog das Feuerzeug aus der Hosentasche, hielt sich die linke Hand als Windschutz vors Gesicht und betätigte mit der rechten das Feuerzeug. Sekunden später atmete er rasch davonwehenden Rauch aus.

Auf seine Art war mein Freund Thorben Kamprad ein Märtyrer, oder er würde einer werden. Er glaubte, dass er nicht anders konnte, und für diesen Glauben, *durch* diesen Glauben würde er sein Leben verlieren. Ein ganz ähnliches Schicksal stand mir ebenfalls bevor, denn mein Weltbild erwies sich als kaum tragfähig, wenn auch mit weniger tragischen Konsequenzen, jedenfalls in der kurzfristigen Perspektive: Es würde mich nicht *sofort* umbringen.

«Ich brauche einen Schnaps», sagte er.

Ich sah auf die Uhr, es ging auf halb drei zu. «Das ist eine schräge Idee», antwortete ich mit leicht zittriger Stimme. «Aber eine gute.»

Thorben wollte aus Prinzip nicht auf der Terrasse sitzen – er war einfach kein Draußen-Typ, obwohl er wie ein skandinavischer Edelholzfäller aussah –, außerdem nahm der Wind jetzt rasch an Stärke zu. Während wir in der mit nobel poliertem Holz verzierten Bar des Hotels Alte Wäscherei auf einen Bediensteten warteten, beziehungsweise in einer der drei Bars – in derjenigen, in der man, verdammt noch eins, *rauchen durfte* –, konnten wir dabei zuschauen, wie die kräftigen Böen an den schweren, stabilen Sonnenschirmen zerrten. Noch widerstanden sie, aber es war abzusehen, dass eine Veränderung der Kräfteverhältnisse bevorstand. Zwei junge weibliche Angestellte lehnten am Rand der Terrasse an der Hauswand und beobachteten das Geschehen, aber sie schienen unschlüssig, ob ein Eingreifen vonnöten wäre. Ich hatte in dieser Hinsicht keine Zweifel, doch mich fragte natürlich keiner. Und hier wartete auch niemand – anders als in der Hauptstadt – auf meine nicht erfragten Kommentare. Okay, in der Hauptstadt wartete auch niemand mehr darauf. Vermutlich hatte es das auch nie wirklich gegeben, dass man darauf gewartet hatte, was *Sebastian Kunze* zu irgendeinem Geschehen zu sagen hatte. Ja, man wollte sich orientieren, aber von wem die Orientierungshilfe kam, das war egal, austauschbar.

Mein todkranker Kumpel stand wieder auf, tippte sich an die Stirn und ging zur Rezeption. Von dort war kurz darauf etwas Krach zu hören. Als Thorben zurückkam, hatte er den jungen Franken im Schlepptau, der so auf Melanie abgefahren war.

«Die Herren wünschen?», fragte er, nachdem er sich hinter dem Tresen postiert hatte. Er musterte mich kurz, erkannte mich aber offenbar nicht wieder. Pocahontas hätte er sicher sofort wiedererkannt. Wie schön es wäre, sie in diesem Augenblick bei mir zu haben, nur um mit anzusehen, wie der Kellner wieder die Augen aufriss. Verdammt.

«Hast du heute noch etwas vor?», fragte Thorben.

Ich schüttelte den Kopf. Melanie war in Berlin, Gabriele kümmerte sich um Lara. Und Saunen-Schuster kam ohne mich zurecht. Eigentlich hatte ich nicht nur heute nichts vor, sondern morgen, übermorgen und für den Rest des Jahres ebenfalls.

«Okay», erklärte er und lehnte sich auf den Tresen. «Zwei

große Flaschen Gin. Tanqueray ist in Ordnung. Ein paar Flaschen Tonic Water. Eine Schale mit geviertelten Limetten. Einen Behälter mit Eis. Etwas zum Knabbern. Vielleicht frisches Weißbrot, dazu etwas Obst. *Keine* Gurken. Und einen großen Aschenbecher. Kriegen Sie das hin?»

Der Mann nickte, notierte die Zimmernummer meines Kumpels. Thorben zog die Zigarettenschachtel aus der Hemdtasche. «Und ein paar Päckchen Gauloises. Vielleicht vier oder fünf. Danke.»

«Einige Tage oder Wochen können eine große Rolle spielen», sagte ich, weil ich das Gefühl hatte, es sagen zu müssen. «Vielleicht sogar den Unterschied machen.»

«Wenn sie das wirklich tun, war das ganze Leben vorher wertlos.» Dabei steckte er sich eine Kippe an.

«Stimmt auch wieder», antwortete ich, meinte es aber nicht, weil ich keine Ahnung davon hatte, wie sich der Wert eines Lebens bestimmen ließ.

Eine Stunde und fünf Gin Tonic später steckten wir im Weißt-du-noch-Modus. Fast drei Viertel unseres Lebens hatten wir gemeinsam verbracht, natürlich nicht andauernd, aber doch als verlässliche Elemente im Dasein des jeweils anderen. Für Thorben würde sich an diesem Zahlenverhältnis nicht mehr viel ändern, aber auf meiner Seite bestand theoretisch die Chance, den Anteil mit Thorben auf ein Drittel im Vergleich zu zwei Dritteln Lebenszeit ohne ihn abzusenken – vorausgesetzt, ich würde neunzig Jahre alt werden, wogegen nichts sprach, von einem allgemeinen Desinteresse abgesehen, so lange zu leben. Während ich schweigend solche Zahlenspiele veranstaltete, plauderte mein einziger Freund aus der gemeinsamen Zeit, als wäre das hier bereits eine Begräbnisfeier und der fragliche Delinquent seit Stunden unter der Erde. Er plapperte von dieser Uschi – rückblickend betrachtet, höchstens einer Drei oder Vier (und bei diesem Gedanken beschloss ich, ab sofort auf das beschissene Zahlensystem zu verzichten) –, auf die wir es beide abgesehen hatten, damals in der zehnten Klasse. Wir hatten eine Art interne Olympiade veranstaltet, um den von uns zu bestimmen, der mit ihr dürfte. In so originellen Disziplinen wie Schnelltrinken, Vielessen, Dauerrülpsen und Marathonflippern am *Addams Family* waren wir gegeneinander angetreten, und als am Ende schließlich der Sieger feststand, nämlich Thorben, hatte sich Uschi längst für irgendeinen Peter aus der Nachbarklasse oder dem Jahrgang über uns entschieden. Ich fand diese Anekdote eigentlich nicht sehr lustig, aber während mein todgeweihter Kumpel erzählte, sah ich ihn vor mir, sein Ich von damals, diesen mit sechzehn bereits *sehr* großen, etwas linkischen, aber auf seine spezielle Art attraktiven Burschen, der mit seinem Lächeln jeden Widerstand in Luft auflöste und schon da den Eindruck erweckte, später einmal mindestens der König der Welt sein zu wollen. Und das irgendwie zu Recht, nicht zuletzt aus physischen Gründen.

Und ich sah mich selbst vor mir. Den sehr jungen Mann, der längst entdeckt hatte, wie leicht andere Menschen mit den richtigen Worten und, vor allem, selbstbewusstem Auftreten zu manipulieren waren, dem die nächtliche Stadt Ausgleich und Erholung zum täglichen Kampf mit Mutter und Stiefvater bot, der sich jederzeit ungerecht behandelt fühlte und deshalb seine ganz persönliche Gerechtigkeit zum Lebensmodell entwickelt hatte. Der sich so sehr in die Anonymität und das Spiel mit der Oberflächlichkeit verliebte. Der damals sogar noch richtig geträumt hatte, sehr unrealistische Träume, aber deshalb hießen sie ja auch so, und der sich heute nicht mehr daran erinnern konnte, wovon. Ganz sicher war ich mir allerdings, dass meine Vergangenheitsform von meiner Gegenwartsform enttäuscht wäre, von diesem von sich selbst eingenommenen, pathologisch arroganten

Gefühlskrüppel, dem eine gute Pointe immer noch wichtiger war als eine Freundschaft, während alle anderen längst erkannt hatten, dass dieses Paradigma langfristig kaum funktionierte.

Ein Pärchen nahm neben uns Platz, Thorben schenkte den vierten oder fünften Gin Tonic ein. Ich fühlte eine leichte Dämpfung, war aber noch weit von Trunkenheit entfernt, wie ich meinte. Trotzdem musste ich blinzeln, als ich neben der hellblonden Frau, die ich tatsächlich *nicht* einordnete und die auf dem benachbarten Barhocker saß, Tim Novak erkannte, meinen ehemaligen Chefredakteur.

«Kunze, das ist nett», sagte er nickend. «Das macht es auch einfacher. Hallo.»

«Was machst du hier?»

«Wellness. Dieses Hotel ist bekannt für seinen Spa-Bereich und die Behandlungen.»

«Wellness», wiederholte ich.

«Gutes Essen. Das Restaurant hat zwei Sterne.»

«Einen.»

«Und Geschäfte. Ich hatte gehört, dass du im Ort bist, in Brunn im Spreewald.» Er sprach den Ortsnamen aus, als wäre er die Bezeichnung für eine besonders üble Infektionskrankheit, und das störte mich. «Aber ich hätte nicht zu hoffen gewagt, dich gleich in der Hotelbar zu treffen.» Er schmunzelte. «Wie gesagt, das macht es einfacher.»

Er trug sein mittelteuer adaptiertes Achtziger-Outfit, also den etwas edleren Anzug von der Stange, ein weißes Shirt und Sneakers. Die Ärmel des Jacketts hatte er bis zu den Ellenbogen hochgekrempelt, das Shirt hatte in Brusthöhe noch die Verpackungsfalte. Seine höchstens zweiundzwanzig Jahre alte Begleiterin wirkte etwas ordinär, wie ich fand, außerdem schaute sie ziemlich doof drein. Tatsächlich hatte ich Novak für schwul gehalten, aber unterm Strich war mir das natürlich völlig egal.

«Du bist hergekommen, um mit mir zu verhandeln?», fragte ich und nahm einen Schluck Gin Tonic. Thorben hatte die Dosis erhöht; das Mischungsverhältnis betrug jetzt eins zu eins, was auch durch das zusätzliche Limettenviertel geschmacklich nicht ganz übertönt wurde.

Novak machte eine unbestimmte Geste. «Verhandeln würde ich das nicht nennen. Ich will mir eine Antwort abholen.»

«Aha.»

«Du hast auf meine Kontaktversuche nicht reagiert. Und auch die Anwälte sagen mir, dass sie dich nicht erreichen können.»

«Anwälte», wiederholte ich und musste ein Kichern unterdrücken. Thorben schlug mir mit der Hand auf den Rücken und ging zum Klo.

«Du weißt schon», erwiderte der Journalist schmunzelnd.

Der junge Franke kam hinter den Tresen. Novak beeilte sich, für sich selbst einen Drink zu bestellen. Was seine Begleitung wünschte, war ihm offenbar egal. Die junge Frau hatte eine etwas quakige Stimme, wie ich feststellen konnte, als sie anschließend einen Prosecco für sich orderte.

Ich betrachtete die beiden und fand sie sehr albern. Ich fand alles albern. Dieses blödteure, aber irgendwie knuffige Hotel, in dem einfach die falschen Leute abstiegen. Dass mir die Stadt so viel bedeutete. Die Schreiberei für ein belangloses Magazin, das sowieso nur von Sextouristen gekauft wurde, während die Abonnenten, die zu faul waren, die vor Jahrzehnten geschlossenen Verträge zu kündigen, das Blatt nach zwei Wochen ungelesen zum Altpapier gaben, um die neue Ausgabe an den freigewordenen Platz zu legen. Diese unaufhörliche, tägliche Maskerade. Diesen Jugendlichkeitswahn. Diese nihilistische Taktiererei. All diese Dinge hatten keine Bedeutung. Möglicherweise hätten sie mehr Bedeutung gehabt, hätte ich nicht zuvor ein halbes Dutzend Cocktails getrunken. Betrunkene und Kinder sagen die Wahrheit, hieß es, was nicht stimmen konnte, weil Kinder einfach noch nicht wussten, was Wahrheit war beziehungsweise was sie von der Unwahrheit unterschied, während Betrunkenen grundsätzlich alles zuzutrauen war, also auch fundamentale Ehrlichkeit. Aber ich fühlte deutlich, dass ich mich in diesem Zustand näher an etwas befand, das Bedeutung hatte, während ich mich vom Bedeutungslosen entfernte. Thorben kam zurück, umarmte mich von hinten und küsste mich auf die Haare. Ich fand das in Ordnung. Ich fand es sogar irgendwie lustig, obwohl lebensrelevante Organe des riesigen Mannes, der das soeben getan hatte, kurz vor dem Versagen standen. Ich kippte den GT hinunter und mixte mir den nächsten, dieses Mal im Verhältnis eins zu zwei – ein Teil Tonic, zwei Teile Gin. Die zweite Flasche war leer.

«Holla», sagte mein Freund an der Kippe vorbei.

Novak bekam seinen hellgrünen Trendcocktail, die Tussi ihren Prosecco, für den sie zu meiner und zur Irritation des Kellners Eiswürfel forderte. Beim Trinken verlor sie weiter, weil sie die Flöte mit Daumen und Mittelfinger der rechten Hand zu halten versuchte, was sie offenbar elegant fand, obwohl es den gegenteiligen Eindruck erweckte. Wo zur Hölle fand man heutzutage noch so dusselige Frauen? Doch nicht in Berlin, oder?

«Also?», fragte Tim Novak, und er versuchte, das möglichst nicht ungeduldig klingen zu lassen. Auch er erreichte das Gegenteil.

«Worüber hatten wir gerade gesprochen?» Ich zwinkerte ihm fröhlich zu. Plötzlich war ich gut gelaunt. Obwohl mein einziger Freund neben mir saß, der vorgestern sein Todesurteil gehört hatte. Obwohl der Sturm soeben zwei schwarze Sonnenschirme in Richtung Teich davontrug. Obwohl demnächst wahrscheinlich eine andere Person als ich in diesem superbequemen Ledersessel unter dem Dach im verkehrt stehenden Haus am Ende der Clara-Zetkin-Straße sitzen würde, denn Pocahontas würde sicher schnell einen Nachfolger für mich finden. Obwohl zwei Kinder ohne ihren leiblichen Vater aufwachsen würden, davon mindestens ein recht liebenswertes. Ein paar Servicekräfte stürmten auf die Terrasse und versuchten, die anderen Schirme zu retten.

«Einvernehmliche Trennung und eine gute Zukunft oder Abfindung und handfester Streit», antwortete er mürrisch.

«Ich mache das mit der Aufhebung, wenn ich deine Gaby hier kriege», sagte ich. Dabei nickte ich in Richtung meiner Nachbarin.

«Alter, echt, *die?*», protestierte Thorben fröhlich, wobei er sich den nächsten Cocktail zubereitete.

Tim Novak starrte mich entsetzt an, konnte offensichtlich nicht erraten, ob ich scherzte oder es tatsächlich ernst meinte.

«Hast vermutlich recht», stimmte ich meinem Freund zu. «Also fünf Riesen cash dazu. In Cottbus müsste es einen Geldautomaten geben.» Ich sah auf die Uhr. «Das Angebot gilt bis um sieben. Sagen wir halb acht.»

«*Kunze*», knarrte Novak.

«Viereinhalb?», schlug ich vor und versuchte mich an kompromissbereiter Mimik. «Und die Gaby nur bis Mitternacht?»

«Kunze», wiederholte er. Seine Begleitung musterte mich irritiert. Ob sie in der Brunner Spezialklinik für plastische Chirurgie auch Hirnamputationen vornahmen?

Ich hob die Hände, die Handflächen meinem Gegenüber zugewandt. «Schon gut», sagte ich. «Also, ernsthaft. Hier wird nicht verhandelt. Es sind noch fünf Tage bis zum Monatsende.» Ich klopfte mir gedanklich dafür auf die Schulter, das ohne Pause im Satz ausgerechnet zu haben. «Bis dahin ist die Abfindung auf meinem Konto, so schreibt es der Vertrag vor.» Das war blind geraten. «Wenn nicht, geht das sofort an *meine* Anwälte. Und es ist natürlich gut möglich, dass ein bisschen davon an die Öffentlichkeit dringt.»

«Du drohst mir», stellte er fest.

«Jup», stimmte ich zu. «Lustig, oder? Obwohl du gedacht hast, du könntest das mit mir tun.»

«Vielleicht sollten wir noch einmal reden, wenn du nüchtern bist.»

Ich beugte mich zu ihm, an Gaby vorbei, die mir ganz selbstverständlich Platz machte. «Freundchen, du kannst ja nichts dafür, in welche Zeit du geboren wurdest. Die Branche stirbt, du bist einer ihrer Sargträger, und die muss es ja auch geben. Gewinnler wie dich und kleine Arschlöcher, die in andere Ärsche kriechen, die hat man immer. Aber das heißt ja nicht, dass ich mich mit solchem Gesocks wie dir abgeben muss. Was ich sagen will: Nein, wir reden nicht mehr miteinander. Ich bin nüchtern genug für dich, und meine Antwort ist doch wohl deutlich gewesen. Und jetzt würde ich gerne in Ruhe mit meinem Freund ein paar Drinks nehmen.»

«Irgendwie finde ich das scheiße, wenn wir in diesem Laden hocken», sagte Thorben eine halbe oder ganze oder zwei Stunden später. Novak und seine blonde Freundin, die ganz sicher auch ihre verborgenen Qualitäten hatte, waren längst verschwunden. Es war ein gutes Gefühl, zu wissen, dass dieser Mensch in meinem Leben keine aktive Rolle mehr spielen würde.

«Lass uns woanders hingehen», schlug er vor. Das war ganz natürliches Verhalten, wenn man in Berlin in irgendeiner Kneipe saß und der Abend gerade ein bisschen durchhing.

«Thorben, wir sind hier in Brunn im Spreewald. Woanders, das sind ein griechisches Restaurant, eine Pizzeria und der Brunner Hof. Oder, wenn wir jemanden finden, der uns dort hinfährt, was, ganz unter uns, nicht eben wahrscheinlich ist, das Krummer Nest, knapp acht Kilometer entfernt.» Ich sah zur Terrasse. Man hatte die restlichen Schirme eingeholt und sogar die beiden Flugschirme gerettet, die jetzt, mit umgedrehten Tischen beschwert, am Boden lagen. «Wobei sich die Frage stellt, was davon überhaupt noch geöffnet ist. Wie spät ist es?»

Er kniff die Augen zusammen und starrte auf seine Armbanduhr. «Richtung zehn», schlug er vor, aber es klang arg geraten. Ich zog mein Smartphone aus der Tasche, doch der Akku war leer.

«Lass uns hierbleiben», bat ich.

«Na gut.»

Wir prosteten uns zu, wobei längst keine Rolle mehr spielte, in welchem Verhältnis die Drinks angemischt wurden.

«Wie lange noch ungefähr?», fragte ich etwas später.

Er verzog das Gesicht. «Das kann man mir im Moment nicht genau sagen. Hängt wohl auch von den Ergebnissen der Biopsie ab. Ich sag's mal so: Ich bin nicht zum Lungenarzt gegangen, weil's mir plötzlich superklasse ging. Wenn weitere Verschlechterungen eintreten, also zum Beispiel akute Atemnot, kann es sehr schnell gehen. Oder wenn da ein Tumor ist.» Den letzten Satz hatte er sehr leise ausgesprochen, als würde es das Wachstum eines möglichen Tumors beschleunigen, wenn man das Wort laut sagte.

Obwohl der fränkische Exilkellner alle paar Minuten kam, um den riesigen Steingut-Aschenbecher zu leeren, den er für Thorben aufgetrieben hatte, lagen darin sieben oder acht Kippen. Eine davon köchelte noch leicht vor sich hin. Ich versuchte, mir Thorben mit einer Sauerstoffflasche im Schlepptau vorzustellen, also eine Art Sackkarre hinter sich herziehend, um im Notfall gewappnet zu sein. Oder einen blassen, eingefallenen Thorben in einem Klinikbett (Übergröße), umgeben von schnarrenden, schnaufenden und piependen Geräten, dazu bunte Karten mit Genesungswünschen auf dem beigefarbenen Metall-Nachttisch, irgendwo ein Korb mit Obst – er mochte Obst nicht besonders gerne – und vielleicht ein gasgefüllter knallroter Luftballon, der im Rhythmus der Klimaanlage an der Krankenzimmerdecke hin- und herpendelt, das Bändchen daran sogar für den *dreibeinigen*

Giganten zu weit entfernt, aber er kann ohnehin nicht mehr aufstehen. Auf der fensterseitigen Bettkante sitzt seine schmale und überraschend winzige Mutter, inzwischen in den späten Siebzigern, ihr Gesicht ist grau, ihre Augen sind nass und rot umrandet; sie hat seit Tagen nicht mehr geschlafen. Sie hält sich ein Taschentuch vor die Nase, viel länger, als zum Schnäuzen nötig wäre, um möglichst lange möglichst viel von ihrem Gesicht zu verbergen. Ein Pfarrer kommt herein und fragt, ob eine letzte Ölung gewünscht werde. Thorben zieht die Atemmaske vom Gesicht und sagt keuchend, ungefähr wie Stevie Kernaban, der asthmatische beste Freund von Malcolm aus der Serie *Malcolm mittendrin*: «Scheren. Sie. Sich. Zum *Teufel*.»

«Diese Tage oder Wochen, die du mehr hättest», sagte ich. «Es mag sein, dass sie die Bedeutung deines Lebens nicht mehr verändern. Aber sie wären für andere von Bedeutung, beispielsweise für mich.» Ich musste mich sehr konzentrieren, um diesen Satz verständlich auszusprechen, und das lag nicht nur am Alkohol. Es war unfassbar. Er sah so *gesund* aus.

Thorben hielt in der Bewegung inne, betrachtete die Zigarette, die er in der linken Hand hatte, und das Einwegfeuerzeug in seiner rechten. Dann grinste er schelmisch.

«Wenn du diese professionelle, brutale Ehrlichkeit, die dir beruflich so wichtig ist, auch auf dein Privatleben anwendest, kommen wir ins Geschäft.»

«Wie meinst du das?»

«Du redest mit ihr. Offen, schonungslos, vollkommen ehrlich. Du sagst ihr alles. Und ich meine wirklich alles.»

«Alles», wiederholte ich, wobei ich gedanklich versuchte, die Bedeutung des Wortes zu ertasten.

«Genau. Die Sache mit der Sterilisation. Deine Wünsche und Gefühle. Deine Untaten der letzten Jahre.» Er grinste. «Sagen wir Monate. Ich sag's mal so. Wir wollen sie ja nicht überfordern.»

«Und im Gegenzug hörst du mit dem Rauchen auf? Endgültig?»

«Noch in der gleichen Sekunde.»

Ich schob mich vom Hocker, musste mich aber am Tresen festhalten, weil sich meine Beine ein bisschen wackelig gaben. Ich stützte den linken Ellenbogen aufs Holz.

«Okay», sagte ich und hielt ihm die Rechte entgegen. «Gleich morgen, sobald sie zurückgekommen ist. Und du rauchst dann bis ... äh. Bis zu deinem oder meinem Ende keine Zigarette mehr. Je nachdem, was vorher eintritt.»

Thorben stand auf, heute wirkte er kleiner als sonst, aber ich musste den Kopf trotzdem in den Nacken legen, um ihm in die Augen zu sehen. Er nahm meine Hand und drückte sie fest.

«Abgemacht.»

Wir nahmen unsere Cocktailgläser vom Tresen und stießen auf die Übereinkunft an.

«Bei der Gelegenheit. Ich muss dir noch etwas sagen», erklärte er ins verklingende Anstoßgeräusch. Der Sturm hatte offenbar ausreichend Anlauf genommen; plötzlich wurde es draußen ziemlich laut, es krachte energisch zweimal nacheinander, dazu gesellte sich ein ungesundes, sehr lautes Klirren. Etwas flog am Terrassenfenster vorbei, aber was genau, das war im schwachen Licht nicht zu erkennen. Jemand schrie etwas, anderen Stimmen antworteten, ebenfalls schreiend.

«Okay.»

«Es wird dir nicht gefallen.»

5. Tagebuch von Melanie Kunze,
Samstag, 25. Juni, 22.00 Uhr

Lara schläft längst, Mutter sitzt im Wohnzimmer und schaut fern. Ich bin im Schlafzimmer. Es stürmt ziemlich heftig, ich musste vorhin noch die Möbel von der Terrasse holen. Was für seltsame Geräusche. Und so nahe. In Berlin spürt und hört man das Wetter selten auf diese Art. Erstaunlich, dass die Kleine dabei schlafen kann.

Eigentlich hatte ich gehofft, er wäre hier, aber Basti ist verschwunden. Er ist im Brunner Hof gesehen worden, am späten Vormittag, seitdem aber nicht mehr. Sein Auto steht vor der Tür. Wahrscheinlich ist er mit Thorben unterwegs, doch beide Telefone sind ausgeschaltet.

Ich muss mit ihm reden, so geht es nicht weiter. Deshalb bin ich früher zurückgekommen. Der Status quo ist belastend, und es ist auch unfair. Und unwürdig. Wir sollten es schaffen, klare Verhältnisse herzustellen, schließlich sind wir erwachsen, wenigstens dem Alter nach. Und Vereinbarungen zu treffen, wie auch immer die aussehen. Das sind wir uns schuldig, und Lara – und dem kleinen Menschen, der in mir heranwächst und von dem ich mir heute Vormittag gewünscht habe, er würde nicht existieren. Den ich vielleicht *wegmachen* lassen sollte. Wegmachen. Was für ein eigenartiges Verb.

Als ich meinen Mini vorhin abgestellt habe, war es schon wieder ein bisschen anders. Nicht grundlegend, aber doch ein wenig. Ich habe das Haus angesehen, das so viel Arbeit gemacht hat, das ich so gerne mag und zugleich irgendwie *witzig* finde, und habe mich dabei wohlgefühlt. Sogar heimisch. Es kam mir ganz natürlich vor, auszusteigen, durch den Garten zu gehen, an die Terrassenscheibe zu klopfen und Mutter zu begrüßen. Ich habe Wasser für Tee aufgesetzt, mir angehört, was Gabriele vom Tag zu erzählen hatte. Dann haben wir uns aufs Sofa gesetzt und zusammen ferngesehen. Mutter hat die Füße hochgelegt, und ich habe festgestellt, dass sie für ihr Alter ziemlich schöne Füße hat. Als ich ihr das gesagt habe, war sie richtig fassungslos. Und sehr gerührt.

Pläne scheitern. Das ändert nichts daran, dass Pläne wichtig sind, aber manchmal plant man eben falsch. Man geht zu idealistisch an eine Sache. Man schätzt die Ressourcen falsch ein, die zur Verfügung stehen. Man vergisst, andere zu fragen, ob sie möglicherweise auch Pläne haben, die mit den eigenen kollidieren könnten.

Ich habe ein ganz merkwürdiges Gefühl.
Dieser Sturm da draußen, das ist eine Metapher.

6. Aufräumarbeiten

Ich erwachte von einem Geräusch, das zugleich ein Schnarchen und ein Husten war. Meine Phantasie, deren Existenz Werner Waldt vor achtzehn Jahren angezweifelt hatte, hatte das sogar noch in den letzten Traum kurz vor dem Erwachen eingebaut. Ich vergaß Träume immer sehr schnell, aber in diesem war es wohl darum gegangen, dass ich von einem Arzt gejagt wurde, der mir das Skrotum amputieren wollte. Es gelang mir zwar, mich vor diesem Arzt, der eine gewisse Ähnlichkeit mit Mario Adorf hatte, zu verstecken, aber die Atemgeräusche, die er machte, eine sehr ungesunde Mischung aus Schnarchen und Husten, kamen trotzdem immer näher. Kurz bevor ich erwischt wurde, erwachte ich glücklicherweise. Das Abtrennen meines Hodensacks wollte ich nicht einmal im Traum erleben.

Dass ich mich im Zimmer des dreibeinigen Giganten befand, konnte ich neben akustischen auch an olfaktorischen Indizien festmachen, denn es roch milchsauer, und zwar auf ziemlich strenge Weise. Thorbens Käsemauken waren legendär. Ich streckte mich und drückte mich anschließend in die Sitzposition; ich hatte auf dem Sofa übernachtet. Mein Kumpel lag, drei Meter von mir entfernt, diagonal auf dem Doppelbett – die einzige Liegeposition, in der er sich in normalgroßen Betten halbwegs ausstrecken konnte. Wir hatten es beide offenbar nicht mehr geschafft, uns auszuziehen, von den Schuhen abgesehen – leider, in Thorbens Fall: Seine Größe-48-Galoschen lagen auf der Auslegeware. Ich stand auf, schnappte mir meine Sachen und ging ins Bad, pinkelte dort, tauchte mein Gesicht in eiskaltes Wasser und versuchte dann, während ich mich anzog, Erinnerungen an die letzten Minuten vor dem Ende unseres ziemlich langen Baraufenthalts abzurufen. Nach unserer feierlichen Vereinbarung hatte Thorben dieses sehr despektierliche Geständnis abgelegt, an das ich jetzt und möglicherweise auch in Zukunft nicht denken wollte, danach hatten wir uns ein paar Minuten angeschwiegen und anschließend auf filmreife Weise die Kante gegeben. Wie wir es in sein Zimmer geschafft hatten, wusste ich allerdings nicht mehr. Gut möglich, dass man uns auf Sackkarren hierher transportiert hatte. Immerhin befanden wir uns noch im Hotel Alte Wäscherei; ich erkannte das Tapetenmuster.

Er schnarchte nach wie vor rasselnd, als ich ins Zimmer zurückkam, während ich mich verblüffend wach und frisch fühlte. Ich war keineswegs obenauf, und bei einem Langstreckenlauf hätte ich nicht einmal Schiedsrichter sein können, aber ich war längst nicht so erschlagen, wie angesichts unseres Ginkonsums zu befürchten gewesen wäre. Ich dachte an Tim Novak und seine Begleiterin, die jetzt möglicherweise gerade am Frühstückstisch saßen. Wobei – wie spät war es eigentlich? Ich sah mich um, aber im gesamten Zimmer gab es keine Uhr, und ich hatte gestern keine Armbanduhr angelegt. Also schlich ich zur Tür, öffnete sie vorsichtig und zog sie hinter mir zu, wobei ich das Bett im Blick behielt. Das konnte ich gut, ich hatte es oft trainiert, aber noch nie angewendet, wenn im fraglichen Bett ein verdammter *Mann* lag.

In der Lobby hing eine schicke Wanduhr, es war fast zwölf. An der Rezeption ließ ich mir ein Telefon geben, weil ich zu Hause – in der Clara-Zektin-Straße – anrufen wollte, um mich von Gabriele abholen zu lassen, aber ich wusste unsere dortige Festnetznummer nicht aus dem Kopf. Also gab ich das Telefon zurück und machte mich zu Fuß auf den Weg. Immerhin war dabei die Gefahr, einen Unfall mindestens mit Blechschaden live mitzuerleben, etwas geringer.

Der Sturm hatte ordentlich zugelangt. Die Wege auf dem Hotelgrundstück waren zwar längst gesäubert worden, aber die Straße, die durch den Ort führte, war mit abgerissenen Ästen, Blättern, Blüten, Papierfetzen und sonstigem Müll übersät, als hätte ein Transporter, der mit dieser Ladung unterwegs gewesen war, auf seinem Weg durch Brunn im Spreewald gleichmäßig Ladegut verloren. Ein paar Gartenzwerge und Mülltonnen hatte es umgerissen, eine Hollywoodschaukel hing sogar quer über einem Gartenzaun. In fast allen Gärten waren an diesem Vormittag Menschen zu sehen, die Rasenflächen harkten, Wege fegten, umgestürzte Gegenstände aufrichteten oder auf Leitern standen, um die Dachschindeln zu prüfen. Wo auch immer ich vorbeikam, grüßte man mich freundlich, meistens sogar unter Nennung meines Namens, dabei kannte ich umgekehrt niemanden von diesen Leuten. Es war ein bisschen wie bei einem Auftritt bei irgendeiner Vernissage oder sonstigen Eröffnung, nur anders. Ich fand's irgendwie nett, weshalb ich höflich zurückgrüßte und hin und wieder die jeweiligen Sturmschäden kommentierte.

Auch in unserem – in Melanies – Garten wurde gearbeitet. Lara spießte mit einem Stock einzelne Blätter auf, was sie sehr konzentriert tat, aber sie würde trotzdem noch Wochen brauchen, wenn sie so weiterarbeitete. Ich blieb am Zaun stehen und schaute ihr zu, obwohl alles in mir nach einem frischen Caffè Crema lechzte. Während sie ein Blatt nach dem anderen aufsammelte, was oft erst beim zweiten, dritten Versuch gelang, plapperte sie leise vor sich hin. Nein, sie sang. Ich kannte das Lied nicht, und auch Lara war offenbar nicht hundertprozentig textsicher, aber das machte die Szene umso niedlicher.

Weiter im Grundstücksinneren war Pocahontas mit einem Rechen unterwegs. Sie hatte die Haare zum Pferdeschwanz gebunden und trug ein labbriges Shirt, helle Cargohosen und rot gepunktete Gummistiefel, was schlicht hinreißend aussah. Ich hätte auch sie gerne eine Weile beobachtet, aber leider saß Gabriele auf der Terrasse, und die rief jetzt: «Da ist er ja!»

«Bastipapi!», krähte Lara und ließ den Stock einfach fallen.

«Hallo», sagte Melanie, gerade laut genug, um dort, wo ich stand, noch hörbar zu sein. Dabei strich sie sich mit dem rechten Handrücken über die Stirn.

«Hallo», erwiderte ich.

«Ich glaube, ich möchte hier wieder weg», sagte sie.

«Und ich glaube, dass ich eigentlich hierbleiben möchte», erklärte ich.

«Warum?», fragten wir gleichzeitig, fanden es aber nicht komisch.

Wir saßen im Wohnzimmer, und ich hatte endlich meinen Crema vor mir, kam aber nicht dazu, ihn in Ruhe zu trinken.

«Vielleicht», sagte ich und dachte an das Versprechen, das ich Thorben gestern gegeben hatte, *vor* seinem Geständnis. «Vielleicht sollte ich dir ein paar Dinge erzählen, bevor ich diese Frage beantworte.»

Pocahontas musterte mich skeptisch. «Ich bin nicht sicher, ob ich diese Dinge auch hören möchte», sagte sie. «Manchmal ist Unwissenheit ein guter Schutz.» Immerhin lächelte sie, aber es war ein etwas müdes Lächeln. Dann betrachtete sie ihre eigenen Zehen, die in auf rührende Weise schmutzigen weißen Söckchen steckten. Die gepunkteten Gummistiefel standen vor der Terrassentür.

Ich nickte. «Das mag stimmen. Aber erstens habe ich jemandem versprochen, dir gegenüber ehrlich zu sein ...»

«Du bist mir gegenüber ehrlich, weil du das einer anderen Person versprochen hast?», unterbrach sie mich. «Dir ist schon klar, dass das ein bisschen merkwürdig klingt?»

«Dir gegenüber *endlich* ehrlich zu sein», korrigierte ich mich, ohne sie anzusehen. «Und zweitens glaube ich, dass das die einzige Chance ist, wenn aus dieser ... *Sache* noch etwas werden soll.»

«Sache», wiederholte sie nüchtern.

«Beziehung. Ehe.» Ich sah sie an. «Familie.»

«Verstehe.» Melanie lehnte sich zurück, legte den Kopf auf der Lehne des Sofas ab, schloss die Augen – wie Pfarrer Albin. «Okay», sagte sie leise. «Ich höre.»

Sie verharrte in dieser Position, fast bis ich mit meiner Beichte geendet hatte, was durchaus ein geschlagenes Viertelstündchen in Anspruch nahm. Zwischendrin zuckte sie zweimal an besonders bösartigen Stellen, aber sie behielt sich unter Kontrolle. Als ich allerdings in Prag ankam und sich andeutete, was ich dort tatsächlich getan hatte, riss sie die Augen auf. Sie ließ den Kopf auf der Sofakante liegen, starrte mit offenen Augen zur Decke, und ich konnte und musste mitansehen, wie Tränen seitlich ihre Schläfen hinunterliefen. Als ich schließlich fertig war und schwieg, schloss sie die Lider wieder. Ich hatte davon erzählt, wie ich gestern in der Tageszeitung davon gelesen hatte, was mit dem Prager Arzt geschehen war. Ich verschwieg ihr allerdings Thorbens Diagnose; das sollte er selbst übernehmen. Hier und jetzt ging es nur um uns beide. Um uns drei. Eigentlich sogar vier. Verdammt.

«Ich möchte jetzt allein sein», sagte sie leise, tonlos.

«Okay.»

«Geht bitte alle weg. Zum Mittagessen oder so. Lasst mich einfach in Ruhe.»

«Okay», wiederholte ich.

«Du kannst nicht Auto fahren», sagte meine Schwiegermutter.
«Du hast eine Fahne, die bis zum Mond reicht.» Lara, die neben
uns stand, kicherte, obwohl sie nicht wissen konnte, was mit dem
Bild gemeint war.

Du kannst aber auch nicht Auto fahren, wollte ich erwidern, und
zwar *nie*, doch ich nickte nur. Wir stiegen in Gabrieles gelbes
Coupé und machten uns auf den Weg nach Krumm, was vermutlich nur deshalb unfallfrei gelang, weil uns unterwegs schlicht
niemand begegnete, setzten uns dort ins erstaunlich gut besuchte
Krummer Nest und bestellten Schmorgurken. Während wir auf
das Essen warteten, führten wir ein ganz normales Sebastian-
Gabriele-Gespräch: Ich sagte etwas, Gabriele sagte etwas, beides
hatte nichts miteinander zu tun. Aber sie beobachtete mich die
ganze Zeit über, bis die etwas zu breit geratene, aber fröhliche
Blondine unsere Apfelschorlen und Essensteller brachte. Vorher
hatte sie mich unter Nennung meines Namens begrüßt. Ich kippte
die Schorle hastig in meinen dehydrierten Körper und bestellte
gleich noch eine.

Die Schmorgurken schmeckten tatsächlich beeindruckend,
die beiden Frauen, die mir das gestern mitgeteilt hatten, hatten
nicht übertrieben. Ich spürte beim Essen, wie groß mein Hunger
war – außer etwas Weißbrot, ein paar Oliven und getrockneten
Tomaten hatte ich gestern nichts gegessen. Sogar Lara mampfte
mit, obwohl sie eigentlich Pommes frites bestellen wollte, die
aber leider aus waren. Nach wahrscheinlich mehr als tausend
Restaurantbesuchen hatte ich das zum ersten Mal gehört, diesen
legendären Satz aus dem Mund eines Gastronomiemitarbeiters:
«Pommes sind aus.»

Während wir schweigend aßen, betrachtete ich das Publikum.
Es gab ältere Paare, die sich beim Essen in knappen Sätzen unter-
hielten, jüngere Familien mit Kindern in der Pubertät, die ihren
Unwillen darüber, jetzt hier sein zu müssen, deutlich zur Schau

trugen und die zwischen den Bissen unter den Tischen mit ihren Mobiltelefonen herumdaddelten. An zwei Tischen saßen mittelalte Herren und aßen allein, einen davon erkannte ich, obwohl ich ihn bisher nur von schräg oben gesehen hatte: Es war Alfred Seiler, der angebliche Allgemeinmediziner, der nie studiert hatte und aus irgendwelchen Gründen meine Frau konsultierte. Er bemerkte sofort, dass ich ihn ansah, und erwiderte meinen Blick. Es dauerte einen Wimpernschlag, bis Erkennen und Erkenntnis in seine Mimik traten. Der falsche Arzt nickte mir lächelnd zu. Er wirkte selbstbewusst, sehr sicher und ziemlich entspannt. Nach unserem kurzen Blickkontakt widmete er sich sofort wieder dem Mittagessen. Zwischen den Bissen blätterte er in einer Tageszeitung und sah nicht mehr zu mir auf. Zu einer guten, gelungenen Täuschung gehörte es, sich jederzeit und ohne jede Ausnahme so zu verhalten, als gäbe es überhaupt keine Täuschung. Der ideale Blender glaubt sich selbst. Ich spürte sofort, dass ich einen solchen vor mir hatte, also jemanden, der sich so kunstfertig selbst in die Tasche log, dass er es inzwischen für die *fast* reine Wahrheit hielt, mindestens aber für eine gerechtere Variante der Realität. In gewisser Weise hatten wir also etwas gemein.

Lara sagte: «Ich muss puschen», Gabriele ging mir ihr zu den Toiletten. Ich ließ derweil die Woche Revue passieren – ich hatte Alfred Seiler am Dienstag gesehen, dem Tag der Kahntour mit der Autorengruppe. Am Morgen danach hatte sich Melanie beim Frühstück besonders eigenartig verhalten. Die Verschwiegenheitspflicht und das damit einhergehende Zeugnisverweigerungsrecht kannte ich aus meiner Branche auch, obwohl beides im Rahmen von Recherchearbeiten für Gastrokritiken und Lifestyle-Kolumnen nie zum Tragen gekommen war. Aber ich konnte mir zusammenreimen, was Pocahontas seit dem vergangenen Dienstag so spürbar belastete, möglicherweise ergänzt um die Tatsache, mitten zwischen den Patienten zu wohnen: Der falsche

Doktor hatte sie eingeweiht. Wenn das so war, gab es einen nicht unerheblichen Konflikt, mit dem Melanie seither zu kämpfen hatte, denn die Verschwiegenheitspflicht hatte ihre Grenzen, wenn es um Leib und Leben anderer ging.

Ohne groß darüber nachzudenken, was ich ihm sagen wollte, stand ich auf, ging zu Alfred Seiler, der möglicherweise nicht einmal wirklich so hieß, und setzte mich zu ihm an den Tisch.

7. Tagebuch von Melanie Kunze,
Sonntag, 26. Juni, 13.30 Uhr

Ich hätte nicht mehr damit gerechnet, aber so, wie es aussieht, kann das *Projekt SK* vielleicht doch noch erfolgreich beendet werden. Er ist über den Punkt hinweg, ist zur Einsicht gelangt, sogar zur ehrlichen Selbstkritik fähig. Er hat ein *Geständnis* abgelegt, nicht zu fassen. Ich musste ein wenig schauspielern, weil ich das meiste schon wusste, den Rest habe ich mindestens geahnt. Allerdings – Prag. Mannomann. Meine Reaktion in diesem Augenblick war echt. Es wird sicher eine Weile dauern, bis ich diesen Vater aller Vertrauensbrüche verdaut habe, andererseits haben wir ein Tal durchschritten, und ich bin vorsichtig optimistisch. Basti hat einen guten Kern. Ich habe das immer geglaubt.

Jetzt werde ich es beweisen.

TEIL VIER
REHABILITATION

Brunner Gurkenfest
(Drei Monate später)

Pocahontas setzt sich auf, dreht sich auf dem Hintern um neunzig Grad und stellt die Füße eine Bank tiefer ab. Sie atmet durch, macht dann eine knappe, aber heftige Nickbewegung, sodass ihr die langen dunklen Haare vors Gesicht fallen. Gleichzeitig beugt sie sich etwas nach vorn. Ihre Oberschenkel sind leicht gespreizt. Melanie hat sich vor fünf oder sechs Wochen im Schritt rasiert, um das einfach mal auszuprobieren, sodass jetzt ein feiner Flaum zu sehen ist, vor allem aber das, was die Schamhaare vorher verdeckt haben. Ich finde das ziemlich reizvoll, besonders reizvoll sogar, zusammen mit ihrer leicht dunklen Haut, die jetzt schweißnass glänzt, und dem nur äußerst leicht gerundeten Bauch: vierter Monat. Genau deshalb muss ich woanders hinsehen, weil Lara nämlich mit uns in der Sauna sitzt. Unsere Tochter liebt die Sauna und jede Sekunde darin, weshalb sie schon im Bademantel und mit unter dem Arm eingeklemmtem Handtuch vor der Kellertür steht, wenn einer von uns nur damit angefangen hat, das Wort auszusprechen. Quasi nach der ersten Silbe.

Ich denke an Frau Rändel, Laras verhuschte, dürre Kindergärtnerin, die ich ziemlich unattraktiv finde. Es hilft.

«Das war damals ein Köder, oder?», frage ich.

Melanie schaut nicht auf. «Was meinst du?», fragt sie in Richtung Sitzfläche.

«Du hast die Sauna extra für mich übrig gelassen. Um mir die Chance zu geben, mich im Haus zu engagieren.»

«Du meinst, als so eine Art Psychotrick?» Sie kichert.

«So in etwa.»

Sie schüttelt den Kopf, hebt ihn jetzt an und schiebt sich die Haare beidhändig aus dem Gesicht. «Ich hab's einfach nicht mehr geschafft, es war zu viel. Und man hatte mir gesagt, dass es sich sowieso nicht lohnen würde.»

«Das war aber nicht Schuster.»

Sie schüttelt abermals den Kopf, lächelnd. «Nein, nicht Schuster.»

«Wie nennt man das noch gleich?», frage ich, aber aus purer Höflichkeit. Natürlich kenne ich die Antwort, aber ich habe inzwischen auch verstanden, dass es Menschen ein gutes Gefühl gibt, die eigene Kompetenz unterstreichen zu dürfen. Und dass es durchaus okay ist, anderen Menschen hin und wieder ein gutes Gefühl zu verpassen. Vor allem solchen, die man mag.

«Dissoziative Identitätsstörung», antwortet sie leise, kurz zu Lara blickend, die sich sehr konzentriert mit dem Zeigefinger im schweißgefüllten Bauchnabel herumspielt und uns sicher nicht zuhört. «Aber eigentlich darf ich nicht darüber reden.»

«Ich bin gespannt, als was sie heute aufs Fest kommen.»

«Als Mike. Das ist der geselligere, offensivere, der Verkäufer. Frank ist eher der stille Macher, der Anpacker.»

«Erstaunlich.»

Pocahontas nickt lächelnd. «Ein sehr spannender Fall. Und ziemlich ungewöhnlich. Auch dass die Partnerin das mitmacht.»

«Sie muss ihn sehr lieben.»

Melanie verzieht das Gesicht, aber ein Schmunzeln bleibt. «Das soll es geben.» Sie sieht zur Saunauhr. «So, Feierabend. Und wir müssen uns beeilen, sonst geht das Fest ohne uns los.»

Dass mit dem Brunner Gurkenfest der örtliche kulturelle Jahreshöhepunkt stattfindet, merkt man den Brunnern kaum an – und man hat es auch vorher fast nicht gespürt. Mit lässigem Pragmatismus arbeiten die Beteiligten Hand in Hand, man tat das schließlich nicht zum ersten Mal, sondern jährlich seit 1992. Auf dem abgesperrten Marktplatz sind eine große Bühne, mehrere Reihen aus Biertischen und -bänken sowie zwei Dutzend Stände aufgebaut. Man hat ein paar Kapellen engagiert, davon sogar eine aus Berlin, die dort aber wahrscheinlich keiner kennt, außerdem einen Überraschungsgig, einen Star aus Amerika, also vermutlich irgendwen, der vor vierzig Jahren mal einen Hit hatte und den jetzt täglich dreimal vorsingen muss. Die ganzen örtlichen Gruppen, von der Landjugend bis zur Freiwilligen Feuerwehr, bieten an den Ständen irgendwas an, vom Büchsenwerfen über Handarbeiten bis zur unvermeidlichen Gurke. Die ist aber vor allem in polymerer Form präsent: Das Wahrzeichen des Brunner Gurkenfests ist eine grinsende, sonnenbebrillte Spreewaldgurke, die es in zwei Metern Länge zum Aufblasen zu kaufen gibt. Gut hundert dieser nach ungesundem Weichmacher stinkenden Monstrositäten – *Nicht als Schwimmhilfe geeignet!* – hängen überall am Rand des Marktplatzes, fast tausendfünfhundert hat der chinesische Hersteller ein paar Tage vorher geliefert, Stückpreis keine zwanzig Cent. An diesem Wochenende, zwischen Freitagabend und Sonntagnachmittag, werden die drei- bis fünftausend Besucher, die hier erwartet werden, darunter mindestens zur Hälfte Menschen aus Berlin oder dem Speckgürtel, sämtliche Aufblasgurken kaufen, für vier Euro fünfzig das Stück. Dieser Deal, hat mir Pfarrer Albin verraten, der im Organisationskomitee arbeitet, finanziert das Fest. Alles, was sonst noch verkauft wird, generiert quasi Nettogewinn. Clevere Leute, diese Brunner.

Ansonsten können das Brunner Gurkenfest und seine Pendants in den Nachbarorten natürlich nicht mit den Angeboten der Metropole mithalten, aber das müssen sie auch überhaupt nicht, und das liegt keineswegs daran, dass das Publikum hier genügsamer wäre. Das Publikum in der Großstadt ist einfach nur größer, das ist schon der ganze Unterschied. Und weil es größer ist, gibt es mehr Angebote. Vielleicht sind genau deshalb so viele Berliner hier: weil sie es satthaben, mit einem Überangebot konfrontiert zu werden.

Es ist sehr mild für Anfang September; wir haben einen heißen Sommer hinter uns. Melanie trägt ein helles, luftiges Sommerkleid und Stoffturnschuhe, dazu die geflochtene Goldkette und passende Ohrringe. Lara, die an ihrer Hand geht, ist ähnlich gekleidet, aber statt der Goldkette trägt sie ein goldfarbenes Band in den Haaren, worauf sie so stolz ist, dass sie es andauernd berühren muss und dabei selig lächelt. Wir passieren den roten Torpedo, der vor dem Grundstück parkt und seit ein paar Wochen ein Kennzeichen hat, das mit den Buchstaben «LDS» beginnt: LDS-SK 4242. Letztlich ist mir das inzwischen egal, wie ich zugeben kann, ohne das als Niederlage zu begreifen. Genau genommen ist mir das ganze Auto egal.

Während wir zu dritt in Richtung Marktplatz wandern, kommen auch die Nachbarn aus ihren Grundstücken, durch die Bank verhältnismäßig festlich gekleidet. Die gruselige Grinsefrau watschelt ein paar Schritte vor uns, wir werden sie gleich überholen, und Lara wird sich dichter an Melanies Körper drücken, während wir das tun. Sie ist aber harmlos, hat mir meine Gattin, die Psychotherapeutin, versichert – und ich glaube ihr. Das ist die Entscheidung, die ich getroffen habe. Ich vertraue meiner Frau.

Ich vertraue ihr mein Leben an.

Ein paar ziemlich schräge Geräusche und ein Quietschen sind zu hören, ein angedeuteter Basslauf, das Wummern einer Basstrommel und einige Schläge auf eine Snare, dann beginnt die erste Band ihr Set. In Laras Gesicht erscheint ein Strahlen, sie zieht an Pocahontas' Arm, um schneller zum Marktplatz zu kommen.

«Komm, ich nehme dich auf die Schultern, dann können wir zusammen rennen», schlage ich vor.

«Au ja!», ruft sie. Sekunden später traben wir los. Melanie folgt uns gemächlicher. Ich drehe mich noch zweimal um, sie redet mit unseren Nachbarn, lässt sich herzlich begrüßen und von einigen, die *nicht* ihre Patienten sind, sogar umarmen.

Es ist bereits ziemlich viel los, als wir ankommen, aber Albin und Enno haben uns Plätze frei gehalten, leider viel zu dicht an der Bühne. Auf der stehen ein paar nicht mehr ganz junge Menschen in dunklen Klamotten, die Top-40-Stücke aus den vergangenen Jahrzehnten nachspielen, was sie auf routinierte Weise erledigen, von der Sängerin abgesehen, die offensichtlich bereits betrunken ist und nur ungefähr jeden zweiten Ton trifft. Aber die umherschlurfenden, plastikgurkenbewaffneten Touristen und die Einheimischen amüsieren sich trotzdem – nach meinem ersten Eindruck zu einem Gutteil über einander. Ich platziere Lara neben Albin, zu dem sie nach wie vor skeptische Distanz hält, und gehe an einen Getränkestand, um uns ein paar Schorlen zu holen. Benjamin, der Autoren-DJ mit den schlanken Händen, winkt mich an der Schlange vorbei. Er nimmt meine Bestellung entgegen und beugt sich dann zu mir. Benjamin trägt ein weites weißes Shirt, auf dessen Brust das Foto einer Kartäuserkatze zu sehen ist. Enno, der am Biertisch sitzt und eigentlich der Züchter ist, trägt das Gleiche.

«Wie lange noch, bis die Verträge kommen?», flüstert er.

«Es müsste eigentlich jeden Tag so weit sein», antworte ich.

«Geil.»

Der Roman trägt inzwischen den Arbeitstitel «Der mörderische Landarzt», unser fiktiver, italienischstämmiger Krimi-Autor heißt «Benjamin Albinenno». Das klingt nicht nur lässig nach Toskana, sondern passt auch dazu, dass die Handlung nach Norditalien verlegt wurde, ans Piemonter Ufer des Lago Maggiore. Der

Ermittler ist ein ehemaliger Fährmann aus dem Spreewald, der dort einen Bootsverleih betreibt, aber damit enden die direkten Verweise auch schon. Alle Namen sind geändert, viele Abläufe im Detail auch – das ist unter meiner Anleitung geschehen, und die Recherche war überschaubar: Benjamin und Albin haben eine Woche dort verbracht, um Schauplätze auszusuchen. Ennos Familie kommt aus der Region, er steuert die kulturellen Details bei. Jeanette Jakubeit hat die fachliche Beratung übernommen, also meine Hobbyautoren, die demnächst Profis sein werden, über die Hintergründe der Ermittlertätigkeit informiert. In dieser Zeit habe ich die Polizistin recht häufig getroffen, aber ich sehe sie ohnehin zwei, drei Mal pro Woche, weil man jedem Brunner mehr oder weniger regelmäßig begegnet.

Seit knapp acht Wochen betreibe ich die *Literaturagentur Sebastian Kunze*, weil ich – natürlich mit Melanies Hilfe – herausgefunden habe, dass diese Arbeit meine Talente exzellent bündelt und dazu noch Spaß macht: Man kann sich auch aktiv mit Literatur befassen, ohne ausreichend Phantasie oder Talent dafür zu haben, selbst Romane zu entwickeln. Die drei von der Autorengruppe «Prosa im Spreewald» waren zwar meine ersten Klienten, aber ich führe beinahe täglich Gespräche mit Verlagsleuten und potenziellen Autoren, von denen ich bereits drei weitere unter Vertrag genommen habe. Wenn alles gut geht, werden im Frühjahr mindestens zwei Romane erscheinen, die ich betreut habe. Und keiner davon bei jenem kleinen Verlag, der meine Kolumnen nicht mehr haben wollte, als ich bei der Bernd & Susi gefeuert worden war. Ich habe keine Ambitionen mehr, daraus noch ein Buch zu machen – es ist okay, wenn sie, wie das Magazin auch, zur Geschichte werden.

«Danke», sage ich, als mir Benjamin die Becher hinstellt. Auf der Rückseite seines Shirts steht: «Auch so eine?», darunter Ennos Telefonnummer.

Er sieht mich verschwörerisch an. «Die eigene Biographie sollte Inspiration sein, aber nicht Vorlage», zitiert er mich. Eigentlich stammte das Zitat aus Werner Waldts Workshop.

«Genau, Benjamin. Und macht euch schon mal Gedanken über einen zweiten Teil.»

«Nicht zu glauben.»

«Doch. Vielleicht schaffen wir es sogar, die Filmrechte zu verticken.»

«Unfassbar.» Er kriegt das Grinsen nicht mehr aus dem Gesicht.

Ich werde von einer fünfzigjährigen Berlinerin weggeschoben, die auf Ennos Oberbekleidung deutet und fragt, ob es aktuell Tiere zum Verkauf gebe. Wirklich clevere Leute, diese Brunner.

Auch Melanie sitzt inzwischen am Biertisch, Lara kommt mir entgegen, um mir mit den Bechern zu helfen. Das vergisst sie aber gleich wieder, weil die Kapelle ein Stück anfängt, das ihr offensichtlich gefällt – sie dreht sich auf der Hacke nach rechts und sprintet in Richtung Bühne. Ich passiere den Polizisten Hartmut, der mich aber nicht bemerkt, weil er hingebungsvoll mit seinem etwas älteren Freund knutscht, als wäre das hier die Motzstraße in Berlin-Schöneberg am Christopher-Street-Day und nicht der Brunner Marktplatz am Tag der Eröffnung des Brunner Gurkenfests.

«Unser erstes Gurkenfest», sage ich feierlich, als ich neben Pocahontas sitze. Ihr Gesicht leuchtet in der Abendsonne, sie sieht einfach unglaublich aus.

Meine Ehefrau nickt und legt einen gekünstelt ernsten Gesichtsausdruck auf. «Wer hätte das gedacht?»

«Möchtest du eine Gurke?», frage ich. «Eine aus Plastik? Oder eine echte?»

«Lass gut sein, Basti.»

Ich verziehe das Gesicht. Die Band beendet ihr erstes Set und geht von der Bühne, ein paar Leute rufen nach Zugaben, woraufhin sich die angetrunkene Sängerin übers Mikrophon beugt und «Wir kommen sowieso wieder» ruft. Ein paar jüngere Menschen, die ziemlich sicher nicht aus der Region stammen, antworten brüllend: «Ausziehen, ausziehen!»

«Du nennst mich Pocahontas, aber ich darf nicht Basti zu dir sagen?»

Ich hebe die Hände. «Du hast jedes Recht, zu tun, was auch immer du willst.»

Jetzt schaut sie mich genervt an. «Nicht so unterwürfig. Das hasse ich.»

Auf der Bühne tut sich wieder etwas, weshalb wir beide dorthin schauen. Ein Helfer – ich wüsste den Namen, wenn ich kurz nachdenken würde – schiebt ein Keyboard in die Bühnenmitte. Volker Bahnikow, der Bürgermeister von Brunn im Spreewald und Herausgeber des Brunner Boten, betritt die Bretter, nimmt sich das Mikrophon, begrüßt die Zuschauer und eröffnet das diesjährige Gurkenfest offiziell. Er ist ein netter Langweiler, wir haben schon im Krummer Nest ein, zwei Biere zusammen getrunken, nicht zuletzt, weil er sich wünscht, dass ich gelegentlich als Gastautor für das Provinzblatt schreibe. Bahnikow kündigt jetzt einen internationalen Act an, den man in letzter Minute hat verpflichten können. Angeblich wäre die Person dort, wo sie herkommt, nämlich in New Hampshire, ein Superstar, doch der Bürgermeister grinst ironisch, während er das behauptet. Am Bühnenrand sehe ich, wie sie ins Publikum schaut: Melanie Packer. Eigentlich Thelma irgendwas. Bahnikow nickt ihr zu, sagt ihren Namen, spricht ihn allerdings aus, als käme Frau Packer aus Deutschland – diese lustigen Ossis, die nie Englisch gelernt haben, ich liebe sie einfach. Sie kommt zu ihm, er springt behände von der Bühne, die Sängerin, mit der ich fast gevögelt hätte, richtet das Mikrophon, wiederholt ihren Namen in der richtigen Aussprache und legt los. Ein sehr seltsames Gefühl, nicht nur, weil sie während der vergangenen Monate offenbar um ein paar Jahre gealtert ist. Sie hat es also doch nicht geschafft, ihre Promotour fortzusetzen, überhaupt die Stadt zu verlassen, und jetzt tingelt sie. Steht beim Brunner Gurkenfest auf einer Bühne vor lauter Leuten, die mit ihrer Musik nichts anfangen können, und die jetzt, drei Monate nach der ersten Begegnung, auch auf mich kaum noch spektakulär wirkt. Die bei Tageslicht mindestens nach fünfunddreißig aussehende Melanie Packer spielt zwanzig Minuten, der Applaus ist bestenfalls höflich, und sie baut anschließend sogar ihr Keyboard selbst ab, als hätte sie es besonders eilig, von hier wegzukommen. Sie sieht mich nicht, oder sie sieht mich und lässt sich nichts anmerken, schließlich trägt sie eine Sonnenbrille. Musikern, die mit Sonnenbrille auf der Bühne stehen, habe ich mehrere Kolumnen gewidmet. Damals, in meinem anderen Leben. Heute ist mir das egal. Sollen sie doch. Inzwischen darf ich sogar Sätze wie «Sollen sie doch» denken, ohne mich dafür zu rügen.

«Du kennst diese Frau, oder?», fragt Melanie. Ja, ich kenne sie, und es lässt mich völlig kalt, dass sie hier ist.

Ich antworte nicht, sondern deute eine unbestimmte Kopfbewegung an, die ein Nicken oder ein Kopfschütteln sein könnte, lehne mich zur Seite und schaue in Richtung Kirche. Das zweistöckige Haus direkt daneben steht seit einer Weile leer, ziemlich genau seit zweieinhalb Monaten. Seitdem müssen die kränkelnden Brunner wieder etwas weiter fahren, um sich Rezepte für ihre Herzmittelchen, Fußpilzsalben und Warzenstifte abzuholen, weil Dr. med. Alfred Seiler seine Praxis sozusagen über Nacht aufgegeben hat. Der Mann absolviert inzwischen in Cottbus eine Ausbildung zum Heilpraktiker; im Moment lebt er in Blümmen, nicht weit vom Kahnhafen entfernt. Er hat in meiner Gegenwart alle gefälschten Dokumente und Urkunden vernichtet, nachdem ich sie fotokopiert habe, außerdem sind wir seine Patientenakten durchgegangen, kontrolliert durch Albin. Soweit wir das beurteilen konnten, hatte er bis zu diesem Zeitpunkt keinen nennenswerten Schaden angerichtet, sondern wirklich jeden an Fachärzte überwiesen, der etwas Schlimmeres als alkoholbedingte Kopfschmerzen hatte. Melanie behandelt ihn allerdings nicht mehr, wofür sie überaus dankbar ist – auch mir gegenüber. Dass er jedoch in Behandlung ist und bleibt, muss er mir und dem Pfarrer gegenüber regelmäßig attestieren.

«Ob Thorben noch kommen wird?», fragt sie.

Ich ziehe mein Mobiltelefon aus der Tasche, aber es gibt keine neue Nachricht von ihm. Seinen Teil der Abmachung hat er ganze zwei Tage eingehalten, um dann mit noch höherer Dosis durchzustarten. Inzwischen ist er bei über hundert Kippen am Tag angelangt, oder er war das – am vergangenen Dienstag musste er mit akuter Atemnot ins Krankenhaus gebracht werden, und obwohl er sich am Donnerstag, also gestern, schon wieder so gut fühlte, dass er, wie er keuchend meinte, auf jeden Fall zur Eröffnung des Brunner Gurkenfests kommen würde, habe ich seither nichts mehr von ihm gehört.

Ich tippe eine Nachricht: *Na, Gigant, kommst du noch?*

Ein Pärchen nimmt die letzten beiden Plätze ein, die an unserem Tisch frei gehalten wurden: Melanies Freundin Petra und der fränkische Kellner aus dem Hotel Alte Wäscherei, der Korbinian heißt und in Bamberg geboren wurde. Das ungleiche Paar überrascht mich bei jeder Begegnung wieder, und sie sind immerhin seit fast zwei Monaten zusammen, nachdem sie im örtlichen Getränkeshop aufeinandergetroffen sind. Aus der Unterstützung beim Getränkekistentragen wurden eine Tasse Kaffee im Brunner Hof, ein Spaziergang entlang der Hauptspree, eine Kahnfahrt mit Enno und ein Konzertbesuch in Cottbus. Irgendwo zwischen Flachwasser und seichter Unterhaltung hat es gefunkt, aber offenbar hatte der Franke schon vorher ein Auge auf Petra geworfen – und umgekehrt. Sie halten ununterbrochen Händchen und strahlen einander an, als wäre jeder von ihnen der attraktivste Mensch auf dem Planeten, was selbst bei äußerst wohlwollender Betrachtung eher nicht zutrifft, letzten Endes aber überhaupt keine Rolle spielt. Ich schüttele Hände, Pocahontas herzt beide, die gleich wieder aufstehen, um auf die Tanzfläche zu gehen. Die Top-40-Band spielt derzeit deutsche Schlager, die Tontreffsicherheit der Sängerin hat etwas zugenommen – möglicherweise hilft der Alkohol, statt zu schaden; sie wäre nicht die erste Person, bei der es diesen Effekt gibt. Halb Brunn tanzt inzwischen, aber auch viele Touristen haben die Polymergurken beiseitegelegt, um ihre Körper zu vergleichsweise schrecklicher Musik zu schütteln; nur Volksmusik wäre noch schlimmer, wird aber ziemlich sicher irgendwann folgen. Petra und Korbinian tanzen am Rand, Melanies Freundin bewegt sich überraschend elegant und rhythmisch – und viel schneller, als ich sie je erlebt habe. Pocahontas beobachtet die beiden ebenfalls und lächelt dabei sehr entspannt, vermutlich sogar glücklich. Ihre rechte Hand liegt währenddessen auf dem Bauch. Als sie bemerkt, dass ich sie betrachte, beugt sie sich zu mir und küsst mich auf die Wange.

Wenig später wechselt die Band zu Hits aus den Neunzigern, was auch nicht gerade in mein Beuteschema fällt, aber ich gehe trotzdem mit, als mich Melanie in Richtung Bühne zieht.

Die Antwort von Thorbens Telefon trifft eine Stunde später ein, aber ich lese sie erst in einer Tanzpause.

Thorben ist in der Nacht zum Freitag auf die Intensivstation verlegt worden. Es geht ihm schon wieder etwas besser, aber die Ärzte sind sehr besorgt.

Ich weiß nicht, wer sie geschrieben hat, aber ich frage auch nicht nach, weil ich in diesem Moment nicht wissen will, ob es noch Stunden, Tage oder Wochen dauern wird. Melanie und Lara tanzen zu einer Band, die gerade etwas von Coldplay nachspielt. Jeanette Jakubeit steht am Getränkestand von Benjamin, sie winkt mir vorsichtig zu, als ich jetzt zu ihr schaue – vermutlich hat sie mich die ganze Zeit beobachtet und darauf gewartet, dass ich sie entdecke.

Ich werde Melanie frühestens morgen sagen, wie es Thorben geht, oder noch später, schließlich weiß ja vorläufig keiner, dass ich diese Nachricht bekommen habe.

So oder so, ich werde dem dreibeinigen Giganten ohnehin nie verzeihen, dass er mit dem dritten Bein ausgerechnet meine Frau beglücken musste.

Dank an alle real existierenden Götter, außerdem an Anna, Bert, Cleo, Dörte, Eckart, Fred, Gernot, Heinz, Inge, Josef, Karl, Lore, Moritz, Natalie, Oskar, Peter, Quinn, Ronald, Sahra, Timo, Ulrich, Victor, Walter, Xaver, Yvonne und Zacharias – wer auch immer Ihr seid.

Dieser Text ist nicht autobiographisch, an keiner Stelle.

Tom Liehr
Nachttankstelle

Uwe Fiedler ist 38, chronisch migränekrank und ein netter Langweiler. Sein Leben ist eine einzige Übergangslösung, die Karriere stagniert auf niedrigstdenkbarem Niveau: Er schiebt Nachtschichten an einer Tankstelle. Aus praktischen Gründen lebt Uwe noch mit seiner Exfreundin zusammen, doch die will das nicht mehr. Und dann lernt Uwe zwei Menschen kennen, die sein Leben von Grund auf ändern: Jessy, die mysteriöse Tresenkraft einer Neuköllner Gardinenkneipe, und Matuschek, ein Hedonist sondergleichen. In Jessy verliebt er sich, Matuschek wird sein Mentor – und leider auch ziemlich schnell sein Rivale.

Eine tragikomische Geschichte voller Sprachwitz, Eloquenz und lässig-scharfer Beobachtungen.

384 Seiten

«Tom Liehr hat ein Händchen für Geschichten. Er erzählt mit Hingabe, leidenschaftlich, mit Liebe zum Detail und emotionalen Wendungen.»
Westdeutsche Allgemeine Zeitung

Weitere Informationen finden Sie unter www.rowohlt.de

Das für dieses Buch verwendete Papier ist FSC®-zertifiziert.